Sabiduría Eterna

Volumen 2

Sabiduría Eterna

Volumen 2

Recopilado por
Swami Jnanamritananda Puri

Mata Amritanandamayi Center, San Ramon
California, Estados Unidos

Sabiduría Eterna – Volumen 2

Publicado por:
Mata Amritanandamayi Center
P.O. Box 613
San Ramon, CA 94583
Estados Unidos

——————— *Eternal Wisdom 2 (Spanish)* ——————

Primera edición por MA Center: septiembre de 2016

En España: www.amma-spain.org
fundación@amma-spain.org

En la India:
inform@amritapuri.org
www.amritapuri.org

Madre,

Que cada una de mis acciones

sea de adoración y abandono total de mí mismo,

Que cada sonido que brote de mis labios

sea el canto de tu poderoso mantra,

Que cada gesto de mis manos

sea un mudra de sagrado homenaje,

Que cada uno de mis pasos

me lleve hacia tu Ser,

Que toda comida o bebida se convierta

en una ofrenda a tu fuego sagrado,

Que mi descanso sea una reverencia,

Madre,

Que cada uno de mis actos y de mis alegrías

sean de adoración.

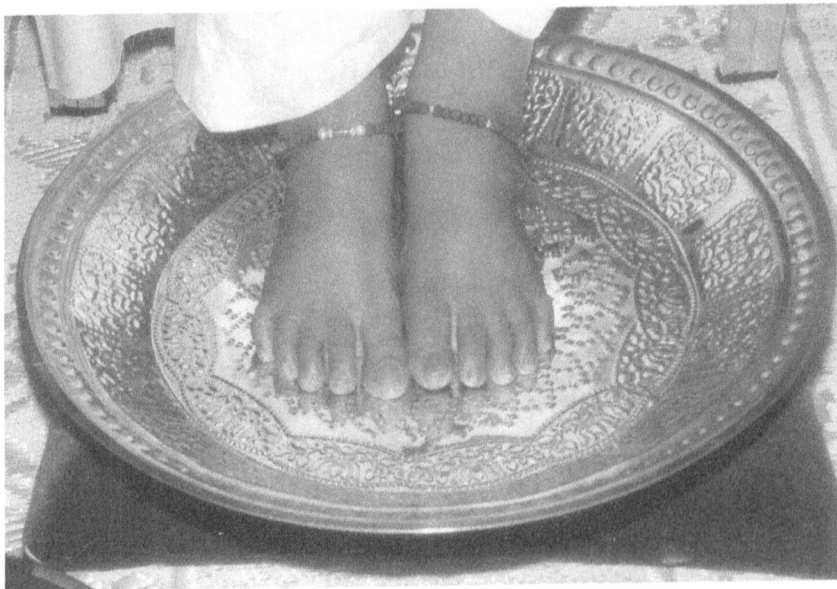

Este libro, cuyo contenido recopila una pequeña
parcela de la dulzura de sus palabras, se ofrece
con amor a los Pies de Loto de Amma.

Contenido

Prefacio

Son en verdad excepcionales los Mahatmas (almas grandes) capaces de ver el universo entero contenido en el Atman (el Ser) y el Atman en el interior del universo. Aun siendo reconocidos, no necesariamente tienden a comunicarse con nosotros o a instruirnos. Por esa razón, es para nosotros una maravillosa oportunidad conocer a un Mahatma plenamente realizado y dispuesto a guiarnos y disciplinarnos con el tierno amor de una madre y la compasión inexplicable de un gurú. Hoy en día y en todo el mundo, el darshan y las dulces palabras de Sri Mata Amritanandamayi Devi transforman la vida de cientos de miles de personas. Este libro es sólo una breve recopilación de las conversaciones entre Amma y sus discípulos, devotos y visitantes. Abarca un período comprendido entre junio de 1985 y septiembre de 1986.

La sabiduría de los Mahatmas, cuya misión es la de elevar la conciencia del mundo, tiene un significado a la vez actual e intemporal. Aunque arrojan luz sobre los valores eternos, están en armonía con la época en la que viven y sus palabras sintonizan con los agitados corazones de aquellos que les escuchan.

Las palabras inmortales que Amma pronuncia transforman a la sociedad en una época en la que el ser humano ha perdido los valores tradicionales, los nobles sentimientos y la paz espiritual, en un intento frenético de volcarse en el mundo exterior del poder, del prestigio y de los placeres sensoriales. Mientras el hombre se empeña insensatamente en buscar estas distracciones, ignora su propio Ser y con ello se ve privado de la armonía y la belleza de la vida. La falta de fe, el miedo y las rivalidades han destruido los vínculos personales y las relaciones familiares. El amor ya no es más que un espejismo en una sociedad entregada a un excesivo consumismo.

El amor desinteresado a Dios cede su lugar a una devoción interesada que proviene únicamente de los deseos. El ser humano concede una importancia desmesurada al intelecto, que busca el rendimiento inmediato, dejando de lado la gloria perdurable que sólo proviene de la verdadera sabiduría. Los principios espirituales superiores y las experiencias nobles ya no se viven, han quedado convertidos en letra muerta. Es en esta coyuntura donde Amma nos habla con un lenguaje de devoción pura, el lenguaje del corazón impregnado de sabiduría y amor que son su vida entera. El valor de sus palabras de ambrosia es a la vez actual y eterno.

La sabiduría de Amma, que personalmente ha escuchado los innumerables problemas de cientos de miles de personas, muestra su profundo conocimiento de la naturaleza humana. Ella conoce las necesidades de la gente y se pone al nivel del racionalista, del creyente, del científico, del hombre ordinario, del ama de casa, del hombre de negocios, del erudito y del ignorante, para dar a cada uno, hombre mujer o niño, la respuesta adecuada y en proporción a lo que ellos esperan.

Amma da ejemplo con su vida y afirma: «Al contemplar en todo la Verdad o Brahman, me postro ante esta Verdad. Sirvo a cada uno, y en cada uno sólo veo el Ser». Ella acepta el advaita (la no-dualidad) como la verdad última; pero el camino que ella señala a la mayoría de sus devotos es una combinación armoniosa del mantra japa, meditación sobre una forma divina, canto devocional, archana (letanías), satsang y servicio desinteresado al mundo.

Sus consejos no son teóricos, sino absolutamente prácticos y enraizados en la vida cotidiana. Sus instrucciones arrojan luz sobre la necesidad de un aprendizaje espiritual y de una sadhana (práctica espiritual) en la vida del individuo y de la sociedad. En la búsqueda del Ser, destaca la importancia del servicio desinteresado y de la oración sincera, realizada con devoción y amor puro.

Amma se preocupa al mismo tiempo por los aspectos relacionados con el código de conducta de las familias, los problemas de la vida diaria, el dharma de la relación entre hombre y mujer, y ofrece orientaciones prácticas a los buscadores espirituales, que a veces exponen enigmas de naturaleza filosófica.

Escuchamos como exhorta a sus hijos a seguir la vía espiritual, a renunciar al lujo, a eliminar los malos hábitos y a servir a los que sufren: «Hijos míos, el verdadero objetivo de la vida es realizar a Dios». La espiritualidad no es una fe ciega, es el ideal que elimina las tinieblas. Es el principio que nos enseña a acoger con una sonrisa los obstáculos o circunstancias adversas. Es una enseñanza para la mente. Amma nos muestra que sólo podremos hacer uso efectivo de todos los demás conocimientos si adquirimos este saber.

La sabiduría infinita de Amma se expresa a través de sus palabras de consuelo a los que sufren, por medio de sus respuestas a los curiosos en materia de espiritualidad y en las instrucciones que suele dar a sus discípulos. Cada respuesta corresponde a las características y a la situación del que plantea la pregunta. Incluso si éste último no puede expresar plenamente su idea, Amma, que conoce el lenguaje del corazón, le responde adecuadamente. Es frecuente que los que acuden a ella reciban la respuesta a sus dudas sin haber tenido que formularlas siquiera.

Cuando Amma contesta la pregunta de una persona, suele aprovechar la ocasión para deslizar un consejo para alguien que escucha en silencio. Sólo éste comprenderá que la respuesta iba dirigida a él. Es preciso tener esto en cuenta cuando se estudian las enseñanzas de Amma.

Las palabras de un Mahatma poseen varios niveles de significado, pero nosotros debemos captar el más apropiado. Una historia muy conocida en los Upanishads afirma que cuando el dios Brahma pronunció la palabra «da», los demonios lo interpretaron como un consejo para mostrar más compasión (daya), los humanos como una invitación para dar (dana) y los seres celestiales como una exhortación para practicar la moderación (dama).

Qué dulce resulta escuchar a Amma y contemplarla mientras habla con vivas expresiones y gestos, en un lenguaje sencillo, bellamente salpicado de oportunas historias y analogías extraídas de la vida diaria. El amor que brilla en sus ojos, su rostro radiante y lleno de compasión permanecen vivos en la mente de los oyentes, transformándose en objeto de meditación.

Hoy en día abunda la literatura espiritual. Sin embargo, es triste constatar que la gente habla de ideales nobles sin llevarlos a la práctica. Amma habla basándose en su experiencia cotidiana, nunca ofrece un consejo del que su propia vida no sea un ejemplo. A menudo nos recuerda que los principios espirituales y los mantras no están hechos solo para ser pronunciados, sino para ser expresados también a través de nuestra vida. Amma nunca estudió las escrituras ni ha seguido las enseñanzas de un gurú. La fuente secreta de los principios espirituales profundos que incesantemente brotan de sus labios, proceden de su experiencia directa del Ser.

La vida de los Mahatmas es el cimiento mismo de las Escrituras. Cuando Amma habla, sus palabras son siempre reflejo de su vida. Así puede afirmar: «El mundo entero le pertenece a aquel que conoce la Realidad», «La bondad hacia los pobres es nuestro deber para con Dios», «Si os refugiáis en Dios, Él os dará oportunamente aquello que necesitáis». Cada uno de sus movimientos es una danza de compasión por el mundo entero y una declaración de amor a Dios. Amma se basa en esta unidad entre pensamiento, palabra y acción, cuando afirma que sus hijos no necesitan estudiar las Escrituras si analizan su vida y la estudian con atención. Amma brilla en medio de nuestra sociedad como la viva encarnación del Vedanta.

Los Mahatmas, que santifican el mundo con su presencia, son tirthas vivientes (tirtha: lugar sagrado de peregrinación). Así como los lugares de peregrinación y la visita frecuente a los templos purifica nuestra mente si lo practicamos durante varios años, un solo darshan, un contacto o una palabra de un Mahatma nos santifica y deposita en nosotros el germen de un samskara superior.

Las palabras de un Mahatma no son simples sonidos sino el vehículo de expresión de su gracia. Sus palabras tienen como objetivo despertar la conciencia, incluso en aquellos que escuchan sin comprender su sentido. Cuando nos llegan en forma de un libro, su estudio se convierte en un gran satsang, en una gran meditación. Los Mahatmas como Amma, que poseen la experiencia de la Realidad, trascienden el tiempo y el espacio. Leer o comprender sus palabras inmortales nos ayuda a mantener con ella un vínculo interior invisible y nos prepara para recibir su bendición. Es allí donde reside el valor de este estudio.

Ofrecemos humildemente a los lectores esta recopilación de palabras inmortales, con el deseo de que esta lectura les impulse a avanzar en el camino de la Verdad suprema, a inspirarse en los nobles ideales espirituales de los que la vida de Amma es un ejemplo perfecto.

Los editores

Sabiduría Eterna

Volumen 2

Amma escucha la lectura del Bhagavatam

Frente al *kalari*[1], *Kavyakaustubham*[2] *Ottur* comentaba el *Srimad Bhagavatam*[3].

Un río ambrosiaco de devoción manaba con tanta fuerza que parecía estar a punto de desbordarse. Todos se sentían cautivados. Amma estaba en el auditorio, escuchando la narración de los juegos de Krishna niño. Ottur, que superaba los ochenta años, pero cuyo espíritu se hallaba siempre fijo en Krishna, contaba la historia como si se desarrollara en ese preciso momento ante sus ojos.

«...¿Qué travesura hará ahora? ¿Quién lo sabe? Ha roto el recipiente y el yogur se ha derramado por todas partes, como un diluvio. A él también le salpicó. Por lo tanto, es fácil descubrir por dónde ha huido... Hay algunas manchas de yogur. Sin embargo, unos pasos más adelante, ¡desaparecen...!»

Henos aquí ante el mismo problema. Podemos dar tres o cuatro pasos hacia Dios, siguiendo algunas señales reveladoras, utilizando todos los *Upanishads* y todos los Puranas. Eso es todo. Después necesitaremos descubrirlo por nosotros mismos.

---

[1] kalari: El pequeño templo en el que Amma solía dar el bhava darshan hasta el año 1989. Antes de su construcción, durante la infancia de Amma, era el sitio que ocupaba el establo familiar.

[2] «kaustubha entre los poetas», título otorgado a Ottur Unni Nambudiripad por su obra de poeta (la piedra kaustubha es una gema que el dios Vishnu lleva en el pecho); Ottur era un célebre poeta, un erudito en sánscrito; es el autor de los ciento ocho nombres de Amma. Pasó los últimos años de su vida en el ashram.

[3] El Srimad Bhagavatam narra la vida de Krishna

«Yashoda lo busca. Ella sabe perfectamente cómo encontrar a Krishna. ¡Sólo hay que rebuscar por todos los lugares donde se guarda la leche y la mantequilla! ¡Nunca falla!»

¡Que bendición sería si pudiésemos ver al Señor tan fácilmente! Pero así ocurría: cuando deseabas verlo, con sólo buscarlo, lo encontrabas.

«Yashoda continúa su búsqueda y acaba por descubrirle, encaramado sobre un almirez que él ha puesto boca abajo. Tiene a su alrededor todo un ejército: ¡El ejército de Sri Rama![4]»

Todos alargan la mano y devoran las golosinas. Krishna no lamenta haber dejado dos de sus cuatro brazos en la prisión[5], pues mil brazos no habrían bastado para alimentar a todos esos monos.

«Rápido, rápido -dijo-, ¡hay que comérselo todo antes de que mamá llegue!» Y este Testigo universal lanza de vez en cuando miradas furtivas a su alrededor. ¡Y es cuando lo ve! Se dice que un cuervo, al igual que el viento, no entra en ninguna parte si la entrada y la salida no están despejadas. Eso también lo ha tenido en cuenta Krishna. Ha dejado abierta una puerta de salida y en el momento en el que su madre está a punto de atraparlo, él huye.

¿Por qué corre? Yashoda tiene en la mano un bastón y Krishna sabe que ella aún no tiene edad para necesitarlo como apoyo... Sabe que el bastón es para él, así que huye».

---

[4] Así designa Ottur a los gopas, los pastores que fueron los compañeros de Krishna, «el ejército de Sri Rama», es decir, un ejército de monos.

[5] Cuando nació Krishna, sus padres, Devaki y Vasudeva, se hallaban en prisión por orden del tío de Krishna, Kamsa. Krishna les otorgó su visión bajo la forma gloriosa del Dios Vishnu provisto de cuatro brazos, y después tomó la forma de un bebé humano. Bajo el efecto del poder de maya (ilusión), sus padres olvidaron enseguida el darshan que habían recibido.

«...*Y su madre le sigue, al igual que la mente de un yogi,
entrenado por las prácticas y las austeridades, no logra
alcanzarlo sin su gracia*»

Bhagavatam 10:9

El *satsang* continuó, pero Amma se levantó para ir al lado oeste
del *ashram*. Se detuvo entre el *kalari* y la escuela de *Vedanta*,
frente a algunas plantas de un tiesto que había junto a las vigas
de la escuela. Acarició suavemente cada una de las plantas verdes,
luego tomó una por las ramas que caían en cascada y la besó.
Ella tocaba las plantas con el mismo amor que una madre a su
hijo recién nacido.

Una residente del *ashram* se acercó para hacerle una pregunta, pero Amma le indicó que guardara silencio. Al ir a tocar una
planta, Amma la detuvo, como si temiera que el contacto de esta
hija pudiese perjudicar a la planta. Amma siguió un momento en
comunión con las plantas. Tal vez tenían necesidad, al igual que
sus hijos humanos, de confiarle sus penas. ¿Quién sino Amma
podría consolarlas?

Mientras tanto, el *satsang* llegó a su fin. Amma volvió al
Kalari mandapam (el espacio abierto frente al templo) y se sentó.

Tyaga

Un devoto, padre de familia: «Amma, tú siempre insistes en la
importancia de *tyaga* (renuncia/ desapego). ¿Qué es *tyaga?*»

Amma: «Hijo, toda acción que realizamos sin tener en cuenta
nuestra propia comodidad o interés, es *tyaga*. Amma llama *tyaga*
a toda acción realizada como una ofrenda a Dios, por el bien del
mundo, sin ningún sentido del 'yo' o 'mío' y sin preocuparnos
de nuestra propia comodidad. Las dificultades que soporta una
persona por su propio interés no pueden calificarse como *tyaga*».

Devoto: «Madre, ¿puede extenderse más en ese punto?»

Amma: «Si nuestro hijo enferma, lo llevamos al hospital. Si es preciso, vamos a pie hasta allí, aunque el camino sea muy largo. Estamos dispuestos a ponernos de rodillas ante numerosas personas para que nuestro hijo sea ingresado, y si no hay habitaciones disponibles, nos parece bien dormir en el suelo aunque esté sucio. Pedimos varios días de permiso para no dejarlo solo. Pero como todos estos sacrificios los hacemos por nuestro propio hijo, eso no puede considerarse *tyaga*.

La gente está dispuesta a pelear por un pequeño trozo de terreno, a subir y a bajar las escaleras del Palacio de justicia un sinfín de veces. Pero sólo lo hace por su propio interés. Trabajan hasta tarde y sacrifican su sueño para hacer horas extraordinarias bien pagadas. Eso no es *tyaga*. Pero si renuncias a tu propio bienestar para acudir en ayuda de otra persona, a eso sí podemos llamarle *tyaga*. Si ayudas a uno de tus hermanos dándole un dinero que has ganado con mucho esfuerzo, eso es *tyaga*. Si el hijo de tu vecino está enfermo y nadie puede acompañarle en el hospital, si tú lo haces sin esperar nada a cambio, ni siquiera una sonrisa, eso sí es digno de llamarse *tyaga*.

Con esta clase de sacrificios estáis pidiendo que os abran las puertas del reino del Ser. Esos actos te ayudan a obtener tu visado de entrada a ese otro mundo. Es lo que se llama *karma yoga*. Todas las demás acciones sólo conducen a la muerte. Los actos realizados con el sentimiento del 'yo' y el 'mío' no te aportan nunca ningún beneficio real.

Si vas a visitar a una amiga que no has visto en mucho tiempo, tal vez le lleves un ramo de flores, pero seguramente tú serás el primero en disfrutar de su belleza y su fragancia; también experimentarás la felicidad de dar. De igual manera, cuando actúas de manera desinteresada, de un modo que merece el nombre de *tyaga*, experimentas automáticamente felicidad y satisfacción.

Hijos, el que se dedica a realizar actos de *tyaga*, aunque no tenga tiempo para hacer *japa* (repetición de un *mantra*) alcanza el estado de inmortalidad. Su vida beneficiará a los demás como un néctar. Una vida llena de *tyaga* es la forma suprema de *satsang*[6] porque los demás pueden verlo y seguir su ejemplo».

Consejos sobre el japa

Un brahmachari: «Amma, ¿es bueno sacrificar el sueño y permanecer despierto toda la noche para hacer *japa*?»

Amma: «Durante años te has acostumbrado a dormir. Si dejas de hacerlo bruscamente, te producirá alteraciones. Duerme al menos cuatro o cinco horas, nunca menos. No reduzcas tu sueño drásticamente, hazlo de forma gradual».

Brahmachari: «A menudo pierdo la concentración cuando repito mi *mantra*».

Amma: «Es necesario poner mucha atención al recitar el *mantra*. Concéntrate en sus sonoridades, o en su significado; también puedes visualizar cada sílaba del *mantra* a medida que lo repites, o mejor aún, visualiza la forma de tu divinidad predilecta. Decide recitarlo a diario cierto número de veces. Eso te ayudará a hacer *japa* con determinación. Pero no lo hagas sin atención, pensando de antemano en llegar a determinado número de veces. Lo esencial es la concentración de la mente. El uso del *mala* (rosario) te ayudará a contar y a permanecer concentrado.

Al principio no resulta fácil concentrarse, en ese caso recita el *mantra* moviendo los labios. Con el tiempo, podrás repetirlo mentalmente, sin mover los labios ni la lengua. No hagas nunca *japa* de un modo mecánico, permanece alerta siempre. Cada vez que repitas el *mantra*, debes tener la sensación de un caramelo

---

[6] Sat = verdad; sanga = asociarse con.

que se va deshaciendo en la boca. Al final alcanzarás un estado en el que, aunque dejes el *mantra*, el mantra no te dejará.

Yashoda ató muy bien a Krishna a un almirez, ¿no es así? Imagina igualmente que atas a tu divinidad amada con la cuerda de tu amor, y después la liberas. Imagina, como si estuvieras en una película, que juegas con ella, que le hablas y la sigues apresuradamente para atraparla. Cuando tu corazón se llene de amor, esta práctica ya no será necesaria porque todos los pensamientos que surjan espontáneamente en tu mente se relacionarán con tu amada.

Hijos, esforzaos en desarrollar el amor que está en vosotros y en cultivar la actitud: 'Dios lo es todo para mí'».

Viernes 15 de noviembre de 1985

Amma y sus discípulos llegaron al anochecer a casa de un devoto en Kayamkulam. Ya había invitado varias veces a Amma, pero ésta era la primera que ella decidía aceptar su invitación. Se había colocado un toldo provisional frente a la casa para el canto de los *bhajans* (cantos devocionales). Una gran multitud se congregó y la mayor parte del auditorio estaba compuesto por personas sin educación, con una muy limitada comprensión de la espiritualidad. El ambiente estaba impregnado de un fuerte olor a alcohol, y los miembros de la familia apenas se esforzaban por controlar a la muchedumbre. En semejante atmósfera, resultaba muy difícil para los *brahmacharis* cantar los *kirtans* (himnos). Tal vez porque Amma había previsto aquella situación, no había respondido a las invitaciones anteriores. Ella ha expresado con frecuencia:

«Amma está dispuesta a ir a cualquier parte; está dispuesta a cantar en un bazar y a aceptar cualquier clase de insultos. Después de todo, Amma canta el nombre de Dios, ¿puede haber en ello algo de vergonzoso? Pero los hijos de Amma no pueden tolerar que se diga algo negativo respecto a ella. También hay algunas mujeres entre nosotros. Es necesario protegerlas. No pueden ir a cantar a cualquier lugar. Por eso Amma no puede aceptar invitaciones sin un previo discernimiento».

El secreto del karma

El viaje de regreso en la furgoneta fue ocasión de un *satsang*. Un *brahmachari* preguntó: «Amma, ¿es inevitable que suframos por cada error que cometimos?»

Amma: «Tenemos que aceptar el castigo por nuestras más leves faltas. Incluso Bhisma[7] tuvo que padecer las consecuencias de su debilidad».

Brahmachari: «¿Qué es lo que hizo mal? ¿Cuál fue su castigo?»

Amma: «Cuando Draupadi pedía auxilio mientras le arrebataban su sari, se quedó tranquilo presenciando la escena sin intervenir.

Sabía que Duryodhana y sus hermanos no se avendrían a razones, pero al menos debió recordarles su *dharma*. Sin embargo, no lo hizo. Guardó silencio. El deber de Bhisma era hablarles de su *dharma* a estos villanos, sin preocuparse por saber si ellos seguirían sus consejos. Por esta razón fue necesario que más tarde sufriera y muriera en una cama de flechas.

Si presenciáis como espectadores silenciosos una injusticia sabiendo que es contraria al *dharma*, cometéis la mayor de las injusticias. Es el comportamiento de un cobarde, no el de un ser

---

[7] Cf. Mahabharata. Bhisma fue ancestro (tío abuelo paterno) de los Pandavas y los Kauravas. Era un valiente guerrero, dotado de una profunda sabiduría. Simpatizaba con los Pandavas, pero debido a un juramento que hizo, se unió a los Kauravas en la guerra del Mahabharata. Se trata del episodio en el que Draupadi, esposa de los Pandavas, es duramente tratada por Dushasana, hermano del rey Kaurava Dhuryodhana. Finalmente ella le implora a Krishna que venga en su auxilio y que la salve haciendo un milagro: su sari ya no tiene fin, su largura se ha vuelto infinita.

valeroso. El que comete ese pecado no debe creer que no sufrirá sus consecuencias. El infierno está hecho para esa clase de gente».

Brahmachari: «¿Dónde está el infierno?»

Amma: «En esta tierra».

Brahmachari: «¿No es Dios el que nos hace actuar bien o mal?»

Amma: «Hijo, es verdad para el que está convencido de que todo es obra de Dios. En ese caso, deberíamos ver que Dios nos lo envía todo, sean los frutos de nuestras buenas acciones, o los sufrimientos soportados como castigo de las faltas cometidas. Dios no es responsable de nuestras faltas, sino nosotros. Supongamos que un médico nos prescribe un tónico. Nos indica la dosis que debemos tomar y su frecuencia. Si no seguimos sus instrucciones y bebemos de una sola vez el contenido del frasco, perjudicando nuestra salud, ¿de qué sirve acusar al médico? De igual manera, si conducimos con imprudencia y tenemos un accidente, ¿podemos echar la culpa al carburante? Entonces, ¿cómo podemos acusar a Dios de los problemas generados por nuestra ignorancia? Dios nos ha indicado claramente cómo debemos vivir en esta tierra. Si no seguimos sus consejos, es absurdo culparle de las consecuencias de nuestra desobediencia».

Brahmachari: «El Bhagavad Gita nos enseña que es necesario actuar sin desear el fruto de los propios actos. Amma, ¿cómo podemos conseguirlo?»

Amma: «El Señor lo prescribió como remedio para liberarnos del sufrimiento. Lo que importa es que lo hagamos todo con *shraddha*[8], sin pensar en el resultado, sin que éste nos preocupe. Es indudable que obtendremos el resultado que merecen nuestras acciones. Por ejemplo, si eres estudiante, dedícate al aprendizaje de tus lecciones, sin angustiarte por saber si aprobarás

---

[8] *Shraddha* significa en sánscrito la fe enraizada en la sabiduría y la experiencia, mientras que la misma palabra en malayalam significa la dedicación al trabajo realizado y la atención vigilante que ponemos en cada acción. Amma utiliza el término en este último sentido.

o no el examen. Y si construyes un edificio, sigue cuidadosamente los planos, sin inquietarte por saber si el edificio se mantendrá en pie o se vendrá abajo. Las buenas acciones engendran buenos resultados. Si un granjero vende arroz de buena calidad, la gente lo comprará y él obtendrá el beneficio de su trabajo. Pero si vende un producto fraudulento, esperando sacar un beneficio adicional, tarde o temprano será castigado, y perderá la paz interior. Realizad pues toda acción con vigilancia y con una actitud de abandono en Dios. Cada acción dará su fruto plenamente, tanto si os preocupáis por ello como si no lo hacéis. Por lo tanto, ¿para qué perder tiempo con preocupaciones? ¿No es mejor que empleéis ese tiempo pensando en Dios?»

Brahmachari: «Si el Ser es omnipresente, ¿no debería morar en un cuerpo muerto? En ese caso, ¿cómo podría producirse la muerte?»

Amma: «Cuando una bombilla se funde o un ventilador se estropea, no significa que no haya electricidad. Cuando dejamos de agitar un abanico, la pequeña corriente de aire fresco cesa, pero eso no significa que ya no haya aire. Cuando un balón revienta, no por ello desaparece el aire que tenía en su interior. Sigue estando ahí. De igual manera, el Ser está en todas partes. Dios está en todas partes. La muerte se produce no porque el Ser esté ausente, sino por la destrucción del cuerpo, instrumento del Ser. En el momento de la muerte, éste cesa de manifestar la consciencia del Ser. La muerte marca el fin del instrumento, no una imperfección en el Ser».

Amma empezó a enseñar un *bhajan* a dos *brahmacharis*. Ella cantaba verso tras verso, y ellos lo repetían.

Bhagavane, Bhagavane

Oh, Señor, Oh Señor
Señor, Tú el amante de los devotos,
Tú que eres puro y que destruyes el pecado,
Parece que sólo haya pecadores en este mundo.

¿Quién nos mostrará el camino recto?
Oh, Narayana, la virtud ha desaparecido.
La humanidad ha perdido el sentido
de la verdad y la virtud.

Las verdades espirituales ya sólo existen
en las páginas de los libros.
Todo lo que aparece ante la vista
lleva el ropaje de la hipocresía.
Oh Krishna, protege y restaura el dharma.

Amma inició luego otro canto.

Amme kannu turakkule

Oh Madre, ¿es que no vas a abrir los ojos?
Ven a disipar las tinieblas.
Cantaré sin cesar tus innumerables nombres
Con inmensa veneración.

En este mundo envuelto en un velo de ignorancia
¿Quién sino Tú podrá eliminar la mía?
Tú eres la esencia del conocimiento,
El Poder subyacente en el universo.

Eres amada por los devotos,
Eres la vida de su vida;

Nos postramos sin cesar a tus pies
¡Concédenos la gracia de tu mirada!

Los siete sabios no cesan de cantar tus alabanzas.
Y ahora, pobres desdichados que somos,
Clamamos a ti. ¿Es que no vendrás?

El autobús se detuvo frente al muelle de Vallickavu. El tiempo había pasado tan deprisa que todos se sorprendieron al constatar que casi habían llegado al ashram.

A la entrada del ashram encontraron a un devoto que esperaba a Amma con impaciencia. Un hombre joven le acompañaba. En cuanto la vio, el devoto se postró completamente ante Amma, mientras que el joven, algo descarado, se limitó a mirar. Amma los llevó hacia el *kalari* y se sentó con ellos frente al pequeño templo.

Amma: «Hijos, ¿cuándo habéis llegado?»

Devoto: «Hace algunas horas. Estábamos en el autobús que va a Ochira, de camino al ashram, cuando vimos que tu furgoneta salía en dirección contraria. Temíamos no verte hoy, pero al llegar aquí, con gran alivio nos enteramos de que volvías esta noche».

Amma: «Amma fue a ver a uno de sus hijos que vive en Kayamkulam. Son muy pobres y hacía tiempo que habían invitado a Amma. Al ver su tristeza, Amma les prometió finalmente ir hoy. ¿Cómo va tu *sadhana* (disciplina espiritual), hijo?»

Devoto: «Por la gracia de Amma, todo va bien, sin problemas. Amma, ¿puedo hacerte una pregunta?»

Amma: «Claro, hijo».

La iniciación a un mantra

Devoto: «Amma, uno de mis amigos recibió un *mantra* de un *sannyasi*. Hace poco intentó convencerme para que yo también aceptara un *mantra* de su maestro. A pesar de que le dije que tú ya me habías dado uno, él insistió. Finalmente logré evitarlo. Amma, cuando se ha recibido un *mantra* de un *gurú*, ¿es correcto aceptar el de otro?»

Amma: «Una vez que has elegido un maestro, si enseguida consideras a otro como tu *gurú*, es como si cometieras una infidelidad conyugal. Pero si ningún maestro te ha dado un *mantra*, no hay problema.

Cuando un *Satguru* (un maestro realizado) te ha dado un *mantra*, no hace falta buscar en otra parte. Él se ocupará de ti enteramente. Por supuesto que puedes respetar y honrar a otros sabios, eso no plantea problema alguno; pero si no te comprometes, no sacarás ningún beneficio. Si vas a ver a otro maestro cuando el que te ha iniciado aún vive, te comportarás como una mujer que engaña a su marido y acepta a otro hombre. Si has aceptado un *mantra* de tu *gurú* es porque habías puesto en él toda tu fe. Si eliges a otra persona como maestro, es porque has perdido esta fe».

Devoto: «¿Qué se debe hacer si se pierde la fe en aquel que nos ha dado un *mantra*?»

Amma: «Es necesario esforzarse en la medida de lo posible para conservar la fe. Pero si esto resulta imposible, de nada sirve permanecer junto al *gurú*. Es más fácil que le crezca pelo a un calvo que reanimar la fe perdida. Cuando se pierde la fe, es muy difícil encontrarla de nuevo. Por lo tanto, es necesario observar atentamente a una persona antes de aceptarla como maestro. Lo mejor es recibir un *mantra* de un *Satguru*».

Devoto: «¿Qué ventaja hay en ello?»

Amma: «Gracias a su *sankalpa* (su resolución divina), el *Satguru* puede despertar el poder espiritual que mora en ti. Si añades leche a la leche, nunca obtendrás yogur. Pero si añades una pequeña cantidad de yogur a un tazón de leche, toda ella se transformará en yogur. Cuando un *Mahatma* (literalmente, alma grande) te da un *mantra*, su *sankalpa* entra en acción. Su poder divino entra en el discípulo».

Devoto: «Hay infinidad de personas que desempeñan el papel de *gurú*, repartiendo *mantras* a diestro y siniestro. ¿Se saca algún beneficio de los *mantras* que dan?»

Amma: «Algunos ofrecen discursos partiendo de un conocimiento puramente libresco, o dan charlas públicas sobre el Bhagavatam o el Ramayana para ganarse la vida. Si esas personas no pueden asegurar su propia salvación, ¿cómo van a salvar a otros? Si has recibido un *mantra* de una de esas personas, y luego conoces a un *Satguru*, pídele que te inicie de nuevo, sin dudarlo.

Sólo aquellos que, mediante las prácticas espirituales, han realizado el Ser, están cualificados para dar *mantras*. Los que se erigen en maestros son como barcos de esponja: no pueden llevar a nadie a la otra orilla. Si alguien se embarca en él, éste se hunde y el pasajero también. El *Satguru*, por el contrario, es como un gran navío: la gran cantidad de personas que suben a bordo pueden alcanzar la otra orilla. El que admite discípulos e inicia a la gente sin haber adquirido el poder necesario mediante *sadhana* es como una pequeña serpiente que se esfuerza por tragarse un gran sapo. La serpiente es incapaz de tragarse un sapo, pero el sapo no puede escapar».

El joven: «Las Escrituras aconsejan frecuentar la compañía de los sabios. ¿Qué beneficio sacamos del *satsang* de un *Mahatma*?»

Amma: «Hijo, si atravesamos una fábrica de incienso, quedaremos impregnados de su perfume. Aunque no trabajemos allí, ni compremos incienso o lo toquemos, basta con entrar en ese lugar para que la fragancia nos siga, sin ningún esfuerzo por nuestra parte. De igual manera, cuando estamos en presencia de un *Mahatma*, se produce una transformación aun sin ser conscientes de ello. El tiempo que pasamos en presencia de un *Mahatma* tiene un valor inestimable. La presencia de un alma grande crea en nosotros *vasanas* (hábitos o tendencias) de cualidades positivas y *samskaras* beneficiosas. Por el contrario, si vivimos en compañía de personas cuyo espíritu está envuelto en tinieblas, es como si entráramos en una mina de carbón; aunque no toquemos nada, saldremos negros de la cabeza a los pies.

No es difícil encontrar la ocasión de practicar *tapas* (austeridades) durante muchos años; pero la oportunidad de estar cerca de un *Mahatma* es extremadamente rara y difícil de obtener. Una oportunidad semejante no debería desperdiciarse nunca. A nosotros nos corresponde mostrar una paciencia inagotable y hacer el mejor uso posible de esta experiencia. La mirada o el tacto de un *Mahatma* puede proporcionarnos mucho más que diez años de *tapas*. Pero para recibir este beneficio, debemos desembarazarnos del ego y tener fe».

La importancia de hacer sadhana en soledad

El joven: «Hoy nos hemos paseado por el ashram y hemos contemplado a nuestro alrededor».

Amma: «¿Y qué has visto, hijo?»

El joven: «No entiendo para qué hay una cueva detrás del *kalari*».

Amma: «Al principio, la soledad es esencial para un buscador espiritual. Así la mente no se distrae y se vuelve hacia el interior. Si sigues las instrucciones del *gurú*, podrás ver a Dios en todas las cosas.

En esta región no hay montañas y hay casas por todas partes. Es imposible encontrar un lugar solitario. También es imposible cavar hondo en el suelo para crear una gruta de meditación, debido a la gran cantidad de agua que hay. Por lo tanto, la cueva está a sólo un metro de profundidad. En realidad no puede llamarse gruta.

Antes de sembrar las semillas, preparamos el terreno y quitamos las malas hierbas, trabajamos la tierra para aflojarla e igualarla; a continuación podemos sembrar. Cuando la cosecha empieza a crecer, aún hace falta quitar la mala hierba. Más tarde, cuando las plantas son adultas, las malas hierbas ya no representan una amenaza, porque las plantas tienen la suficiente fuerza para resistirlas sin ahogarse. Pero mientras son tiernas y frágiles, las malas hierbas pueden destruirlas con facilidad. Al principio es necesario practicar ejercicios espirituales en la soledad y sumergirse en el *japa* y la meditación sin mezclarse demasiado con los demás. Debemos limpiar nuestro terreno y quitarle las malas hierbas. Más tarde, cuando hayamos dedicado cierto tiempo a hacer *sadhana*, poseeremos la fuerza necesaria para vencer los obstáculos externos. Si intentas bombear agua y el sistema tiene una fuga en la base, tus tentativas fracasarán. De igual manera, nos es necesario eliminar las fugas de la energía mental acumulada por nuestras prácticas renunciando a nuestros centros de interés externos. Tenemos necesidad de pasar un tiempo en soledad y purificar la mente, liberándonos de las malas tendencias (*vasanas*) desarrolladas en el pasado. Para hacer esto, es necesario evitar que se multipliquen los contactos con los demás.

Un estudiante no puede ponerse a estudiar en una estación ruidosa y repleta de gente, ¿verdad? Necesita un entorno apropiado al estudio. De igual forma, un *sadhak* (aspirante espiritual) necesita soledad al principio. Una vez adquieras la práctica suficiente, serás capaz de meditar en cualquier lugar. Pero por el momento hacen falta unas condiciones especiales.

Además de soledad, las cuevas ofrecen una ventaja adicional. Las vibraciones en el subsuelo, como en las montañas, tienen una cualidad particular que proporciona un poder especial a nuestra *sadhana*. Los *Mahatmas* dicen que las grutas subterráneas favorecen particularmente las prácticas espirituales. Sus palabras son

31

el equivalente de los Vedas. Cuando estamos enfermos, consultamos a un médico y aceptamos lo que nos dice. De igual forma, las palabras de un *Mahatma* son la autoridad reconocida en el camino espiritual.

Antiguamente, abundaban los bosques y las grutas donde los buscadores podían entregarse a las austeridades. Vivían de frutos y raíces y se dedicaban a hacer *tapas*; pero hoy en día, las circunstancias han cambiado. Si necesitamos una gruta, es preciso crearla. A pesar de que ésta haya sido hecha por la mano del hombre, sirve para practicar la meditación solitaria».

El joven: «Pero ¿necesita el buscador una gruta para entregarse a las austeridades (*tapas*)?»

Amma: «Aunque se formen olas en la superficie de un embalse, el agua no se derrama. Pero si el muro de contención se rompe, se escapa toda el agua. De igual forma, el *sadhak* pierde su energía sutil cuando habla y se relaciona con otros. Para evitarlo, conviene que se aísle al principio. Es el período de práctica del *sadhak*. Si quieres aprender a montar en bicicleta, buscas un espacio libre y solitario donde puedas practicar sin molestar a nadie. Esto no se considera una debilidad. Los hijos que viven aquí *(Amma siempre llama hijos a sus discípulos y devotos)* necesitan esta cueva y la soledad que encuentran en ella. Más tarde irán a servir al mundo».

El joven: «Pero ¿por qué no van a Mukambika o a los Himalayas para entregarse a las austeridades (*tapas*)? Allí se encontrarían en un entorno apropiado».

Amma: «Hijo, la presencia del *gurú* sustituye Mukambika o los Himalayas. Las Escrituras dicen que los pies del maestro son la confluencia de todas las aguas sagradas. Además, estos hijos son *sadhaks*, y por lo tanto deben permanecer cerca de su *gurú* para recibir las instrucciones que necesitan. Un discípulo no debe alejarse nunca del maestro sin el permiso de éste.

Cuando un paciente está muy enfermo, el médico no se conforma con administrarle un medicamento y enviarlo a casa. Lo mantiene en el hospital. Lo examina con frecuencia y cambia la dosis del remedio que le administra según la evolución de la enfermedad. Ocurre lo mismo con un discípulo que practica *sadhana*. Necesita permanecer bajo el ojo vigilante del *gurú*. El maestro debe estar cerca para aclarar las dudas que pueden surgir en el discípulo y para guiarle, dándole los consejos necesarios en cada paso de su *sadhana*. También es necesario que el *gurú* sea uno que ya haya previamente recorrido el camino. Si no se guía correctamente al *sadhak,* puede perder su equilibrio mental. Si meditas mucho, la temperatura del cuerpo aumenta. En este caso, el buscador necesita saber cómo refrescar su cuerpo. En ese momento debe cambiar de régimen alimenticio, necesita soledad y no meditar demasiado. El que no tiene la fuerza suficiente para levantar cuarenta kilos no puede levantar cien de golpe sin tambalearse o venirse abajo. De igual manera, si meditas más de lo que el cuerpo es capaz de soportar, pueden generarse múltiples problemas.

Si algo no va bien en tu meditación, no puedes culpar a Dios ni a la meditación. Es la técnica de meditación utilizada la que es defectuosa. En esta fase, los hijos que están aquí necesitan tener a Amma cerca para practicar la meditación correctamente y progresar. Aún no les ha llegado la hora de practicar su *sadhana* solos, por lo tanto, no pueden alejarse de aquí. Más adelante podrán hacerlo sin problema».

El joven: «¿Qué se obtiene al practicar *tapas?*»

Amma: «Una persona normal es comparable a una vela, mientras que un *tapasvi* (persona que practica el ascetismo) es como un transformador que puede suministrar electricidad a un amplio sector. Las austeridades dan al *sadhak* una inmensa fuerza interior. Cuando tenga que enfrentarse a las dificultades, no desfallece. Haga lo que haga, es extremadamente eficaz. La austeridad (*tapas*) fomenta el desapego en él, aunque el *sadhak* actúa sin esperar el fruto de sus acciones. Por su ascetismo, el *sadhak* considera iguales a todos los seres. No experimenta apego ni hostilidad hacia nadie. Estas cualidades benefician tanto al mundo como al propio *sadhak*.

Es fácil afirmar «yo soy Brahman» incluso cuando la mente está llena de envidia y hostilidad. La austeridad es el entrenamiento que ayuda a transformar la mente impura en una mente divina.

Para aprobar un examen es indispensable estudiar. ¿Cómo lograrlo cuando no se ha aprendido nada? Y antes de conducir un coche es indispensable aprender a conducirlo. Podemos compararlo a la práctica de *tapas*. Cuando eres capaz de controlar la mente, puedes seguir adelante en cualquier circunstancia sin desfallecer. Para ello, no basta el conocimiento extraído únicamente de los libros; es necesaria una ascesis. Lo que ésta aporta al *sadhak* es como si el sol adquiriera un perfume maravilloso. Los que practican *tapas* evolucionan hacia un estado de plenitud. Sus palabras vibran de vida. Los demás experimentan una gran placidez en su presencia. Los *tapasvi* benefician al mundo porque, gracias a sus austeridades, obtienen el poder de elevar a los demás».

El joven: «¿Qué significa realizar a Dios, alcanzar el estado supremo de consciencia?»

Amma: «Ver a Dios en todas las cosas, percibirlo todo como el Uno único, saber que todos los seres son tu propio Ser, eso es realizar a Dios. Cuando se desvanecen todos los pensamientos y ya no hay deseos, cuando la mente está perfectamente tranquila, experimentarás el *samadhi*. Es un estado en el que no existe el sentimiento del 'yo' y el 'mío'. A partir de ese momento te conviertes en el servidor de todos, ya no eres una carga para los demás. Una persona corriente es como un pequeño charco de agua estancada, mientras que un ser realizado es como un río o un árbol: reconforta y refresca a todos aquellos que vienen a él». Era ya tarde. Amma se levantó para marcharse, pero antes le dijo al hombre joven: «¿Por qué no te quedas hasta mañana? Si Amma no se va ahora, estos hijos tampoco se irán y mañana temprano tienen que hacer su práctica espiritual. Amma te verá mañana».

Sábado, 16 de noviembre de 1985

Al día siguiente, varios de los *brahmacharis* faltaron al *archana* porque la noche anterior se habían quedado con Amma hasta muy avanzada la noche. Más tarde, en el momento en el que iba a comenzar la meditación, Amma llegó y les preguntó por qué no habían acudido al *archana*. Les dijo: «Los que carecen de apegos (los que poseen *vairagya*) nunca faltan a sus ejercicios diarios, a pesar de su cansancio. Hijos, no dejéis de ir al *archana* cotidiano. Si eso os ocurriera, no empecéis a meditar sino después de haber hecho el *archana* por vuestra cuenta».

Todos dejaron de meditar y empezaron a recitar el *Lalita Sahasranama*; Amma se quedó con ellos. Cuando lo terminaron, Amma se levantó y caminó hacia el patio norte del ashram. La acompañaban algunos *brahmacharis* y también el joven que había llegado la víspera.

Brahmacharya

El joven: «¿Es obligatoria aquí la castidad?»

Amma: «A los hijos que viven aquí, Amma les ha dicho que transformen su energía sexual en *ojas* (energía sutil) ya que sólo así conocerán su verdadera naturaleza, en la que reside la verdadera felicidad. Es su modo de vida. Sólo deben vivir aquí los que se sientan capaces de vivirlo. Los demás pueden marcharse y vivir el estado de *grihasthashrama* (una vida familiar orientada hacia la espiritualidad). A los hijos que vienen aquí, se les pide que practiquen la castidad. Los que no lo consiguen son libres de marcharse en cualquier momento. El servicio en la policía tiene sus reglas y el ejército las suyas. De igual manera, los *brahmacharis* y las *brahmacharinis* del ashram deben seguir las reglas de *brahmacharya*. La continencia es esencial para los que han elegido vivir aquí y no se limita a la sexualidad. Necesitan controlar todos sus sentidos: los ojos, la nariz, la lengua y los oídos. Amma no les obliga a ello. Ella sólo les dice que este es el camino a seguir.

De hecho, Amma les ha aconsejado que se casen, pero ni siquiera quieren oír hablar de ello. Por lo tanto, Amma les dice que aquí deben vivir de una forma determinada y observar unas reglas precisas. Si se sienten incapaces de hacerlo, tienen libertad para marcharse. Nadie se ve obligado a vivir de esta forma. No todos tienen la fuerza para permanecer en el camino. Amma les dice: 'No rechaces nada. Prueba esta forma de vida, y si no te va bien, cásate'.

Si te vistes para representar un papel, hazlo bien. De lo contrario, es preferible que no lo hagas. Si deseas alcanzar el objetivo supremo, la condición esencial es *brahmacharya*. ¿Qué han dicho nuestros *Mahatmas* a este respecto?»

El joven: «¿A quiénes te refieres?»

Amma: «A Buda, Ramakrishna, Vivekananda, Ramana, Ramatirtha, Chattampi Swami, Narayana Guru. ¿Qué han afirmado todos ellos? ¿Por qué Buda, Ramatirtha, Tulsidas y otros *Mahatmas* abandonaron su hogar? ¿Por qué Sri Shankaracharya[9] se convirtió en *sannyasin* siendo tan joven?

---

[9] Sri Shankaracharya era un *Mahatma* y un filósofo. Vivió en el siglo octavo y fue uno de los grandes representantes de la filosofía del Advaita Vedanta.

¿No demuestran sus acciones la necesidad de *brahmacharya*? Y Sri Ramakrishna, aunque se hubiese casado, ¿no practicó *brahmacharya* para dar ejemplo?

Brahmacharya no es una regla exterior, no consiste sólo en renunciar al matrimonio, sino en actuar conforme al principio supremo, sin violarlo jamás, ni siquiera con el pensamiento. Eso incluye también el hecho de no perjudicar de ninguna manera al prójimo, de no ver o escuchar nada sin necesidad, de no hablar más que lo necesario. Sólo entonces se le puede dar el nombre de *brahmacharya*. Brahmacharya es esencial para emprender el camino espiritual.

Como al principio te resultará difícil controlar tus pensamientos, puedes comenzar practicando *brahmacharya* de forma externa. Si no la observas, perderás toda la fuerza que hayas acumulado gracias a tu *sadhana*. Amma no quiere decir que debas rechazar por la fuerza tus deseos. Para el que está realmente concentrado en el objetivo de la vida espiritual (el que posee *lakshya bodha*), el control de sí mismo no es difícil. Los que trabajan en el Golfo Pérsico [10] no suelen volver sino hasta después de varios años.

Durante este período están separados de su mujer y de sus hijos. Cuando lo que importa es encontrar un trabajo, no dejas que los lazos con tu familia y tu país sean un obstáculo. De igual manera, si tu objetivo es el de realizar a Dios, ya no piensas en otra cosa. Los demás pensamientos se desvanecen por sí solos, sin que haya necesidad de controlarlos por la fuerza de la voluntad.

La gente cree que la felicidad se encuentra en las cosas externas y por lo tanto, trabajan duramente para obtenerlas, desperdiciando toda su energía. Necesitamos reflexionar y comprender la verdad. Gracias a nuestro amor a Dios y a la práctica de austeridades centradas en el objetivo, adquiriremos la fuerza. Eso no resulta

---

[10] Desde los años 70 un gran número de hindúes, sobre todo de la región de Kerala, han ido a trabajar a los países del Golfo.

difícil para los que comprenden que pierden su energía buscando la felicidad en el exterior.

Si ciertas plantas tienen un follaje abundante, no dan frutos. Es necesario podarlas para que florezcan y den fruto. Asimismo, si nos dejamos llevar por los placeres externos, no encontraremos nunca la verdad interior. Si queremos recoger el fruto de la realización, debemos liberarnos de la atracción por los placeres del mundo».

El joven: «¿La cultura espiritual de la India rechaza completamente la vida en el mundo?»

Amma: «No, no es así. Afirma simplemente que la verdadera felicidad no se encuentra allí».

El joven: «¿Por qué no podemos alcanzar el Objetivo disfrutando de los placeres del mundo?»

Amma: «Al que realmente aspira a realizar a Dios, ni siquiera se le ocurre pensar en la vida mundana o en los placeres de los sentidos. Los que llevan una vida de familia también pueden alcanzar el Objetivo, a condición de que perciban claramente los límites de una vida secular y sean perfectamente desprendidos, consagrando su vida al *japa*, a la meditación y a la renuncia».

El joven: «¿Quieres decir que es muy difícil llegar a la realización del Ser si al mismo tiempo se vive en el mundo?»

Amma: «Por muchos esfuerzos que se hagan, es imposible deleitarse en la felicidad del Ser buscando al mismo tiempo los placeres profanos. Si comemos *payasam* (arroz con leche dulce) en un recipiente que ha contenido tamarindo, ¿cómo vamos a percibir el verdadero sabor del *payasam*?»

El joven: «¿Puedes extenderte algo más en ese punto?»

Amma: «Cuando participas de los placeres sensoriales, experimentas cierto gozo ¿verdad? Si no los controlas, te será imposible elevarte hasta el plano de la felicidad espiritual. Puedes casarte y vivir con tu mujer y tus hijos, eso no plantea ningún problema, siempre que seas capaz al mismo tiempo de mantener centrado tu espíritu en el Ser. El que busca la felicidad en las cosas del mundo no puede alcanzar la felicidad que no es de este mundo».

El joven: «Pero ¿los placeres no forman parte de la vida? Por ejemplo, el hecho mismo de que estemos ahora aquí es el resultado de relaciones físicas entre otras personas. Si dejaran de existir las relaciones entre hombres y mujeres, ¿qué sería del mundo? ¿Cómo negarlo? ¿El que vive una relación física no puede gozar de la felicidad suprema?»

Amma: «Amma no dice que sea preciso rechazar por completo los placeres del mundo, pero debes comprender que nunca podrán darte la felicidad verdadera. La dulzura de una fruta no está en la piel, sino en la pulpa. Sabiéndolo, no le darás a la piel más importancia de la que merece. Cuando comprendas que los placeres de los sentidos no son el verdadero objetivo de la vida, ya no sentirás otro apego que al *Paramatman* (el Ser supremo). También es posible alcanzar el Objetivo llevando una vida familiar, siempre que permanezcas en total desapego, como un pez en el limo[11].

Hubo un tiempo en el que la gente obedecía las reglas prescritas a los diferentes miembros de la sociedad. Vivían según el espíritu de las Escrituras y no se limitaban a desear los placeres de los sentidos; Dios era el objetivo de su vida. Cuando un niño nacía, el marido consideraba a su mujer como a su propia madre; ¿acaso no había dado a luz a su imagen bajo la forma del niño? Cuando el hijo llegaba a la edad adulta, le confiaban todas las responsabilidades y se iban a vivir al bosque, en soledad. Alcanzada esta etapa, el matrimonio ya había adquirido cierta madurez gracias a la vida de familia. Su trabajo, la crianza de los hijos y las luchas para vencer los diversos obstáculos que les presentaba la vida

---

[11] Hay en la India un tipo de pez que vive en el fango. Su piel es como el teflón porque el fango no se adhiere a ella.

habían madurado su carácter. Durante la etapa de *vanaprashta* (retiro en el bosque) la mujer se quedaba junto a su marido. Pero finalmente, este vínculo también se disolvía y, renunciando a todo, se convertían en *sannyasins*. Al final alcanzaban el objetivo. Esas eran las prácticas observadas en otros tiempos. Pero hoy en día es diferente. Teniendo en cuenta el apego que siente la gente por sus bienes y su familia, y debido a su egoísmo, ya nadie vive de esa manera. Eso debe cambiar. Necesitamos tomar consciencia del verdadero objetivo de la vida y vivir en consecuencia».

El joven: «¿No afirman algunos que la unión de un hombre y una mujer es la felicidad máxima? ¿Y que incluso el amor de una madre por sus hijos tiene un origen sexual?»

Amma: «Eso demuestra hasta qué punto su conocimiento es limitado. Es todo lo que son capaces de ver. Incluso en la vida matrimonial, el deseo no debería ser la fuerza dominante. El amor auténtico debería ser el único cimiento de la relación entre marido y mujer. El amor es el apoyo universal; es el fundamento del universo. Sin amor, la creación sería imposible. La verdadera fuente de este amor es Dios, no el deseo sexual.

Algunas parejas le dicen a Amma: 'Nuestro deseo mutuo debilita la mente. No conseguimos vivir como hermano y hermana. No sabemos qué hacer',

¿Cuál es la causa de esta situación? En los tiempos en que vivimos, el ser humano es esclavo de sus impulsos sexuales. Si se le sigue alentando por esta vía, ¿qué será del mundo? Amma aconseja a la gente que mire en su interior, que busque la fuente de la verdadera felicidad. ¿Qué hay qué hacer? ¿Alentar a la gente a que continúe en el error, en el camino del impulso irracional, o guiarles hacia el camino del discernimiento, ayudándoles de este modo a salir de su extravío?

Algunos han cometido infinidad de fallos en el pasado, pero haciendo *sadhana* logran controlar su mente y, en definitiva, se convierten en benefactores de la humanidad. Los que ni siquiera podían mirar a su hermana sin sentir deseo, han aprendido a considerar a todas las mujeres como hermanas. Imagina una familia en la que viven cinco hermanos. Uno es alcohólico, el segundo pretende llevar una vida de lujo, el tercero discute con todo el mundo, y el cuarto roba todo lo que está a su alcance. Pero el quinto hermano es diferente a los demás. Lleva una vida sencilla. Su carácter es bondadoso, lleno de compasión, y comparte con alegría. Es un verdadero *karma yogi*. Sólo este hermano mantiene la armonía en el seno de la familia. ¿Cuál de los cinco deberíamos tomar como modelo?

Amma no puede adoptar un punto de vista diferente. Eso no significa que le dé la espalda a las otras personas. Amma reza para que ellas también sigan este camino, ya que sólo así habrá paz y felicidad en el mundo».

El joven: «Amma, ¿puedes hablarnos un poco sobre la felicidad del Ser que has mencionado?»

Amma: «Es algo que sólo se conoce por experiencia. ¿Puedes explicar la belleza de una flor o describir la dulzura de la miel? Si alguien te golpea, puedes decir que es doloroso, pero ¿puedes expresar con palabras la intensidad exacta del dolor que sientes? Entonces, ¿cómo sería posible describir la belleza del infinito?

La felicidad espiritual no puede ser experimentada por el intelecto. Para ello necesitamos el corazón. El intelecto disecciona los objetos como unas tijeras, pero el corazón es como una aguja que ayuda a reunir los trozos separados. Amma no está diciendo que no necesitamos el intelecto: ambos, corazón e intelecto, son necesarios. Son como las dos alas de un pájaro: cada una cumple su cometido. Si el dique que retiene una corriente de agua está a punto de romperse, inundando todo un pueblo, ¿qué debemos hacer? Es preciso encontrar cuanto antes una solución. En situación semejante, el intelecto es indispensable y hay que ser fuerte.

Algunos se derrumban y lloran ante el más mínimo problema. Deberíamos ser capaces de enfrentarnos a los obstáculos con una mente fuerte. Tenemos que descubrir nuestra fuerza interior. Las prácticas espirituales nos ayudarán a llegar a ella».

Como suave brisa, las palabras de Amma disipaban las nubes de ignorancia de las mentes del pequeño círculo de buscadores espirituales que la rodeaban, ayudándoles a sumergirse en la luz de su sabiduría.

Martes, 7 de enero de 1986

A las 9:45 de la mañana, Amma se unió a los *brahmacharis* en la sala de meditación.

Amma: «Hijos, si os apegáis a Amma bajo la forma de esta persona, no avanzaréis. A quien tenéis que amar es a la Madre del universo, no a este cuerpo. Debéis ser capaces de reconocer el verdadero principio que Amma manifiesta, capaces de ver a Amma en vosotros mismos, en todo ser viviente y en cada objeto. Si viajáis en autobús, no os quedáis apegados a el, ¿verdad? Para vosotros es sólo un medio de transporte que os ayuda a llegar a vuestro destino».

Un joven llamado Jayachandra Babu vino a postrarse ante Amma. Vivía en Tiruvananthapuram (Trivandrum) y el día anterior había recibido por primera vez el *darshan* de Amma. Hoy ha vuelto, después de dejar una nota en su casa explicando que había decidido venir a vivir al ashram.

Amma le dijo: «Hijo, si te quedas aquí ahora, tu familia montará un escándalo y culpará a Amma diciendo que ella te mantiene aquí sin su consentimiento. Es mejor que vuelvas a casa de momento».

Babu no estaba dispuesto a marchar, pero como Amma insistía, terminó por aceptarlo. Se postró de nuevo ante Amma y se levantó.

«Hijo, ¿tienes dinero para el autobús?»

«No, no he traído lo suficiente, porque no tenía intención de regresar».

Amma pidió al *brahmachari* Kunjumon que le diera dinero para el billete. Después Babu se fue con Kunjumon, y Amma siguió hablando con los *brahmacharis*[12].

Adorar una forma

Amma: «Algunos dicen: 'No medites en una forma. *Brahman* no tiene forma, por lo tanto hay que meditar en la no-forma'. ¿Qué clase de lógica es esta? Normalmente, imaginamos el objeto de nuestra meditación ¿no es verdad? Incluso si meditamos en una llama o en un sonido, se trata siempre de una representación imaginaria. ¿Qué diferencia hay entre esta clase de meditación y la meditación sobre una forma? También los que meditan en la no-forma recurren a la imaginación. Algunos conciben a *Brahman* como Amor puro, el Infinito o el Omnipresente. Otros repiten: 'Yo soy *Brahman*', o bien preguntan: '¿Quién soy yo?' Pero esos sólo son conceptos mentales. Por lo tanto, no se trata realmente de una meditación sobre *Brahman*. Entonces, ¿cuál es la diferencia entre estas prácticas y la meditación en una forma? Para llevar agua a una persona sedienta, se necesita un recipiente. Para realizar el *Brahman* sin forma, hace falta un instrumento, una herramienta. Por otro lado, si elegimos meditar sobre la no-forma, ¿qué hacer si de antemano no hemos desarrollado el amor por *Brahman*? No es otra cosa que la devoción (*bhakti*). El Dios personal no es otra cosa que la personificación de *Brahman*».

Brahmachari Rao[13]: «Es este Dios que vemos bajo la forma de Amma».

---

[12] Poco después, Babu volvió al ashram y se convirtió en *brahmachari*.
[13] Años más tarde, en su iniciación a *sannyas*, el *brahmachari* Rao recibió el nombre de Swami Amritatmananda.

Amma (riéndose): «¡Representar a *Brahman* con una cabeza, dos ojos, una nariz y cuatro miembros! ¿A que se parece?»

Un *brahmachari*: «Cuando imaginamos a un ser semejante, ¿qué beneficio sacamos de ello?»

Amma: «Es fácil adorar a *Brahman* cuando le atribuimos una forma. Después, por nuestro amor supremo (*prema*), podemos fácilmente realizar el Principio eterno. Un solo grifo nos permite acceder a toda el agua contenida en el depósito y de este modo podemos saciar nuestra sed».

El *brahmachari* Venu[14] preguntó: «Amma, se dice que Jarasandha[15] hizo huir al Señor Krishna durante una batalla. ¿Cómo es posible eso?»

Amma: «Un *avatar* como Krishna sólo pudo emprender la huida con el propósito de enseñarnos algo, y no porque tuviese miedo».

Venu: «El destino de Jarasandha no era morir en manos del Señor, semejante bendición no era para él. ¿Es verdad Amma?»

Amma: «Sí, es verdad. Y Krishna no doblegaba el orgullo de una persona sino hasta después de lograr que saliera totalmente. Cuando un niño se divierte haciendo muecas terroríficas, el padre

---

[14] Swami Pranavamritananda

[15] Jarasandha era el hijo del rey de Magadha, Brihadratha. Éste se había casado con dos hermanas gemelas pero no tenía hijos. El sabio Chanda-Kausika lo bendijo dándole un mango santificado por mantras. Las reinas lo compartieron y cada una dio a luz la mitad de un niño. Aterradas, pidieron a los criados que arrojaran las dos mitades. En la noche, una demonia llamada Jara fue atraída por estos trozos de carne. Por curiosidad juntó ambas mitades... que se unieron. El niño se puso a llorar y las reinas acudieron. El rey le dio el nombre de Jarasandha, porque Jara le había dado la vida. Jarasandha llegó a ser un héroe, un emperador. Kamsa, tío de Krishna, era su yerno. Cuando Krishna mató a Kamsa, Jarasandha juró destruir toda la línea de Krishna y atacó Mathura diecisiete veces. Krishna finalmente se retiró a la isla de Dwaraka. Jarasandha había hecho prisioneros a ochenta y seis reyes. Esperaba tener cien cautivos para ofrecerlos en sacrificio a Shiva. Fue muerto en combate singular por Bhima y todos los reyes fueron liberados.

entra en el juego y finge que está asustado. Pero es evidente que no le teme al niño de verdad».

Otro *brahmachari* preguntó: «Amma, últimamente me entra mucho sueño durante la meditación. ¿Qué debo hacer?»

Amma: «Corre durante un rato por la mañana, o haz un trabajo físico para que *rajas* (la actividad) aleje a *tamas* (la inercia). La falta de ejercicio físico genera un desequilibrio entre los elementos *vata, pitta* y *kapha*[16], lo cual produce demasiado sueño para meditar». Riéndose, Amma añadió: «Para terminar, Dios crea siempre grandes molestias a los que son demasiado perezosos para trabajar».

Amma y el erudito

Al salir de la sala de meditación, Amma se encontró con un *shastri* (un erudito en materia de religión) que la esperaba. Al verla, el hombre, que era mayor, se ató a la cintura su chal de algodón en señal de respeto, se postró completamente y depositó una ofrenda de frutas a los pies de Amma. También tenía un ejemplar de los *Brahmas Sutras (aforismos del sabio Badarayana, o Veda Vyasa, que exponen la filosofía del Vedanta)*, que llevaba consigo a todas partes desde hacía cuarenta años y estudiaba a diario. Amma se sentó con él frente a la sala de meditación.

Amma: «¿Cuándo has llegado, hijo?»

Shastri: «No hace mucho. Vengo de Tiruvananthapuram (Trivandrum). Mi hijo estuvo aquí el mes pasado y me habló

---

[16] De acuerdo con la antigua ciencia del *ayurveda*, existen tres fuerzas vitales o humores biológicos primarios, llamados *vata, pitta* y *kapha*; corresponden a los elementos aire, fuego y agua. Estos tres elementos determinan los procesos vitales del crecimiento y del debilitamiento y son las fuerzas que engendran las enfermedades. El predominio de uno u otro de estos elementos en una persona determina su naturaleza psicofísica.

de Amma. Por lo tanto, decidí hacer un alto en mi camino para venir a verte».

Amma cerró los ojos y permaneció meditando unos momentos. Cuando volvió a abrirlos, el *shastri* prosiguió: «Amma, hace cuarenta años que estudio el Vedanta y doy conferencias sobre este tema, pero no acabo de encontrar la paz».

Amma: «Hijo, el Vedanta apenas tiene que ver con la lectura o con el hecho de pronunciar discursos. El Vedanta es un principio que debemos adoptar en nuestra vida. Si dibujas en una hoja de papel el hermoso plano de una casa, no puedes vivir en el plano, ¿verdad? Aunque sólo desees un pequeño refugio contra la lluvia y el sol, te hace falta llevar ladrillos y madera de construcción hasta el lugar elegido y construir allí lo que deseas. De igual manera, es imposible llegar a la experiencia de lo divino sin hacer *sadhana*. Si no tienes el control de tu mente, en vano resulta repetir los *Brahmas Sutras*. Un loro o una grabadora pueden hacer lo mismo».

El sabio no le había dicho a Amma que cada día recitaba los *Brahmas Sutras* y el *Panchadashi*. Por lo tanto, se sorprendió de que ella lo mencionara. Le confió enseguida todos sus problemas. Amma lo tranquilizó prodigándole caricias y palabras de consuelo. Hizo que se sentara junto a ella, y luego empezó a dar *darshan* a los que estaban esperando. El anciano miraba a Amma con una intensa concentración. De repente, sus ojos se llenaron de lágrimas y se puso a llorar. Amma se volvió hacia él y lo acarició de nuevo.

Shastri: «Amma, ¡siento una paz que jamás había experimentado en cuarenta años! Ya no necesito mi conocimiento, mi erudición. Mi único deseo es que me bendigas para que ya no pierda esta paz».

Amma: «¡Namah Shivaya! No basta con leer el Vedanta e intentar absorberlo con la mente. Es necesario llevarlo en el corazón. Ésta es la única condición para poder experimentar los principios del Vedanta. Si nos dicen que la miel es dulce, podemos meter un dedo en ella, pero mientras no la hayamos probado con la lengua, desconoceremos su sabor. El conocimiento acumulado por el intelecto debe llegar hasta el corazón, porque es allí donde se encuentra la experiencia. Llegará un día en que tu corazón y tu intelecto se conviertan en uno. Este estado es indescriptible. Es una experiencia directa, una percepción directa que las palabras no saben transmitir. Incluso habiendo leído todos los libros del mundo, ello no te daría esta experiencia. Debes convencerte de que solo Dios es real y acordarte de Él constantemente. Purifica tu corazón. Ve a Dios en todas las cosas y ama a todos los seres. No tienes que hacer nada más. Todo aquello que necesites te será dado».

Shastri: «Amma, he encontrado a numerosos *Mahatmas* y visitado muchos ashrams, pero solo hoy se me ha abierto el corazón. Lo sé».

Con inmensa ternura, Amma secó sus lágrimas, y él añadió: «Es tu gracia la que finalmente me ha conducido hasta ti. Si Amma está de acuerdo, me gustaría quedarme aquí unos días».

«Como quieras, hijo».

Amma le pidió a un *Brahmachari* que se ocupara de la estadía del *shastri,* y se retiró a su cuarto.

Abhyasa yoga

(El yoga de las prácticas espirituales regulares, realizadas con perseverancia)

A las tres de la tarde, Amma terminó de dar el *darshan*. Fue a sentarse cerca del establo, al norte del ashram, con el *shastri* y algunos *brahmacharis*.

Un *brahmachari*: «Amma, ¿qué hacer para que nuestro espíritu esté siempre centrado en Dios?»

Amma: «Hace falta una práctica constante. Para vosotros no es natural pensar en Dios sin cesar, necesitáis cultivar conscientemente este hábito. El *japa* es indispensable. No dejéis de practicarlo ni un solo minuto, ni siquiera cuando coméis o dormís. Los niños pequeños se esfuerzan por aprender aritmética recitando: 'Uno y uno, dos, uno y dos, tres', etc., ya sea que estén sentados, andando, o yendo al lavabo. Temen que el maestro les castigue si no aprenden sus tablas. Practica de esta manera.

Sabed que en este mundo no hay nada fuera de Dios, que nada tiene poder para funcionar sin Él. Ved a Dios en todo lo que tocáis. Cuando tomáis la ropa que os vais a poner, imaginad que es Dios. Y cuando cogéis el peine, pensad que es Dios.

Pensad en Dios realizando todas vuestras acciones. Y rezad: 'Tú eres mi único refugio. Nada es eterno. Ningún otro amor dura. El amor humano me hará feliz un momento tal vez, pero en definitiva me hará sufrir. Es como si alguien me acariciara con manos envenenadas, porque un amor semejante sólo proporciona sufrimiento, nunca la salvación. Sólo tú, oh Dios, puedes colmar mi deseo'. Deberíamos rezar así constantemente. Sin esta clase de desapego no podemos crecer espiritualmente ni ayudar a los demás. Necesitamos estar firmemente convencidos de que solo Dios es eterno.

Es indispensable liberarse de los *vasanas* que hemos acumulado. Pero es difícil hacerlo de golpe. Necesitamos practicar sin interrupción, recitar el *mantra* sin cesar, sentados, de pie o tumbados. Si repetimos el *mantra* y visualizamos la forma de Dios, los demás pensamientos se desvanecerán y se purificará nuestra mente. Para lavarnos del sentimiento del 'yo', necesitamos el jabón del 'Tú'. Cuando percibimos a Dios en todo, desaparece el 'yo', es decir, el ego, y entonces el 'Yo' divino brilla en nosotros».

Brahmachari: «¿No es difícil visualizar la divinidad elegida al mismo tiempo que se recita el *mantra*?»

Amma: «Hijo, en este momento hablas con Amma. ¿Experimentas dificultades al hablar con ella porque la estás viendo? Puedes hablar con Amma mientras la ves, ¿no es así? De igual manera, es posible visualizar la forma de la divinidad que cada uno ha elegido mientras se hace *japa*. Pero ni siquiera eso es necesario si rezamos, clamando desde el corazón: '¡Oh Madre, dame fuerza! ¡Destruye mi ignorancia! ¡Elévame, ponme sobre tus rodillas! Tu regazo es mi único refugio, en ninguna otra parte encontraría la paz. Madre, ¿por qué me has lanzado a este mundo? No quiero estar ni un solo instante sin ti. ¿No eres tú quien da refugio a todos? ¡Te lo suplico, ven y transfórmame en ti! ¡Haz que mi mente te pertenezca!' Clama de este modo a la Madre divina para que te ayude».

Brahmachari: «Pero no siento ninguna devoción. Para rezar de ese modo se necesita sentir devoción, ¿no es así? Amma, tú nos dices que clamemos a Dios con lágrimas, antes hace falta que sienta deseos de llorar!»

Amma: «Si al principio no puedes llorar, repite estas palabras hasta que aparezcan las lágrimas. Un niño importuna a su madre hasta que le compra lo que quiere. La sigue a todas partes y no deja de llorar hasta que obtiene el objeto deseado. Así es como tenemos que importunar a la Madre divina. Sentémonos y lloremos. ¡No le demos ni un minuto de tregua! Llamémosla así: '¡Muéstrate! ¡Déjame verte!' Hijo, si dices que no puedes llorar, significa que no aspiras realmente a realizar a Dios. Cuando la sed de Dios se despierta en nosotros, lloramos. Si no lo consigues, provoca las lágrimas aunque te cueste un esfuerzo.

Supón que te atenaza el hambre, pero no tienes dinero. Irás a algún lado donde harías lo que fuese para obtener comida, ¿no es así? Implora a la Madre divina diciendo: '¿Por qué no me concedes las lágrimas?' Pregúntale: '¿Porqué no me haces llorar? ¿Significa que no me amas? ¿Cómo puedo vivir si tú no me amas?' Entonces ella te dará la fuerza necesaria para llorar. Hijos míos, eso es lo que hacía Amma. Podéis hacer lo mismo. Estas lágrimas no son lágrimas de aflicción, sino una forma de felicidad interior. Las lágrimas rodarán cuando el *jivatman* (el alma individual) se funda en el *Paramatman* (el alma universal). Nuestras lágrimas marcan un momento de unión con lo divino. Los que nos miran piensan quizás que la pena nos aflige. Para nosotros, es la felicidad. Sin embargo, para alcanzar este estado, debes utilizar tu imaginación creativa al principio. ¡Inténtalo, hijo!»

Brahmachari: «Tenía la costumbre de meditar en la forma de *Bhagavan* (Krishna). Pero después de conocer a Amma, eso me fue imposible porque es su forma la que me aparecía en la meditación. Ahora, también eso se me ha hecho imposible. Amma, cuando pienso en ti, es la forma de Krishna la que veo mentalmente; y cuando pienso en Krishna, es tu forma la que aparece. Me siento desdichado porque no consigo decidir la forma en la que debo meditar. Aunque ahora ya no medito en ninguna forma. Medito en el sonido del *mantra*».

Amma: «Concentra tu mente en lo que te atrae. Comprende que todo está contenido en ello y no está separado de ti. Has de saber que aquello que aparezca, sea un ser o un objeto, serán los diversos aspectos de esta forma única».

El amor es esencial

Shastri: «Amma, ¿qué hay que hacer para que la forma de nuestra divinidad predilecta aparezca claramente durante la meditación?»

Amma: «Cuando el amor que sientes por tu divinidad sea puro, verás su forma claramente. En tanto no veas a Dios, debes estar como sobre ascuas encendidas. Un *sadhak* debe tener hacia Dios la actitud de un amante hacia su amada. Su amor debe ser tan intenso que no pueda soportar el hecho de estar separado de Dios, ni siquiera un instante. Si un amante ha visto a su amada vestida de azul la última vez que estuvo con ella, el menor rastro del color azul le recordará a su amada, le hará ver su imagen. Esté comiendo o durmiendo, su espíritu sólo se preocupa de ella. Cuando se levanta por la mañana, mientras se cepilla los dientes o bebe una taza de café, se pregunta lo que ella estará haciendo en ese momento. Así es como deberíamos amar a nuestra divinidad predilecta: hasta el punto de ser incapaces de pensar en otra cosa que no sea el objeto de nuestra adoración. Hasta un melón amargo pierde su mal sabor y se vuelve dulce si se macera en azúcar durante un tiempo. De igual manera, una mente negativa se purificará si se la ofrecemos a Dios y pensamos constantemente en Él.

Un día, yendo hacia Vrindavan, una *gopi* vio bajo un árbol un pequeño hueco en el suelo. Enseguida imaginó: '¡Seguramente Krishna pasó por aquí! Tal vez la *gopi* que le acompañaba le pidió que le cortara una flor de este árbol. Apoyándose en su hombro, Krishna saltó al árbol. Este agujero en el suelo es sin duda la huella de su pie en el momento de saltar'. A continuación llamó a las otras *gopis* y les mostró la huella del Señor Krishna. Pensando en Él, se olvidaron de todo.

A los ojos de esta *gopi*, todo era Krishna. Si alguien le tocaba el hombro, imaginaba que era Krishna, y la devoción le hacía perder la consciencia del mundo externo. Cuando las demás *gopis* pensaban en Krishna, también perdían consciencia de su entorno y derramaban lágrimas de felicidad. Esforcémonos por alcanzar ese estado, relacionando con Dios todo aquello que vemos. Para nosotros no debe existir ningún otro mundo que el de Dios. Entonces no será necesario ningún esfuerzo especial para ver sin cesar su forma en nuestra meditación, Él no estará ausente un solo segundo de nuestra mente.

Nos corresponde implorar mentalmente todo lo que vemos: 'Amados árboles, amadas plantas, ¿dónde está mi Madre? Y vosotros, pájaros, animales, ¿la habéis visto? Amado océano, ¿dónde está la Madre todopoderosa que te da la fuerza para moverte?' Podemos emplear de este modo nuestra imaginación. Si persistimos, nuestra mente vencerá todos los obstáculos; llegaremos a los pies del Ser supremo y nos uniremos a Él. Si empleas así tu imaginación, indudablemente la forma aparecerá de un modo claro en tu mente».

Brahmachari: «A veces tengo la sensación de que los demás cometen errores y eso destruye mi paz interior. ¿Cómo puedo aprender a perdonar a los demás?»

Amma: «Imagina que accidentalmente te metes un dedo en el ojo. No golpeas al dedo que ha provocado el dolor. No se trata de castigarlo. Lo perdonas. Si te lastimas el pie al tropezar tontamente con un objeto, o si te haces un corte en un dedo, lo soportas. Si muestras tanta paciencia hacia tus ojos, tus manos y tus pies, es porque son parte de tu cuerpo y eres consciente de ello. Aunque a veces te duela, lo aguantas. Deberíamos igualmente considerar a los demás como parte de nosotros mismos, comprender que somos la causa de todo, que somos todo, que nadie está separado de nosotros. Entonces no miraremos las faltas del otro e inclusive si las vemos, consideraremos como propios esos errores y nos perdonaremos.

Podemos tener la misma actitud de abandono de nosotros mismos que Kuchela[17]: todo lo que ocurre es voluntad de Dios.

---

[17] Kuchela era un amigo muy querido de Krishna, que en su juventud estudió con Él. Kuchela se casó y vivió la vida de un brahmán pobre, pero dueño de sí y contento con su suerte. Un día su mujer, cansada de su miseria, le rogó que fuera a ver a Krishna, su amigo de la infancia, y que le pidiera ayuda económica. Kuchela decidió ir a ver a Krishna, no tanto para pedirle ayuda, sino para volver a ver a un amigo amado. Krishna recibió a Kuchela con mucho afecto. Éste, lleno de gozo y de paz, no dijo una sola palabra a Krishna sobre la pobreza que le

Deberíamos considerarnos como sus servidores. Entonces ya nada podrá hacernos enfadar y nos volveremos humildes. Una posibilidad consiste en pensar en cada persona como si fuera tu propio Ser. La otra es considerar a cada persona como a Dios y servirla. Vive cada instante con *shraddha*. No comas sin haber recitado tu *mantra* y rezado: 'Oh Dios, ¿tienen comida todos los demás? ¿Tienen cubiertas sus necesidades? Te suplico que bendigas a todos los seres para que obtengan aquello que necesitan'. Deberíamos sentir compasión por los que llevan una vida difícil. Entonces nuestra mente se purificará. La compasión nos acercará a Dios».

Después de haber alabado de este modo el amor universal, Amma concluyó insistiendo en la práctica de la devoción. Al escuchar sus consejos, verdadero néctar, el *shastri* y los *brahmacharis* sentían que su corazón se ensanchaba.

Miércoles, 15 de enero de 1986

Amma con sus devotos

Eran las ocho de la mañana pasadas. Amma estaba con los *brahmacharis* en la sala de meditación.

Amma: «Hijos míos, si sólo os quedáis sentados, pensando: 'Bueno, ahora empezaré a meditar', la forma no aparecerá en vuestra mente. Simplemente permaneceréis allí sentados con los ojos cerrados y al cabo de un momento os diréis: '¡Ah, tengo que

---

afligía. Krishna, que conocía el corazón de su amigo, decidió darle una sorpresa, concediéndole grandes riquezas. Kuchela emprendió el viaje de regreso, pero ignoraba la intención de Krishna. Lo único que lamentaba era tener que decirle a su mujer que no había tenido valor para pedir nada. Al llegar a su casa, se quedó asombrado al ver que un palacio rodeado de espléndidos jardines se levantaba en el lugar que antes ocupaba su pobre cabaña y que su mujer, rodeada de sirvientes, llevaba ricos vestidos y joyas. Kuchela suplicó al Señor para no apegarse nunca a la riqueza que le había otorgado y de amarle siempre con un corazón puro.

meditar!' Cuando os disponéis para la meditación, empezad por clamar a Dios: 'Dios mío, ¿no vendrás a mi corazón? Sin tu ayuda no puedo verte. ¡Tú eres mi único refugio!' Imaginad que vuestra divinidad predilecta aparece frente a vosotros. Un momento después, su forma brillará claramente en vuestra mente».

Amma salió de la sala de meditación hacia las nueve y media. Una mujer vino a su encuentro. Esta devota, casada, había pasado algunos días en el ashram y se negaba a volver a su casa. Amma intentó convencerla, pero la mujer respondió que no quería separarse de ella. Amma se volvió a las demás personas presentes y manifestó: «Amma le dijo que podía quedarse si traía una carta de su marido. No sería correcto permitirle que se quedara aquí sin su consentimiento. Si viniese aquí a quejarse, ¿qué podría decir Amma? Además, tal vez otras mujeres tratarían de seguir su ejemplo. Desde hace varios días ella afirma que su marido vendrá uno de estos días, pero no lo ha hecho. Y en casa también tiene a su hija».

Dirigiéndose a la mujer, Amma dijo: «Amma no puede esperar más tiempo. Debes volver a casa mañana».

La devota se deshacía en lágrimas. «Amma, si no viene el domingo, te prometo que me iré el lunes».

Viendo a la angustiada mujer, el corazón de Amma se enterneció y le permitió quedarse.

Amma se dirigió a la cabaña en la que daba el *darshan*. Al pasar, dio una ojeada a la clase de Vedanta. Al ver que un *brahmachari* se hallaba apoyado en el muro mientras escuchaba la clase, ella le dijo: «Hijo mío, un ser espiritual no debería apoyarse de ese modo en la pared en un lugar consagrado al estudio. Siéntate con la espalda muy recta, atento, sin apoyar la espalda y sin mover brazos o piernas. De lo contrario eso aumenta el *tamas* en ti. Un *sadhak* debe descansar en sí mismo y no depender de ningún apoyo externo. La vida espiritual no consiste en descansar sentado sin hacer nada, propiciando condiciones tamásicas. Por difícil que parezca, debes mantener recta la columna vertebral cuando estás sentado».

Amma siguió su camino hacia la cabaña. Entró y se sentó en un sencillo diván de madera recubierto de corcho. Las personas que la esperaban se adelantaron una a una y se postraron. Un hombre tenía una herida en la nuca. Era la segunda vez que venía a ver a Amma. En su primera visita, no podía levantar la cabeza y su hombro estaba paralizado. Anteriormente le habían operado, pero aquello no le produjo ninguna mejora. En aquella ocasión Amma le había dado ceniza sagrada (*bhasma*) y le había pedido que le llevara un poco de ceniza de una hoguera funeraria.

Amma: «¿Cómo te sientes ahora, hijo mío?»

Devoto: «Mucho mejor. Ya puedo mantener levantada la cabeza y viajar sin problemas. Eso antes me resultaba imposible. Me veía obligado a permanecer tumbado todo el tiempo. La primera vez que vine a verte, el viaje fue muy difícil. Pero hoy no he tenido ningún problema. Te he traído la ceniza que me pediste».

Amma: «Hijo, hay mucha tierra en esta ceniza. Es necesario que traigas ceniza pura, que no esté mezclada con tierra. Pon atención la próxima vez. Por hoy, Amma te dará un poco de la ceniza corriente (*bhasma*) que tenemos aquí».

Amma pidió que le trajeran un poco en un plato pequeño y se la aplicó en la nuca al devoto. Le pidió a un *brahmachari* que trajera un trozo de papel para poner allí la ceniza. Le dio a Amma un trozo arrancado de una hoja blanca.

Amma: «Hijo, ¿cómo has podido romper un papel tan bello? Un trozo de periódico habría servido. Este papel blanco podía servir para escribir. Amma piensa en la utilidad de cada cosa. No estropear ni desperdiciar nunca nada es *shraddha*. Y sólo con *shraddha* podréis progresar».

Una mujer que había venido de Suiza estaba sentada junto a Amma. Acababa de llegar al ashram y era la primera vez que estaba con ella. Había traído algunos regalos para Amma y los abrió para enseñárselos.

Devota: «He pasado mucho tiempo eligiendo estos objetos, ya que ignoraba lo que pudiera agradar a Amma».

Amma: «Amma sabe hasta qué punto pensabas en ella cuando comprabas estos regalos. Pero Amma no los necesita. Lo que ella quiere es tu mente. Has traído estas ofrendas por amor, pero eso no siempre será posible. Si ocurre que un día no puedes traer nada, no te entristezcas o dejes de venir por no tener nada que ofrecer a Amma. Estos objetos son perecederos. Pero si le ofreces tu mente, el beneficio será eterno: se te devolverá purificada».

Devota: «¿No dicen que cuando uno va a ver a un *gurú* no se debe ir con las manos vacías, sino llevar siempre algo?»

Amma: «Sí, pero el *gurú* no necesita nada. La ofrenda de los devotos simboliza el abandono de la mente. De este modo depositan su *prarabdha* (los frutos de sus actos pasados) a los pies del *gurú*. Si no tienes otra cosa, con un limón basta. Si tampoco puedes traer eso, las Escrituras dicen que un trozo de madera para el fuego bastará».

Mientras Amma hablaba, una mujer se acercó, puso la cabeza en el regazo de Amma y se echó a llorar. Entre sollozos, imploraba: «Amma, ¡concédeme la devoción! ¡Hasta ahora me has engañado, pero se acabó!» Con mucho afecto, Amma trató de consolarla, pero la mujer continuó: «Ese truco ya no te servirá. Amma, que es omnisciente, me hace todas esas preguntas amables sólo para engañarme. Amma, ¡no me hagas semejantes preguntas! ¿Qué puedo decirte? ¡Tú me conoces mejor que yo misma!»

Esta mujer deseaba donar su casa al ashram, pero Amma se negaba. La mujer lloraba porque quería que Amma aceptara. Pero ella no cedía.

Eran las tres y media cuando Amma pudo volver a su habitación para comer. La esperaban dos *brahmacharis*. Habló con ellos mientras comía.

«Hijos, está bien que saludéis a los que vienen aquí y les ayudéis en lo que necesiten, pero no perdáis demasiado tiempo hablando con ellos. Es inútil intentar reforzar su fe con palabras. Cuando plantáis un arbusto, quizás tenga pocas hojas, pero sólo podréis constatar su crecimiento por las hojas nuevas que aparecen cuando el árbol ha echado raíces. Sólo la fe que viene de nuestra propia experiencia es permanente, como las hojas que crecen después de que el árbol ha arraigado. No habléis largamente salvo con aquellos que realmente desean saber».

La víspera, uno de los *brahmacharis* había tenido una larga conversación con un devoto que vino al *darshan*. Al escuchar estas palabras, comprendió que aquello no se le había escapado a Amma, que mora en cada uno de nosotros y que es omnisciente.

Brahmachari: «Amma, ¿qué debemos hacer si la gente nos sigue y nos hace toda clase de preguntas?»

Amma: «Responded sólo aquello que necesitan para aclarar sus dudas».

Las preocupaciones de la madre compasiva

Eran las cinco de la tarde. Un adolescente acababa de pasar algunos días en el ashram. Su familia vino a recogerle. Frente a la casa situada al norte del ashram, pasaron un rato largo hablando con él. Pero no quería irse. Su madre estaba muy alterada. Finalmente, Amma llegó y fue a sentarse con esta mujer frente al edificio para hablar con ella un momento. La mujer lloraba y le pidió que mandara a su hijo a casa. Amma aceptó. El muchacho obedeció las palabras de Amma y se fue con su familia. Amma se sentó después a la entrada con algunos *brahmacharis*.

Amma: «¿Qué puede hacer Amma? ¿A cuántas madres tendrá que ver así, derramando lágrimas amargas? Amma ve que un gran número de *brahmacharis* vendrá a vivir aquí. Los indicios muestran que llegarán pronto. Un hijo llegó el otro día de Nagercoil, pero tuvo que volver para obtener el permiso de su padre. La última vez que vino este hijo adolescente, Amma le dijo que no volviera hasta que sus padres le dieran su consentimiento. Pero él no escuchó.

¿Dónde vivirán todos ellos? Amma tiene la intención de establecer reglas respecto a la admisión de *brahmacharis*».

La conversación cambió de tema.

Amma: «Una hija llegó de Pandalam para asistir al *Bhava darshan*. No tomó el *tirtham* (agua sagrada) que Amma le ofreció. Ha sufrido mucho, pero sus tormentos no han acabado. Amma le ofreció el *tirtham* con una compasión absoluta, pero ¿qué puede hacer Amma si ella no lo acepta? Esta joven no tiene fe en Amma, pero el hijo con el que va a casarse es un devoto. Él la trajo aquí con la esperanza de que su futura esposa experimentara un poco de devoción por Amma.

Amma siente pena por ellos. ¿No va a casarse esta joven con un hijo de Amma? Amma volcó en ellos su mente y toda su compasión a través del *tirtham* y el *prasad* que les daba. Cuando se fueron, Amma llamó al hermano de este hijo, que estaba en el ashram, y le dijo: 'Amma ve que habrá mucho sufrimiento en su futuro. Les amenaza un grave peligro. Diles que recen con devoción'. Luego añadió: 'Cuando esta hija rechazó el *tirtham*, Amma no lo tomó de nuevo, lo vertió en el suelo. Gracias a eso, disminuirá su sufrimiento.

Esta hija volverá. Va a convertirse en la esposa de uno de los hijos de Amma. Amma no dejará que se aleje. Pero sólo podrá escapar a su *prarabdha* a costa de grandes esfuerzos. Si hubiese aceptado el *tirtham* que Amma le daba, no tendría que sufrir tanto».

Dichosos en verdad son los que llegan a recibir y retener la gracia de Amma, porque ella es la encarnación de la compasión. Pero ¿cómo podemos recibir los rayos de su gracia si no abrimos nuestro corazón? Por eso Amma nos pide que sigamos sus consejos al pie de la letra: no es por ella, sino por nuestro bien.

Viernes, 17 de enero de 1986

Amma, río de compasión

Por la mañana, Amma y los brahmacharis salieron hacia Ampalappara, al norte de Kerala. Cuando llegaron a la orilla del río Bharata, Amma decidió detenerse para nadar. El nivel del agua era muy bajo y la mayor parte del lecho arenoso del río estaba seco. El agua fluía sólo por una estrecha franja de terreno, cerca de la otra orilla. El vehículo acababa de iniciar el cruce del puente cuando Amma le pidió de pronto al conductor que se detuviera. Le dijo que diera media vuelta y entrara en una calle estrecha antes del puente. Esta callejuela conducía al pórtico de entrada de una gran propiedad. Amma le dijo al conductor que se detuviera no lejos de la casa. Todo el mundo se preguntaba por qué había elegido venir a este lugar, ya que por ahí no se podía acceder fácilmente al río.

En cuanto se detuvo el vehículo, Amma pidió un poco de agua de arroz caliente (kanjivellam). Pero en la furgoneta sólo había agua fría. Un brahmachari pidió permiso a Amma para ir a buscarle algo para beber en la casa más próxima. Ella aceptó de buena gana. Era sorprendente, ya que en esos viajes Amma no solía aceptar nada que viniera de las casas frente a las que pasaba el vehículo. Ella y el grupo que la acompañaba sólo bebían el agua que llevaban con ellos.

El brahmachari se dirigió a toda prisa a la casa. Unos minutos más tarde, una anciana seguida por un muchacho, salió corriendo de la casa y vino hacia la furgoneta. El brahmachari iba detrás, con un vaso de agua de arroz (kanjivellam) en la mano. La anciana lloraba y salmodiaba sin parar: «Narayana, Narayana,...». Pero estaba tan sofocada por la carrera que no lograba pronunciar correctamente el nombre divino. Su devoción era extraordinaria.

Cuando por fin pudo hablar, dijo balbuceando: «Ottur Unni Nambudiripad me habló de Amma. Desde entonces, siempre he deseado verte. Pero ya tengo muchos años y me resulta difícil viajar. Estaba profundamente triste por no poder ir al ashram. No pasa un solo día sin que piense en ti. Supe que habías visitado el kovilakam[18] de Tripunittura.

Yo formo parte de esta familia. Esperaba que, por tu gracia, me sería posible verte en esta vida. ¡Y hoy mi deseo ha sido escuchado! ¡Nunca creí que me fuese concedido tan pronto! Todo proviene de tu gracia. Un joven vino a pedirme kanji. Dijo que era para Amma. '¿Qué Amma?', pregunté. Cuando dijo tu nombre, supe que era la Madre que yo tan intensamente deseaba ver. Le di el kanji y mangos encurtidos (en sal y pimienta), después vine corriendo hasta aquí con mi nieto». Hablaba con un hilo de voz.

«¡Ay, aparte de este kanji, no tengo nada más que ofrecerte! ¡Perdóname Amma!» Las lágrimas rodaban por sus mejillas.

Amma le secó el rostro con sus manos sagradas y dijo con dulzura: «Hija mía, Amma no necesita nada. Ella sólo quiere tu corazón». Amma bebió casi toda el agua de kanji y comió algunos trozos de mango encurtido. La anciana explicó a Amma cómo llegar hasta el río. Al ver que Amma se ponía ya de camino, seguida por los que la acompañaban, dijo: «Amma, cuando hayas terminado de nadar, ¡te ruego que me bendigas y vengas a mi casa!»

---

[18] Residencia donde viven los miembros de la familia real.

Cuando Amma volvió del río, quiso satisfacer este deseo y entró en la casa donde la anciana dama y su marido la esperaban. La devota invitó a Amma a sentarse en una silla en la terraza. La dicha la colmaba hasta el punto de olvidarse de todo lo demás. Su marido fue a buscar un poco de agua. Juntos, lavaron los pies de Amma. Su impecable devoción hizo que Amma entrara en samadhi. Para no perder tiempo en ir a buscar un hermoso paño en el interior de la casa, la mujer secó los pies de Amma con el extremo del sari que llevaba puesto. Al tener que inclinarse para hacerlo, sus lágrimas caían sobre los pies de Amma. Amma y sus hijos se quedaron un rato con ellos y después reanudaron su viaje. Al cruzar el puente, se encontraron con Shashi, un padre de familia devoto de Amma, que la esperaba con su coche. Le rogó que prosiguiera el viaje en su vehículo y Amma accedió.

Hacia las dos y media de la tarde, Amma y sus hijos llegaron a la casa de Narayanan Nair en Ampalappara, una pequeña población a unos 250 kilómetros al nordeste del ashram. La belleza natural de las aldeas de Kerala, que en muchos lugares ha ido desapareciendo, allí permanecía intacta. Rodeada de boscosas colinas, la aldea con sus cabañas de palmas de cocotero se hallaba cobijada por un exuberante jardín tropical de palmeras de cocos, árboles y arbustos en flor. Un gran número de personas esperaba la llegada de Amma.

Cuando Amma entró, sus anfitriones la invitaron con devoción a sentarse en el pitham (asiento sagrado). Le lavaron los pies y la adornaron con kumkum rojo y pasta de sándalo. A continuación realizaron el arati con alcanfor. En la habitación resonaban los mantras védicos que salmodiaban los brahmacharis. Todos se sentían muy conmovidos y sus ojos se regocijaban mirando la forma divina de Amma. Después del pada puja[19], Amma pasó a la habitación adyacente donde recibió a los devotos para el darshan. La familia había preparado jappy para los brahmacharis. Todos disfrutaron bebiendo esta leche caliente azucarada. Amma observó que una devota ayudaba a un brahmachari a lavarse las manos vertiendo agua. A continuación manifestó: «Como sadhaks, no debéis ser ayudados por nadie, porque de ese modo perdéis el poder adquirido por vuestra ascesis (tapas). No permitáis que nadie recoja para vosotros ni siquiera una hoja. Más bien somos nosotros los que debemos servir a los demás en todo lo posible».

Un brahmachari preparaba las lámparas de aceite, así como otros objetos necesarios para los bhajans. Cuando iba a encender las lámparas, Amma le detuvo, diciendo: «Hijo, colócate hacia el norte para hacer eso». El brahmachari no comprendió lo que ella quería decir, al tiempo que Amma tomaba la pequeña lámpara que él usaba para encender las demás. Ella las colocó con cuidado y puso una hoja sobre el kindi[20] ya lleno de agua.

Ella puso a continuación el kindi frente a las lámparas, depositó pétalos de flores sobre la hoja y encendió las lámparas. Dijo al brahmachari: «No te vuelvas hacia el sur para encender las lámparas. Cuando enciendes las mechas de una lámpara, procede en el sentido de las agujas del reloj, al igual que cuando haces pradakshina (práctica que consiste en dar una vuelta alrededor de un santuario) en el templo».

Amma concede una gran atención a estos detalles, sobre todo cuando instruye a los brahmacharis. Ella afirma: «El día de mañana tendrán que marcharse a servir al mundo. Deben mostrarse vigilantes en todo lo que hacen».

---

[19] *Pada puja*: ritual tradicional que consiste en lavar los pies del Maestro.
[20] *kindi*: Un recipiente ritual de bronce o latón con pitorro.

Los bhajans dieron comienzo. Enseguida, un niño pequeño se acercó a Amma gateando. Ella tomó al pequeño en su regazo y le dio unos pequeños címbalos. Sin dejar de cantar, ayudaba a que las manitos del pequeño siguieran el ritmo de la música.

Gopivallabha Gopalakrishna

Oh Gopala Krishna
el amado de las Gopis
Tú que levantaste la montaña Govardhana
Tú que tienes ojos de loto,
Que moras en el corazón de Radha -
Tienes el color del loto azul.

Oh Krishna, que te recreas en Vrindavan,
Tú cuyos ojos son como los pétalos del loto rojo,
Oh hijo de Nanda,
Libérame de todo vínculo.
Oh Niño hermoso,
Oh Krishna,
que otorgas la liberación.

Miércoles, 22 de enero de 1986

Dos mujeres occidentales meditaban en la sala de meditación. La hija de una de ellas estaba sentada a su lado, dibujando con colores. Su madre le había dado esta ocupación para que no interrumpiera la meditación. Amma entró, seguida de algunos discípulos y miró a la pequeña que tranquilamente coloreaba una imagen.

Cuando terminó la sesión, Amma señaló a la pequeña y dijo: «Desde la más tierna edad conviene hacer que los niños realicen actividades beneficiosas como el dibujo y el canto. ¿Podría esta niña colorear si no tuviera una gran paciencia? La pintura y el dibujo le enseñan a ser paciente y le ayudan a desarrollar su concentración. Además, si a los niños se les deja a su aire, corren por todas partes, pierden su tiempo y hacen travesuras. Y despúes resulta difícil disciplinarlos».

Aquel día había pocos visitantes en el ashram, aparte de un grupo de occidentales que habían llegado unos días antes. Pasaban su tiempo ayudando en los trabajos del ashram y leyendo libros de la biblioteca. Su aspiración a la verdad era intensa. Estos devotos conocían las comodidades materiales y los placeres de la vida; estaban cansados del mundo en el que vivían, hostil y animado por el espíritu de competencia. Veían en Amma una fuente de amor puro y desinteresado; habían cruzado los océanos para beber en esta fuente de Amor.

Un *brahmachari* anunció a Amma que un joven esperaba para verla. Ella le pidió que lo llamara. Se sentó al oeste de la sala de meditación e invitó al joven a que se sentara a su lado.

Amma: «¿Hace mucho que estás aquí, hijo?»

Joven: «No, acabo de llegar».

Amma: «¿Quién te ha hablado del ashram?»

Joven: «Hace poco que frecuento diferentes ashrams. El mes pasado, uno de mis amigos estuvo aquí. Me recomendó mucho que viniera a ver a Amma».

Amma: «¿Has terminado tus estudios?»

Joven: «Tengo una maestría y he intentado buscar trabajo. Mientras tanto, encontré un empleo temporal en un colegio privado y me gano la vida. Pero he decidido no seguir buscando otro trabajo. Tengo una hermana y en cuanto se case, me gustaría ir a vivir a un ashram[21]».

Amma: «¿Y tu familia no pondrá ninguna objeción?»

Joven: «¿Por qué habrían de hacerlo?»

Amma: «¿No sufrirán tus padres?»

---

[21] En la India, la tradición confiere a los padres y a los hermanos mayores de la familia la responsabilidad de casar a las hijas, asegurando así su futuro.

Joven: «Tienen su pensión y les basta para vivir. También poseen tierras».

Amma: «¿Quién cuidará de ellos cuando sean viejos? ¿No es tu deber?»

Joven: «¿Quién puede garantizar que yo esté cerca de ellos cuando sean mayores? Si tengo un trabajo en el extranjero no podré acudir en su ayuda, ¿verdad? ¿Y si yo muero antes que ellos?»

Amma se rió y manifestó: «¡Vaya un chico inteligente!»

Joven: «Mi amigo quería que te pidiera ayuda para encontrar un empleo, pero yo le dije que si conocía a Amma, sólo le pediría que me ayudara a avanzar espiritualmente»,

El sadhak y el científico

El joven: «Amma, ¿en qué supera la vida de un *sadhak* a la de un científico? Para que el *sadhak* llegue a su objetivo y para que el científico triunfe en su investigación, ambos necesitan una total concentración. ¿No es también una especie de *sadhana* la vida del científico?»

Amma: «Sí, es *sadhana*, pero un investigador piensa en un objeto. Si por ejemplo estudia un ordenador, el objeto de su meditación es exclusivamente el ordenador.

En él centra todo su pensamiento y aprende a conocerlo. Pero su espíritu sólo se concentra mientras está ocupado en su investigación. El resto del tiempo, su mente corre en todas direcciones y se preocupa de cosas ordinarias. Por esa razón el infinito poder divino no se despierta en él. Sin embargo, un *tapasvi* es muy diferente. A medida que avanza en sus prácticas espirituales, empieza a percibir que todo es uno. Un *sadhak* se esfuerza en tomar consciencia del Omnipresente. Cuando alcanza la realización, ha adquirido todos los poderes. Ya no le queda nada por conocer.

Imagina un estanque de agua salobre. Si viertes un poco de agua por un lado del estanque, reduces momentáneamente la cantidad de sal contenida en esa zona. Por el contrario, si llueve, se modifica la naturaleza del agua en todo el estanque. De igual manera, cuando el *sadhak* se entrega a las austeridades y abre su corazón, un poder infinito se despierta en él y realiza el Todo. Eso no se produce en el caso del científico, porque su planteamiento es totalmente distinto».

El joven: «Las Escrituras afirman que todo es Ser. En este caso, si alguien alcanza el estado de realización, ¿no deberían todos los demás obtenerlo en el mismo instante?»

Amma: «Hijo, si pulsas el conmutador principal, conectas la electricidad en toda la casa. Pero para tenerla en tu habitación, aún hace falta encenderla, ¿verdad? El hecho de encender la luz de una habitación no implica que se encienda en las demás. Todo es el Ser, pero sólo una persona que ha purificado su mente mediante *sadhana* realiza este Ser.

Imagina un lago recubierto de algas. Si limpias una parte del lago, ese lado estará limpio y verás la superficie del agua. Pero con ello no se limpia el resto del lago».

Preguntas sobre la sadhana

El joven: «Muchos afirman que un buscador espiritual debe respetar estrictamente los *yamas* y los *niyamas* (obligaciones y prohibiciones en vigor sobre el camino del yoga). ¿Realmente es importante? Después de todo, lo esencial es obtener el conocimiento, ¿no?»

Amma: «Hijo, la tierra atrae todo hacia ella ¿verdad? Si duermes sobre la negra arena[22] de la playa, te despertarás agotado, porque la arena absorbe tu energía.

En esta etapa, te hallas bajo el influjo de la naturaleza y debes respetar ciertas reglas y limitaciones. Por el momento, éstas son esenciales. Cuando hayas llegado al nivel en el que ya no estás bajo el influjo de la naturaleza, ya no habrá problema. No perderás tus fuerzas, porque dominarás la naturaleza. Pero de aquí a entonces, es necesario sujetarse a ciertas reglas.

Cuando plantas una semilla, es necesario construir un vallado para preservarla de los pollos. Cuando la semilla se convierta en árbol, podrá dar refugio a los pájaros, a los seres humanos y a otras criaturas. No obstante, al principio es necesario protegerla hasta de los pollos. De este modo, nuestra mente es débil al comienzo, necesitamos límites y reglas hasta que haya adquirido la suficiente fuerza».

El joven: «Para desarrollar esta fuerza, ¿no hace falta que valoremos la disciplina que exige una *sadhana* seria?»

Amma: «Sí, ama tu disciplina tanto como amas a Dios. Los que aman a Dios también aman la disciplina. Debemos amarla más que todo.

El que está acostumbrado a beber té a determinada hora, le duele la cabeza o tiene algún tipo de trastorno si no lo hace. Los que fuman cáñamo (*ganja*) habitualmente, se ponen muy nerviosos si no lo hacen a la hora prevista. La costumbre adquirida ayer se manifiesta hoy a su hora. De igual modo, si establecemos un empleo del tiempo y lo respetamos estrictamente, crearemos hábitos que, en el momento deseado, nos llamarán a nuestro

---

[22] En ciertas zonas de Kerala, incluyendo aquella donde se halla situado el ashram, la arena de las playas es negra porque contiene un alto porcentaje de residuos metálicos.

deber. Este empleo regular del tiempo favorece enormemente nuestra *sadhana*».

Un devoto que estaba escuchando a Amma, le confió: «Amma, yo medito todos los días, pero tengo la impresión de que no avanzo».

Amma: «Hijo, tu mente está enredada en una diversidad de cosas. La vida espiritual exige mucha disciplina y control de sí mismo, sin los cuales es difícil propiciar la *sadhana* todo lo que quisiéramos. Es verdad que haces *sadhana*, pero ¿sabes con qué se la puede comparar? Si tomas treinta gramos de aceite y los repartes entre cien recipientes, en ellos no quedará sino una delgada película de aceite pegada a las paredes. Hijo, es verdad que realizas tus prácticas espirituales, pero luego te preocupas por una multitud de cosas diferentes. En esa dispersión pierdes el poder que has adquirido con tu concentración. Si por lo menos fueras capaz de ver la unidad en la diversidad, no disiparías tanta energía. Cuando llegues a percibir cada cosa como la esencia de Dios, no dilapidarás tu fuerza espiritual».

El devoto: «En casa, todo el mundo me tiene miedo. Monto en cólera si los demás no se someten a mi autoridad».

Amma: «Hijo, no aprovecharás en absoluto tu *sadhana* si realizas tus prácticas espirituales y al mismo tiempo fomentas la ira y el orgullo. Es como si pusieras azúcar por un lado, y por el otro, hormigas: las hormigas se comerán todo el azúcar. ¡Y ni siquiera te enteras de lo que ocurre! Todo lo que obtienes gracias a la *sadhana* lo pierdes con la ira. Una lámpara de bolsillo no funciona con pilas gastadas ¿verdad? Igualmente, cada vez que te enfureces, tu energía se te escapa por los ojos, la nariz, la boca, las orejas y los poros de tu piel. Sólo el control de la mente te ayudará a conservar la energía que acumulas con la *sadhana*».

Devoto: «¿Quieres decir que el que se enfada no puede conocer la felicidad que proporciona la *sadhana*?»

Amma: «Supón que sumerges un cubo en el pozo para sacar agua, pero el cubo tiene muchos agujeros. Te cuesta sacarlo de nuevo, pero cuando llega arriba, está vacío. Toda el agua se escapó por los agujeros. Hijo, a eso se parece tu *sadhana*. Tu mente está atrapada en las redes de la ira y el deseo. Todo lo que has obtenido por los enormes esfuerzos invertidos en tu *sadhana* se van escapando de apoco. Aunque realices prácticas espirituales, no disfrutas de sus beneficios y tampoco los valoras en su justa medida. Retírate en soledad de vez en cuando, calma tu mente y trata de seguir una *sadhana*. Evita las situaciones que despiertan en ti la ira o el deseo. Llegarás a descubrir la fuente de todo poder».

Devoto: «Amma, a veces soy incapaz de dominar mis deseos. Si trato de controlarlos, sólo se refuerzan».

Amma: «Es muy difícil controlar los deseos. No obstante, es preciso observar ciertas reglas, ya que de lo contrario es imposible doblegar la mente. Los alimentos como la carne, los huevos, el pescado, incrementan la secreción de semen, lo cual aumenta el deseo sexual. Los sentidos se ponen en acción para satisfacer estos deseos y tú pierdes tu energía. Si ingieres alimentos sátvicos en cantidad moderada, no te perjudicará. Para los que siguen una *sadhana*, es esencial controlar su régimen alimenticio, especialmente aquellos cuya mente no es fuerte, pues les afecta con facilidad. Pero para el que posee una gran fuerza mental, los cambios en la dieta no tendrán consecuencias importantes».

El joven: «¿Cambia el carácter de una persona según su forma de alimentarse?»

Amma: «Sin lugar a duda. Todo alimento tiene su naturaleza propia y todos los sabores, picante, ácido o dulce, tienen su propia influencia. Incluso el alimento sátvico debe consumirse con moderación. Por ejemplo, la leche y el *ghi* (mantequilla fundida) son sátvicos, pero no debéis consumirlos en exceso. No todas las clases de alimentos producen el mismo efecto en nosotros. Comer carne hace la mente inestable. Para los que efectúan *sadhana* con el deseo intenso de conservar su energía para realizar el Ser, es absolutamente esencial al principio controlar la alimentación. Cuando plantas una semilla, tienes que protegerla del sol. Pero cuando se convierte en un árbol, resiste el calor del sol. Un convaleciente necesita un régimen alimenticio adecuado y sano. De igual forma, un *sadhak* debe prestar atención a lo que come. Más tarde, cuando hayáis hecho algunos progresos en vuestra *sadhana*, las restricciones alimenticias carecerán de importancia».

El joven: «A menudo se dice que un buscador debe mostrarse modesto y humilde, pero a mi modo de ver, eso es más bien un indicio de debilidad».

Amma: «Hijo, si deseas crear un buen *samskara* (buena disposición), debes mostrarte humilde en tus relaciones con los demás. La humildad no es debilidad. Si por orgullo te encolerizas o tomas una actitud de superioridad respecto a otro, pierdes tu energía y tu percepción de Dios.

Nadie o casi nadie desea cultivar la humildad. La gente carece de ella porque sienten vanidad por lo que es irreal. El cuerpo es una forma llena exclusivamente de ego, del sentido del 'yo' y 'mío'[23]. Está contaminado por el ego, la ira y los deseos. Para purificarlo, es necesario desarrollar cualidades como la humildad y la modestia. Al dejar que el ego se perpetúe, lo que haces es aumentar la vanidad que extraes del cuerpo. Para eliminar el ego, debes estar dispuesto a mostrar humildad y a inclinarte ante los demás.

Si viertes agua en un cubo sucio, se contaminará. Si mezclas un alimento ácido con tu *payasam*, no podrás distinguir su sabor. De igual manera, si conservas el ego durante tu *sadhana*, no puedes refugiarte totalmente en Dios ni disfrutar y saborear los beneficios de tus prácticas. Si con tu humildad destruyes el

---

[23] En este punto en el que Amma hace referencia al cuerpo, se trata del conjunto cuerpo-mente.

sentido del ego, tus virtudes brillarán en pleno día y el *jivatman* alcanzará el *Paramatman*.

Hoy sólo eres una pequeña lámpara de cabecera cuyo resplandor sólo alcanza lo justo para leer. Pero si te entregas a las austeridades eliminando el ego, resplandecerás como el sol».

Entregarse al Gurú

Joven: «Amma, hoy en día mucha gente considera que la obediencia al *gurú* es una debilidad. Creen que postrarse ante un alma grande es contrario a su dignidad».

Amma: «En la antigüedad, la puerta de entrada de las casas era muy baja. Uno de los propósitos de esta forma de construcción era cultivar la humildad. Para evitar un golpe en la cabeza en el montante de la puerta, las personas se veían obligadas a bajar la cabeza para entrar. Al inclinar la cabeza ante el *gurú*, evitamos las trampas del ego y permitimos que el Ser se despierte.

Hoy en día todos somos una imagen de las ocho formas de orgullo o sentido del 'mío'. Si deseamos cambiar para revelar nuestra verdadera naturaleza, necesitamos desempeñar el papel de discípulo y obedecer con humildad las palabras del *gurú*. Si hoy seguimos las instrucciones del *gurú*, el día de mañana podremos ser un refugio para el mundo entero. Gracias a la cercanía del maestro, despertará *shakti* (energía divina en nosotros) y nuestra *sadhana* hará que florezca».

El joven: «Amma, ¿no dicen las Escrituras que Dios está en nosotros, que no está separado de nosotros? ¿Entonces por qué necesitamos a un *gurú*?»

Amma: «Hijo, Dios está en ti, ciertamente. En tu interior se oculta un cofre lleno de diamantes; pero como no eres consciente de ello, lo buscas fuera de ti. Posees la llave del cofre, pero no ha sido usada en mucho tiempo y está oxidada. Necesitas limpiarla, quitarle el óxido y abrir el cofre. Con este fin te acercas a un *gurú*. Si deseas conocer a Dios, debes eliminar el ego y refugiarte en un maestro y obedecerle con humildad y entrega.

Un árbol ofrece sus frutos a innumerables personas. Pero tú aún estás en la etapa de la semilla; aún no te has convertido en árbol. Gracias a sus austeridades (*tapas*), el *gurú* se ha convertido en *purnam* (plenitud). Por lo tanto, te hace falta encontrar a un maestro y hacer *sadhana* según sus instrucciones.

Si cavas un pozo en lo alto de la montaña, tal vez no encuentres agua, ni siquiera a una gran profundidad. Pero cerca de un río, basta con cavar un pequeño agujero para que el agua brote enseguida. De igual manera, si estás cerca de un *Satguru*, tus virtudes brillarán rápidamente y tus prácticas espirituales darán pronto su fruto. Por el momento, eres esclavo de tus sentidos, pero si vives de acuerdo con la voluntad del *gurú*, los sentidos se volverán tus esclavos.

Los que viven con el maestro sólo tienen que hacer una cosa: esforzarse para obtener su gracia. A través de ella, recibirán el poder de las austeridades (*tapas*) del *gurú*. Si tocas un cable eléctrico, la electricidad penetra en ti ¿verdad? Si te refugias junto a un *gurú*, su poder se transmitirá a ti.

El maestro está limpio de todo ego. Es una fuente de virtudes como la honestidad, el *dharma* (la justicia), el amor y la compasión. Las palabras como honestidad y *dharma* no tienen vida propia, pero el *Satguru* es su viva personificación. El mundo sólo recibe beneficios de esos seres. Si entablamos amistad con alguien que está lleno de defectos, esta persona ejerce en nosotros una mala influencia. Por el contrario, si tenemos un amigo virtuoso, nuestra naturaleza evoluciona en el buen sentido. Así, los que están cerca de un *gurú* se transforman en campo fértil en el que crecen las virtudes divinas.

Si no quitas las malas hierbas, éstas ahogarán las semillas que has plantado. Si haces *sadhana* sin eliminar el ego, no dará ningún fruto. Para poner unos cimientos es necesario lavar primero las piedras que se desea emplear. De un modo similar, el pensamiento de Dios sólo se establecerá firmemente en una mente pura. Al realizar tu *sadhana* de manera desinteresada, sin ningún sentido del ego, la verdad se te revelará: sabrás que eres Dios».

Las palabras de Amma, néctar de sabiduría, permanecieron en suspenso durante un instante. Dirigiéndose a los visitantes, dijo: «En la zona que rodea la cocina hay suciedad. Amma bajó para limpiar, pero en el camino vio a esta niña que dibujaba y se detuvo para mirarla. Después llegó este hijo y Amma se sentó a hablar con él. Hijos míos, no os iréis antes de que termine el *darshan* de mañana, ¿verdad? Amma os verá más tarde» A continuación se dirigió a la cocina.

Viernes, 7 de febrero de 1986

Después de la *puja* matinal seguida del *arati* (adoración ritual) en el *kalari*, el *brahmachari* Unnikrishnan (Swami Turyamritananda) llevó el alcanfor encendido al exterior, donde esperaban los devotos. Acercaron las manos a la llama, para después tocarse la frente. Algunos tomaron un poco de ceniza (*bhasma*) del plato en el que ardía el alcanfor y se la untaron en la frente. Unos minutos después, Amma llegó al *kalari* y todo el mundo se postró. Terminada su meditación, Rao y Kunjumon vinieron también. Se postraron ante Amma y se sentaron cerca de ella.

La que disipa las dudas

Rao: «Amma, dices que debería afligirnos el anhelo por la visión de Dios. Pero tú estás aquí con nosotros, ¿cómo vamos a sentirnos tristes cuando meditamos en tu forma?»

Amma: «Deberíais experimentar el sufrimiento de estar separados de Dios. ¡Ése es el dolor que debéis sentir!»

Rao: «Si tenemos por *gurú* a un verdadero maestro, ¿no nos concederá él este dolor?»

Amma: «¡*Namah Shivaya*! No basta con tener un maestro con las mejores referencias; también es preciso que el discípulo esté cualificado».

Kunjumon: «Hemos llegado hasta Amma, por lo tanto, ¡ya no tenemos nada de qué preocuparnos! ¡Estamos salvados!»

Amma: «Esta fe es buena, hijos míos. Pero no os limitéis a la forma exterior de Amma, a este cuerpo, de lo contrario, perderéis vuestra fuerza y fracasaréis. Intentad ver a la verdadera Amma, el Principio real. Intentad ver a Amma en todos los demás. Amma ha venido para ayudar a que lo consigáis, hijos».

Kunjumon: «Ayer, una persona me preguntó cuál había sido la intención de Amma al crear este ashram».

Amma: «Incrementar la fe de la gente en Dios, inspirarles para que realicen buenas acciones y sigan el camino de la verdad y la justicia. Ése es nuestro objetivo».

Una devota: «Amma, los que claman a Dios parecen tener experiencia de muchos sufrimientos».

Amma: «Hijos míos, las lágrimas que derramamos cuando suplicamos a Dios con amor no son lágrimas de dolor, sino de felicidad. En los tiempos en que vivimos, la gente no piensa en Dios más que en los momentos de aflicción. Si acudimos a Dios en la felicidad como en la tristeza, ya no conoceréis el sufrimiento. Aunque apareciera en vuestras vidas, no lo experimentaréis como tal. Dios velará por vosotros. Si podéis orar con un corazón abierto y derramar lágrimas de amor por Él, estaréis a salvo».

Al hablar del amor de Dios, Amma entró en un estado sublime de devoción. Empezó a describir la época en la que se sumergía en *prema bhakti* (amor y devoción supremas).

«¡Ah! ¡Qué luchas tuvo que sostener Amma! No podía dar un paso por la calle sin que la gente se burlara de ella. Era el hazmerreír de todos. Nadie le ofrecía una sola comida. Hubiera querido tener al menos un libro espiritual para leer, pero no lo había. Tampoco tenía *gurú*. Hijos míos, la vida espiritual sin maestro es similar a la vida de un niño sin madre. Amma creció como huérfana. La gente que la rodeaba era totalmente ignorante respecto a la espiritualidad. Cuando ella meditaba, recibía una ducha de agua fría o la abofeteaban. Sus padres la echaron de casa. ¡Así la trataban! Pero ella no lo percibía como sufrimiento porque estaba segura de que Dios no la abandonaría jamás. A pesar de todo lo que tuvo que soportar, quedaba olvidado en cuanto pronunciaba el nombre de Devi. Cuando estaba triste, sólo a Devi confiaba sus tristezas. A través de sus lágrimas se comunicaba con Devi».

Amma permaneció un momento en silencio. Después cantó con voz vibrante:

Oru tulli sneham

*Oh Madre, vierte una gota de tu amor
en mi ardiente corazón,
y así mi vida conocerá la plenitud.
¿Cómo envías este fuego devorador
para fertilizar una planta ya seca?*

*Me deshago en llanto sin cesar.
¿Cuántas lágrimas ardientes
Tendré que ofrecerte todavía?
¿Acaso no escuchas los latidos de mi corazón
Y todo el dolor que se expresa en suspiros ahogados?*

*No dejes que el fuego penetre y dance
En el bosque de sándalo.*

No dejes que la hoguera de la tristeza
crezca y estalle
Como tejas que se rompen.

Oh Devi,
A fuerza de cantar «Durga, Durga»
Mi espíritu ha olvidado los demás caminos.
No quiero el cielo ni la liberación,
Sólo quiero la pura devoción por ti.

No quiero el cielo ni la liberación,
Sólo quiero la pura devoción por ti.

Amma repetía una y otra vez los dos últimos versos. Las lágrimas inundaban sus ojos. Dijo: «En aquellos tiempos, cuando el dolor se apoderaba de ella, Amma cantaba estas palabras llorando espontáneamente. A veces, cuando pronunciaba el nombre de Dios, estallaba en risas que no se detenían. Sugunachan (el padre de Amma) pensaba entonces: '¡Se acabó! ¡Esta niña se ha vuelto loca!' Llegaba corriendo y la golpeaba en la cabeza. Las gentes creían que con esto la ayudaban a recuperar su estado normal. Como no aparecía ningún indicio de cambio, llamaba a su madre: ¡Damayanti, esta hija se ha vuelto loca! Ve a buscar agua y derrámasela en la cabeza. ¡Date prisa!' Entonces empezaba el *dhara*[24] y vertían uno tras otro el contenido de recipientes llenos de agua en la cabeza de Amma. Cuando lloraba por Dios, le traían medicamentos creyendo que estaba enferma.

Los hermanos y hermanas más jóvenes venían a preguntar: '¿Por qué lloras *chechi* (hermana mayor)? ¿Te duele la cabeza? Se sentaban junto a ella y también se ponían a llorar. Al cabo de

---

[24] Un chorro ininterrumpido de líquido. Este término se emplea para designar un tratamiento médico en el cual se vierte sin parar un remedio líquido sobre el enfermo. También se designa de ese modo un tipo de baño ritual que se da a la imagen de una divinidad.

un rato, descubrían la razón por la que *chechi* lloraba: porque no podía ver a la 'Madre Devi'. Entonces las pequeñas se ponían saris y se presentaban ante ella fingiendo ser Devi. Amma las abrazaba al verlas vestidas de este modo. No veía en ellas a las niñas, sino a la misma Diosa.

A veces, cuando Amma no podía dejar de llorar, su padre la levantaba en brazos y la consolaba diciendo: 'No llores, mi niña querida. Te enseñaré a Devi dentro de un momento'. Ella era tan inocente que se lo creía y dejaba de llorar.

En aquella época, Amma no quería hablar con nadie. Si alguien le dirigía la palabra, ella dibujaba mentalmente un triángulo en el suelo e imaginaba que Devi estaba sentada en su interior. La persona se daba cuenta enseguida de que estaba en otro mundo, se levantaba y se marchaba. Amma imaginaba que todos eran Devi, por eso, cuando las niñas de la aldea pasaban, ella a veces intentaba abrazarlas».

Rao: «¿Por qué no experimentamos esta devoción inocente?»

Amma: «¿No es por devoción que dejaste tu hogar y tu familia para venir a vivir aquí?»

Rao: «Amma, puesto que estás aquí con nosotros, ¿a quién deberíamos llamar, por quién deberíamos llorar?»

Amma se rió y cambió de tema: «¿No es la hora de vuestra clase? No perdáis el tiempo aquí sentados con Amma. ¡Vamos, marcháos!»

Amma tomó a un bebé que estaba cerca de ella y se levantó. Con el niño en sus brazos, fue andando hacia la cabaña reservada para el *darshan* llamando: «¡Venid, hijos míos!»

Los devotos la siguieron al interior.

La encarnación de las Escrituras

Amma se encontraba frente a la habitación de Ottur. Se quedó escuchando un momento tras la puerta, sin moverse. El nombre de Krishna, salmodiado con voz temblorosa, salía de la oscura habitación.

«Narayana, Narayana, Narayana…»

Amma entró finalmente en la habitación de Ottur. Al ver la forma resplandeciente de Amma, el anciano se levantó enseguida y se postró, a pesar de las protestas de Amma. Incluso antes de que ella se sentara en la cama, él se arrodilló y puso la cabeza en sus rodillas, como un niño pequeño.

Amma: «Hijo mío, ¡Amma no pudo evitar escuchar junto a tu puerta mientras repetías el nombre del Señor con tanta devoción!»

Ottur: «No creo tener realmente la más mínima devoción por el Señor. Si la tuviese, Kanna, en su compasión infinita, ¿no me habría concedido ya su *darshan*?»

Un *brahmachari* que escuchaba, dijo: «¿Y ahora no ves a Amma?»

Ottur: «Parece que Sharada Devi dijo un día a Ramakrishna Deva: 'Lo ves, no tengo tanta paciencia como tú para esperar tanto tiempo. No soporto ver sufrir a mis hijos'. Creo que es la misma persona que me concede hoy su *darshan*. Amma habla siempre de la devoción, como lo hacía Sarada Devi».

Amma: «¿Sabéis por qué Amma habla de la devoción? Porque es su propia experiencia. Hoy en día abundan los eruditos y los *sannyasis*. Hablan de *advaita* (la no-dualidad), pero no la viven. Su mente está llena de ira y de deseo. El *advaita* no es un tema de discurso; es una experiencia.

Uno de los Upanishads narra esta historia: un padre envió a su hijo a estudiar las Escrituras. A su regreso, observó que el muchacho se había vuelto orgulloso, señal de que no había asimilado la esencia de lo que había aprendido. Decidió enseñarle el verdadero principio. Le pidió que llevara un poco de leche y azúcar, después disolvió el azúcar en la leche. A continuación se la dio a probar a su hijo, que bebió del recipiente por diferentes partes. Le pidió que describiera su sabor. El muchacho respondió que era dulce. '¿Cómo de dulce?', preguntó el padre. Pero el hijo fue incapaz de describir el sabor de la leche azucarada. Se quedó callado. De repente, comprendió la verdad. El joven que había hecho tanta alharaca respecto al Ser, comprendió que el Ser es una experiencia y que las palabras no servían para comunicarla. Nadie puede describir a *Brahman*. No se conoce a *Brahman* a través del intelecto. Es una experiencia. Cualquiera puede decir: 'Yo soy *Brahman*' pero solo experimentan los sufrimientos y los placeres de la vida. Los que tienen la experiencia de Brahman son diferentes. Ni el fuego ni el agua les hacen sufrir. Cuando Sita se lanzó al fuego, ¿sufrió la más mínima quemadura? En absoluto, salió indemne. Algunos afirman que son *Brahman*, pero si a ese *Brahman* se le mantuviese bajo el agua, lucharía por respirar, temiendo desesperadamente por su vida. Y si fuesen lanzados al fuego, se quemarían. No tienen ninguna experiencia de *Brahman*, sólo conocen los placeres y sufrimientos de este mundo. Es imposible obtener la experiencia de *Brahman* sin una rigurosa *sadhana*».

Señalando una vaca que pasaba no lejos de allí, Amma añadió: «¿Ves esta vaca? ¿Obtienes su leche presionándole las orejas? ¿La contiene en todo su cuerpo? Son sus ubres las que guardan la leche, y sólo ordeñándola podremos beberla.

Es verdad que Dios está en todas partes, pero no sentiremos su presencia si no realizamos *sadhana* bajo la dirección de un *gurú*, con concentración y consciencia del objetivo (*lakshya bodha*)».

Brahmachari: «Amma declara no haber estudiado las Escrituras; sin embargo, ¡todo lo que dice proviene directamente de ellas!»

Amma: «Hijo, las Escrituras fueron escritas por quienes tenían experiencia de *Brahman*, ¿verdad? Amma habla de lo que ha visto y oído, de su experiencia. Eso debe encontrarse en las Escrituras».

Brahmachari: «Amma, ¿volverá alguna vez *Ramarajya* (el reino de Rama)?»

Amma: «*Ramarajya* volverá, pero también habrá por lo menos un Ravana. Dwaraka también volverá, pero Kamsa[25] y Jarasandha estarán igualmente en él».

Brahmachari: «Amma, la gente dice que la reencarnación existe. ¿Es verdad?»

Amma: «El mes pasado cantamos juntos un himno. Si lo hemos olvidado, ¿podríamos negar que lo aprendimos? Había muchos testigos. Sin duda no recordáis vuestras vidas anteriores, pero un *tapasvi* las conoce. Es posible cuando la mente, a través de la *sadhana*, se vuelve más sutil».

Por la tarde, Puthumana Damodaran Nambudiri, un célebre sacerdote tántrico de la región de Kerala, llegó para recibir el *darshan* de Amma. Le acompañaba un pequeño grupo. Era la primera visita de Puthumana. Amma habló poco. Se mantuvo casi todo el tiempo con los ojos cerrados, absorta en su mundo interior. Parecía meditar.

Puthumana leyó en voz alta un poema en sánscrito que había escrito sobre Amma, dedicado a ella.

«Suspirar por la riqueza es un error, lo sé. Sin embargo, la mente aspira a ella. Desear el fruto de los propios actos es un error, lo sé, pero si terminamos por actuar sin deseo, ¿qué haríamos?»

Amma no respondió. Sólo lo miró sonriendo. Su silencio suele decir mucho más que sus palabras.

---

[25] Kamsa era el tío de Krishna, a cuyo padre destronó. Metió en prisión a Devaki y Vasudeva, los padres de Krishna, y mató a sus hijos en el momento de nacer. Krishna fue transportado milagrosamente por Vasudeva a la casa de Nanda y Yashoda, sus padres adoptivos.

Puthumana (*señalando a Amma y a Ottur, que estaba junto a ella*): «¡Me llena de gozo al veros juntos como Krishna y Kuchela!» Ottur: «¡Es verdad! Por otro lado, nadie había visto nunca nada semejante. ¡Las tinieblas se disipan cuando aparece el sol, pero aquí puedes ver con tus propios ojos las tinieblas (*señalándose con el dedo*) en forma sólida!» Todos se echaron a reír. ¡Dichoso el devoto que en presencia de la Madre del universo, océano de compasión, clama con todo su ser pidiendo ayuda, convencido de su propia impotencia! ¿Qué obstáculo podría impedir que su gracia le inunde?

Domingo, 16 de febrero de 1986

Su sankalpa es la verdad misma

Amma había vuelto de Alleppey por la mañana. Acababa de pasar allí dos días con sus hijos. Los *brahmacharis* habían asistido a un Ramayana *yagna* (discurso sobre el Ramayana que dura varios días). Casi todos ellos volverían por la tarde, después de haber participado en la procesión de las luces que clausuraba el *yagna*.

En el camino de vuelta, Amma había dicho a una *brahmacharini*: «Hija, en cuanto lleguemos al ashram, pon a cocer arroz». Pero a su llegada, el arroz y las verduras ya estaban listas. La *brahmacharini* no sabía qué hacer. Dijo a los demás: «¿Por qué me pidió Amma que cocinara? Todo está ya listo. Si preparo más comida, sobrará y luego tendremos que tirarla ¿verdad? Hoy ni siquiera ha venido la cantidad de gente que suele venir otros días. Pero si no preparo lo que Amma me dijo, la desobedezco». Los demás le aconsejaron que no cocinara con el fin de no desperdiciar nada. Sin embargo, ella decidió ignorar su consejo y obedecer las órdenes de Amma. Por lo tanto, puso a cocer arroz pensando que lo que sobrara serviría para la cena.

A la hora de la comida, quedó de manifiesto que todos se habían equivocado en sus previsiones, salvo Amma. La multitud de devotos aumentó en número considerable y cuando la comida terminó, no quedó ningún sobrante. La cantidad de comida fue exactamente la suficiente. Si la joven no hubiese seguido las instrucciones de Amma, los residentes habrían lamentado mucho no tener nada que ofrecer a los devotos. Todas las palabras de Amma tienen un significado, aun si a primera vista algunas nos parecen fútiles o sin sentido. Eso sólo se debe a nuestra falta de comprensión: somos incapaces de captarlas a un nivel más profundo.

Por la tarde, cuando Amma se dirigía al *kalari* para los *bhajans* y el *bhava darshan*, un *brahmachari* le planteó: «En vista de que el ashram no tiene el dinero que hace falta para continuar con la construcción del nuevo edificio, ¿por qué no se hace una petición de ayuda a través de *Matruvani* (la revista mensual del ashram)?»

En tono muy serio, Amma respondió: «¿Realmente eres tú el que habla así, hijo? Parece que la experiencia no te ha enseñado nada. Los que se entregan a Dios no tienen que preocuparse por nada. No debemos acudir nunca a los demás con un deseo en la mente, porque eso sólo nos dará sufrimiento. Refugiémonos sólo en Dios. Él nos dará todo lo que necesitemos. Los *tapasvis* no carecen nunca de nada. Lo necesario llega automáticamente en el momento deseado.

Cuando empezamos a construir el edificio, ¿teníamos dinero? ¿Contábamos con una fuente de la que pudiésemos recibir ayuda? En absoluto. Hasta el día de hoy, solamente nos hemos refugiado en Dios, por eso Él no permite que el más mínimo obstáculo entorpezca el trabajo de construcción. Y Él seguirá cuidando de nosotros».

Cuando se colocó la primera piedra del edificio que se hallaba en construcción, todos se quedaron asombrados. El ashram no andaba, por así decirlo, sobrado de dinero. Sin embargo, poseía dos casas en Tiruvannamalai cerca de Ramanashram, y se había considerado la idea de venderlas. Pero cuando Amma se presentó allí, acudieron muchos devotos al *darshan*, pues a algunos no les gustaba la idea de vender las casas. En cuanto la pusieron al corriente a su vuelta a Amritapuri, Amma declaró: «Si también nos instalamos cerca de otro ashram, es muy posible que haya competencia. Por lo tanto, no es conveniente establecer una institución cerca de Ramanashram. Vendamos las casas y creemos algo aquí. Un ashram debe encontrarse siempre en un lugar donde pueda ser útil, servir a las personas. Y puesto que en ese lugar ya existe el ashram de Ramana Bhagavan, el nuestro resultaría superfluo».

Las dos casas de Tiruvannamalai fueron vendidas y se fijó una fecha para la colocación de la primera piedra de un ashram en Amritapuri. Por las mismas fechas, pusieron en venta un terreno adyacente. El ashram compró la propiedad con el dinero destinado a la construcción del nuevo edificio. Un *brahmachari* hizo la observación que era inútil colocar la primera piedra de un edificio para el que carecían de medios económicos. Amma contestó en aquel entonces: «De cualquier modo, sigamos con nuestro proyecto. Dios se ocupará de todo. Él se encargará de convertirlo en realidad».

La ceremonia se llevó a cabo en la fecha prevista y los trabajos comenzaron. La construcción continuó desde entonces sin ningún tropiezo. De una forma u otra, los fondos y los materiales requeridos siempre aparecían en el momento preciso. Y cuando faltaba algo, Amma era intransigente: no debían pedir ayuda a nadie.

Mientras se dirigía al *kalari*, Amma expresó lo siguiente: «Cuando lo aceptamos todo como voluntad de Dios, nuestras cargas desaparecen y no experimentamos dificultad alguna. Hay una pequeña hija que siente un gran amor por Amma. Se llama 'Mataji'. Un día se cayó de un columpio. Se levantó sin un solo rasguño diciendo: 'Por la gracia de Mataji, me subí al columpio;

después Mataji me empujó y me caí; Mataji me cuidaba y no me he hecho ningún daño'. Deberíamos tener la misma actitud. Los demás consideran sus alegrías y sus penas como su *prarabdha*, pero nosotros debemos aceptarlos como voluntad de Dios».

Amma se dirigió a un joven que había expresado el deseo de venir a vivir al ashram y manifestó: «La vida espiritual es semejante a permanecer de pie en medio de las llamas sin quemarse». Cuando llegó al *kalari*, Amma se sentó para cantar los *bhajans*. Empezaba a sonar la música sagrada, cargada de devoción.

Gajanana he Gajanana

Oh tú, que tienes rostro de elefante,
Oh hijo de Parvati,
Morada de compasión
Causa suprema...

Martes, 25 de febrero de 1986

La que tira de invisibles hilos

Una mujer de mediana edad que vivía en Bombay y una joven que acababa de llegar de Alemania vinieron juntas a postrarse ante Amma y poner a sus pies una fuente de fruta. Amma las abrazó. Era la primera vez que la joven venía al ashram. Lloraba a lágrima viva.

Amma: «¿De dónde vienes, hija mía?»

Pero las lágrimas no la dejaban hablar. Amma la mantuvo en sus brazos y le acarició la espalda. Su compañera fue la que relató las circunstancias que habían llevado a esta joven al ashram.

Venía de Alemania y era fiel devota de Sharada Devi. Había leído muchos libros sobre Sharada Devi y su devoción iba en constante aumento. Sufría mucho por no ver a la diosa que era objeto de su adoración. Una mañana mientras se hallaba meditando, tuvo la clara visión de una mujer sonriente, vestida de blanco, con la cabeza cubierta por su sari. La joven mujer se preguntaba quién podría ser, ya que nunca antes la había visto, ni siquiera en fotografía. Tuvo la convicción de que se trataba de una forma de Sharada Devi, a quien tanto amaba. Tenía la sensación de estar viéndola en persona. Se sentía desbordante de felicidad. Tres días después recibió una carta de un amigo. Cual no sería su alegría al encontrar dentro del sobre la foto de esta misma mujer que había visto en su meditación. Escribió a su amigo para conocer más detalles sobre la mujer de la fotografía, pero él no sabía nada sobre ella. Uno de sus amigos había ido a la India y le había enviado esta foto de allí. Como la espiritualidad no le interesaba, se la envió. El único indicio para encontrar a esta mujer era una dirección en el reverso de la foto.

Sin perder un instante, la joven preparó su viaje y voló a Bombay. De allí tomó otro avión que la llevó a Cochin, con la foto en la mano. Una dama india de edad que estaba cerca de ella vio la foto, y le preguntó dónde la había obtenido. La joven mujer le mostró la dirección escrita en el reverso y le confesó que era la primera vez que se hallaba en la India e ignoraba cómo llegar hasta allí. Para gran sorpresa suya, ¡la mujer hindú le dijo que ella se dirigía a ese ashram y podía conducirla hasta ese lugar! ¡Era una devota de Amma! Por lo tanto, la joven llegó al ashram sin dificultad.

Conviene hacer notar que un *Mahatma* ayuda a los buscadores espirituales atrayéndolos a él de un modo que corresponde al *samskara* de cada uno y guiándoles en el camino. Numerosas personas creen que Amma es Krishna, Shiva, Ramakrishna Paramahamsa, Kali, Durga, Mukambika o Ramana Maharshi. Amma incluso ha concedido su darshan bajo estas formas diferentes. Pero es imposible adivinar cuál ha podido ser su encarnación anterior.

Amma ordenó a una *brahmacharini* que hiciera lo necesario para que estas dos mujeres pudieran alojarse en el ashram. Después se dirigió a la parte trasera de las cabañas de los *brahmacharis* donde había basura acumulada, y se puso a limpiar. Esto hizo que los *brahmacharis* se sintieran molestos y acudieran a ayudarla. Algunos devotos vinieron a echar una mano. Durante el trabajo, ella les hablaba, sugiriéndoles soluciones para sus problemas.

La educación de los niños

Una familia había llegado la víspera, del norte de Kerala y trabajaba cerca de Amma. El padre aprovechó la ocasión para hablarle de la escolaridad de su hija. «Amma, no aprende nada. Te lo ruego, hazla entrar en razón. Mi mujer la mima demasiado».

Su mujer: «Amma, ¡pero si todavía es muy pequeña! Yo no la castigo porque es mi marido quien la corrige y eso basta. ¡No quiero que sea castigada por ambos!»

Un devoto: «Hoy en día, suele ser la madre la que mima a los niños».

Amma: «¿Por qué culpas a las madres? Los padres tienen que desempeñar un papel en la educación de sus hijos. En la actualidad, los padres sólo piensan en enviar a los niños a la escuela desde su más tierna edad; les empujan a estudiar y enseguida les encuentran un empleo. No prestan ninguna atención a su desarrollo espiritual, ni a la pureza de su carácter. Lo primero que deberían hacer los padres es ocuparse del carácter de sus hijos. Deberían enseñarles a comportarse bien, y esto incluye una educación espiritual. Los padres deberían contar a sus hijos historias llenas de enseñanzas morales y darles ejemplo en la práctica del *japa* y la meditación. Las prácticas espirituales estimulan enormemente la inteligencia y la memoria de un niño. Después sólo les basta echar un vistazo a su libro de texto para acordarse de lo que han estudiado durante el curso. Si se les hace una pregunta, la respuesta les vendrá claramente al espíritu, como si se tocaran las teclas de un ordenador. De esa manera, se comportarán correctamente, harán progresos espirituales y conocerán también la prosperidad material».

Una vez terminado el trabajo, Amma se sentó cerca de allí bajo una palmera. Los devotos la rodearon y uno de ellos le presentó a un joven que venía por primera vez.

Devoto: «Este joven es de Malappuram. Se dedica a la protección de la naturaleza. Junto con algunos de sus amigos, pone todo su empeño en preservar los templos y los pilones que sirven para las abluciones».

El joven sonrió con timidez y se postró ante Amma con las manos unidas.

Amma: «Todo el terreno del ashram ha sido recuperado de la laguna. Los hijos plantaron palmeras, bananos y arbustos de flores en todos los lugares posibles».

Amma se lavó las manos y se dirigió al *kalari*. Los devotos la siguieron.

Dónde buscar la felicidad

Amma se sentó bajo el tejadillo, frente al pequeño templo. Los devotos se postraron y se instalaron cerca de ella. El recién llegado preguntó: «Amma, ¿por qué la gente no es feliz, a pesar de tener una gran prosperidad material?»

Amma: «Es verdad, en estos tiempos la gente no conoce la paz ni la satisfacción. ¡Se hacen construir verdaderos palacios y terminan por suicidarse en su interior! Si los palacios, las riquezas, los placeres físicos y el alcohol dieran la felicidad, ¿cómo iban a morirse de depresión? Por lo tanto, la verdadera felicidad no se encuentra allí. La paz y la satisfacción dependen totalmente de la mente.

¿Qué es la mente? ¿De dónde viene? ¿Cuál es el objetivo de la vida? ¿Cómo se supone que debemos vivir? No nos esforzamos en comprender. Si tuviéramos entendimiento y lleváramos una vida en armonía con estos principios, ya no tendríamos que buscar en ninguna otra parte la paz interior. Pero ocurre totalmente lo contrario, cada uno busca la paz fuera de sí mismo.

A Amma le viene una historia a la mente. Una anciana buscaba algo delante de su casa, totalmente absorta en su búsqueda. Un transeúnte se detuvo y le preguntó: '¿Qué buscas, abuela?' 'He perdido uno de mis pendientes, y lo estoy buscando'. El hombre se puso a buscar también, pero por más que escudriñaron el lugar no lo encontraron. El hombre al final dijo a la anciana: 'Intenta recordar exactamente en qué lugar cayó'. Ella contestó: 'De hecho, lo perdí en alguna parte de la casa'. El hombre se enfadó y dijo: 'Pero, buena mujer, ¿por qué lo buscas fuera, sabiendo bien que lo has perdido en el interior?' La anciana respondió: 'Porque adentro está muy oscuro. Pensaba que era mejor buscar aquí ya que el farol da un poco de claridad'.

Hijos míos, nosotros nos parecemos a esta anciana. Si deseamos tener paz, descubramos su verdadera fuente para beber en ella.

El mundo externo nunca nos proporcionará la verdadera felicidad, la paz auténtica».

Los beneficios de los yagas

El joven: «Recientemente se celebró un *yaga* (minucioso ritual védico). Muchas personas se oponían a ello, pues consideraban que era un despilfarro de dinero».

Amma: «Sí, la gente se pregunta por qué tenemos que gastar dinero para Dios. Hijo, Dios no tiene ninguna necesidad de *yagas*; son los seres humanos los que se benefician de él. Los *yagas* purifican la atmósfera. Limpiamos el cuerpo de flemas mediante un *nasyam* (tratamiento ayurvédico). El humo que se eleva del *homa* (fuego del sacrificio) tiene el mismo efecto. Amma no aconseja gastar una fortuna en los *homas*, los *yagas*, etc. Es inútil ofrecer oro o plata al fuego. Pero estas ceremonias encierran un principio esencial. El hecho de ofrecer algo por lo que sentimos apego, equivale a romper ese apego. El *yaga* supremo consiste en sacrificar nuestro ego por amor a Dios. Es todo el secreto de la sabiduría suprema (*jnana*). Se trata de renunciar al sentimiento del 'yo' y del 'mío' y considerar todas las cosas como la Verdad única, como Dios. Necesitamos comprender que nada está separado de nosotros. Al ofrecer nuestro ego al fuego del sacrificio, encontramos la plenitud.

Los *homas* no sólo benefician a los que los realizan, sino a todas las personas de los alrededores. Si no podemos realizar estos rituales, plantemos entonces árboles en abundancia y plantas medicinales, porque ellos también limpian la atmósfera. Muchas enfermedades pueden prevenirse respirando el aire que ha estado en contacto con las plantas medicinales.

El ser humano se ha vuelto muy materialista. Tiene prisa por cortar los árboles y sacar dinero de su venta. Suprime bosques para construir granjas. Estas acciones han trastocado el equilibrio de la naturaleza. La lluvia no llega ya en el momento oportuno, el sol ya no brilla cuando es necesario y la atmósfera está muy contaminada. El ser humano vive sin conocerse a sí mismo, exclusivamente para su cuerpo, olvidando el *atman* que le da vida.

La gente pregunta: '¿Por qué despilfarrar el dinero en *yagas* y en *homas*? En realidad Dios no tiene ninguna necesidad de eso'. Pero estas mismas personas no se sorprenden por los miles de millones que se gastan para ir a recoger un puñado de polvo lunar. Los seres humanos son los verdaderos beneficiarios de las ceremonias como los *homas* y los *yagas*. La gente se burla hoy en día de la práctica que consiste en encender una lámpara de aceite. Pero el humo de ésta purifica la atmósfera. En el atardecer, la atmósfera está saturada de vibraciones impuras. Por eso recitamos los nombres de Dios o cantamos *bhajans* en ese momento del día. Si no hacemos nuestro *japa* a esa hora, se reforzarán nuestras tendencias profanas. Además, no es necesario cenar al atardecer, porque a esa hora el aire está envenenado y eso engendra enfermedades. Dicen que el demonio rey Hiranyakasipu fue muerto en el momento de *sandhya*, el crepúsculo. A esa hora de la jornada, el dominio del ego está en su apogeo. Sólo refugiándonos en Dios podremos eliminar el ego. Pero hoy en día, a esa hora la gente está frente al televisor o escuchan música de películas[26].

¿Cuántos hogares tienen una sala de *puja*? En otros tiempos, cuando se construía una casa, la sala de *puja* era lo primero en lo que se pensaba. Hoy en día, Dios ha sido relegado al lugar bajo la escalera. A Dios, que mora en nuestro corazón, deberíamos darle el centro de la casa. Así es como expresamos nuestro amor a Él. Dios no necesita de nosotros. ¿Necesita el sol la luz de una vela? Somos nosotros los que vivimos en las tinieblas y necesitamos la luz. ¿Es necesario darle agua a la fuente para calmar su sed? Cuando nos refugiamos en Dios, es nuestro corazón el que se purifica. Y cuando nuestro corazón es puro, alcanzamos la felicidad eterna. Al abandonarnos a Dios, encontramos la paz. ¡Sin embargo, tendemos a adorarle de tal manera que parece que Dios pudiera necesitar algo!

Aunque Dios sea omnipresente y su poder sea infinito, sólo pueden verle los que poseen un corazón puro. El reflejo del sol no puede verse en el agua turbia, sino en el agua clara.

---

[26] Es el equivalente hindú de la música pop occidental.

Si Dios ocupa el mejor lugar en nuestra vida, ésta se santificará, al igual que nuestro entorno. Así encontraremos por fin la paz y la satisfacción. Imaginad un río de agua pura y abundante. Nosotros somos los que nos beneficiamos. La empleamos para limpiar nuestras alcantarillas y canales fangosos. Un charco de agua estancada y pútrida se vuelve limpia si se conecta a un río. Dios es como un río cristalino. Al mantener una relación con Dios, nuestro corazón se abre y acoge al mundo entero. De este modo nos acercamos al Ser y al mismo tiempo ayudamos a los demás».

Otras preguntas

Una devota: «Amma, ¿los residentes del ashram han venido a vivir aquí porque tú se lo has pedido?»

Amma: «Amma no le ha pedido a nadie que viva aquí. Un padre de familia tiene la responsabilidad de una sola familia, pero un *sannyasi* debe llevar la carga del mundo entero. Es necesario considerar todos los problemas que pueden surgir más tarde si a todos los que vienen con el deseo de convertirse en *sannyasis* se les permite quedarse. La mayor parte de ellos serán incapaces de perseverar en su desapego inicial. De hecho, Amma ha manifestado a todos los hijos que ella no deseaba que se quedaran aquí, pero ellos se negaron a marcharse. Amma terminó por permitir que se quedaran, con la condición de que trajeran una carta de consentimiento de sus padres. Algunos de ellos volvieron con el permiso de su familia. Así es como se convirtieron en residentes. Les anima un verdadero desapego.

Sin embargo, algunos de ellos no consiguieron el permiso de su familia. Se han quedado porque su deseo de Dios y su desapego eran demasiado fuertes. Ha habido grandes problemas en sus casas. Sus padres trataron de impedir que se quedaran recurriendo a la justicia. Vinieron con la policía y se llevaron a sus hijos por la fuerza; ¡querían internarlos en el psiquiátrico! (*Riéndose*) ¿Sabes por qué? ¡Porque algunos de los hijos que solían beber alcohol antes de conocer a Amma habían dejado la bebida! Los padres no deseaban que sus hijos se convirtieran en *sannyasis* y sirvieran al mundo, ¡aunque eso significara enviarlos a la tumba![27]»

El joven: «¿Han lamentado después su decisión de vivir en el ashram?»

Amma: «Ninguno de los que tienen una clara consciencia de su objetivo ha lamentado su decisión. Su viaje es felicidad. No temen a la muerte. Si una bombilla se funde, no significa que no haya electricidad. Aun si el cuerpo muere, el *atman* no perece. Ellos lo saben. Han entregado su vida a Dios. No piensan en el pasado ni en el futuro, no se preocupan por nada. No se parecen a los que se presentan a una entrevista para obtener un empleo, sino a los que tienen ya una situación estable. Al que va a tener una entrevista le preocupa el resultado; ¿le darán el puesto? El que lo tiene está en paz. Casi todos los hijos que están aquí tienen una fe absoluta en su *gurú*; están seguros de que les conducirá al objetivo».

El joven: «Amma, ¿cuál debería ser la oración de un ser espiritual?»

Amma: «Debería orar así: 'Oh Señor, son muchos los que sufren. ¡Dame la fuerza para amarlos! ¡Haz que les ame de manera desinteresada!' Ese debe ser el objetivo de un ser espiritual. Debe entregarse a las austeridades (*tapas*) para obtener el poder de salvar a los demás. Un verdadero *tapasvi* es como la varilla encendida de incienso que ofrece a los demás su perfume. Una persona espiritual encuentra la alegría expandiendo el amor y la compasión a todos los seres, incluso a aquellos que están en su contra. Es parecida

---

[27] Por la gracia de Amma y por la firmeza de su determinación, estos jóvenes lograron quedarse en el ashram.

a un árbol que procura dar sombra incluso a aquellos que están a punto de talarlo.

Un verdadero *tapasvi* desea servir a los demás sacrificándose a sí mismo, igual que una vela da su luz y arde al tiempo que se consume. Su objetivo es dar felicidad a los demás, olvidándose de sus propias dificultades. Eso es lo que pide en sus oraciones. Esta actitud despierta en él el amor de Dios. Amma espera la llegada de esa clase de seres. La liberación irá en su busca y los esperará como una humilde sirviente. La liberación vendrá a ellos a todo vuelo, como las hojas en la estela del impetuoso viento. Otros, cuyo corazón no está tan abierto, no alcanzarán la liberación aunque se entreguen a múltiples austeridades (*tapas*). Este lugar no es para los que buscan únicamente su propia liberación.

Hijos míos, *sadhana* no sólo consiste en rezar y hacer vuestro *japa*. La verdadera oración es también la humildad y la compasión por los demás, es ofrecer una sonrisa, una palabra amable. Debemos aprender a perdonar los defectos de nuestros semejantes y desarrollar una profunda compasión por ellos, al igual que una mano frota automáticamente la otra si está herida. Si desarrollamos el amor, la comprensión y la tolerancia, podemos aliviar el sufrimiento de un gran número de personas. La ausencia de ego en nuestra actitud nos permitirá disfrutar de la paz y felicidad que moran en nosotros.

Cuando Amma era joven, rezaba así: '¡Oh Señor, es tu corazón lo que deseo! ¡Déjame amar al mundo entero tan desinteresadamente como lo amas tú!' Amma aconseja a sus hijos que recen de este modo, que aspiren a Dios de esta forma».

Amma guardó silencio y permaneció un instante con los ojos cerrados. Cuando volvió a abrirlos, pidió a un *brahmachari* que cantara un *kirtan*. Así lo hizo, y todos cantaron a coro cada verso a la manera tradicional.

Vannalum ambike, taye manohari

Oh Madre, encantadora de la mente, ¡ven!
Oh Ambika, ¡deja que te vea!
Que tu forma magnífica brille
En el loto de mi corazón.
¿Cuándo llegará el bendito día
En el que mi corazón se llene de devoción por ti?

Amma levantó los brazos en éxtasis, y continuó el canto.

Namam japichu samruptanayennu

¿Cuándo me inundarán las lágrimas de gozo
Que se derraman al repetir el nombre divino?
¿Cuándo llegará el día
En el que mi mente y mi corazón sean puros?
¿Llegará por fin el día en el que abandone el orgullo y la
vergüenza,
Mis rituales y los lazos?
¿Cuándo podré beber de esa devoción intoxicante,
Y perder mi mente en el amar?
¿Cuándo me desharé en lágrimas,
Sacudido por la risa de la felicidad?

Amma repitió los últimos versos varias veces. Una vez terminado el canto, permaneció en éxtasis. Las lágrimas le rodaban por las mejillas. Cada uno de los presentes, en la profundidad de sus corazones, se postró silenciosamente ante ella.

Era la hora para dar comienzo a los bhajans. Amma y los otros caminaron hacia el kalari e iniciaron los cantos.

Kezhunnen manasam, Amma

Oh Madre, mi mente llora.
Oh Madre, Madre mía. ¿Me oyes?
Mi corazón está roto, he recorrido todo el país buscándote.
¿Qué haré ahora, Oh Madre?

¿Qué pecado ha cometido esta desdichada,
Para que te muestres tan indiferente?
Oh Amma, con mis lágrimas aún tibias
Lavaré tus pies de loto.

Oh Madre, desfallezco bajo el peso
aplastante de mis actos pasados.
Oh Madre, no tardes en dar refugio a tu humilde sierva,
Que está totalmente exhausta.

Amma, que poco antes elogiaba el servicio desinteresado como algo comparable a la devoción, ahora lloraba de amor por la Madre del universo. ¿Qué testigo no se quedaría maravillado ante el espectáculo de estos *bhavas* (estados interiores) de Amma, que se sucedían de manera tan incomprensible y rápida?

Miércoles, 26 de febrero de 1986

Amma disciplina «con la vara»

Manju, una jovencita que vivía en el ashram, no había visto mucho a Amma en los últimos días. Este día no fue a la escuela, esperando tener la ocasión de pasar un poco de tiempo cerca de ella. Cuando Amma descubrió que estaba faltando a clases, amenazó a Manju con una vara y la acompañó a la barca. De vuelta a la cabaña para el *darshan*, Amma se encontró con un chiquillo acompañado de su padre.

95

El padre: «Amma, mi hijo ha insistido en venir a verte. Por eso lo he traído aquí e incluso acepté que faltara a la escuela. Por mucho que le dije que esperara al domingo que no hay clase, no quiso saber nada».

Amma (*riéndose*): «¡Justamente Amma acaba de mandar a la escuela a una hija, vara en mano! ¿No quieres ir a la escuela, hijo?»

El chico: «¡No, yo quiero quedarme contigo, Amma!»

Amma (*riéndose*): «Si te quedas aquí, la actitud de Amma cambiará. ¿Ves ese árbol que hay afuera, lleno de pequeñas ramas? ¡Sólo lo cultivamos para zurrar a los chicos! ¡No faltes a la escuela para venir aquí, hijo! Tú eres hijo de Amma, ¿verdad? Ve a la escuela y aprueba tus exámenes. Y por supuesto, después Amma te dejará venir a vivir aquí».

Al chiquillo le conmovió el afecto que Amma le mostraba, sobre todo cuando ella puso en su mejilla un beso, sello de amor.

El sannyasa es para los valerosos

Un devoto vino a postrarse ante Amma. Le confió que uno de sus amigos, casado y padre de dos niños, acababa de abandonar a su familia. Había llevado una vida de lujo, sin ingresos estables, y se había endeudado mucho. Los acreedores lo acosaban y no veía solución a sus problemas. Finalmente se fue, diciendo que quería convertirse en *sannyasi*. El devoto preguntó: «¿La vida del ashram no es para muchos una escapatoria? Cuando tienen que hacer frente a insoportables problemas, se convierten en *sannyasis*».

Amma: «No lo serán por mucho tiempo, pues serán incapaces de perseverar en el camino espiritual. La vida espiritual es para los fuertes y valerosos. Algunos se visten con ropas color naranja por una momentánea inspiración, sin reflexionar seriamente en ello. Su vida sólo será una sucesión de decepciones.

Un padre de familia sólo se ocupa de su mujer y de sus hijos; únicamente se preocupa por sus problemas. Pero un ser espiritual debe llevar la carga del mundo entero. Firmemente arraigado en su fe y sabiduría espiritual, ninguna situación tiene el poder de hacerle vacilar. No puede permitirse ninguna debilidad. Incluso si alguien le golpea o si una mujer trata de tocarle, no se mueve un solo centímetro. En su vida no influyen las palabras ni las acciones de los demás. Pero en la actualidad la gente está muy lejos de comportarse así. Si alguien se encoleriza y profiere insultos, están dispuestos a matarle allí mismo. Si no pueden castigarle de inmediato, no dejan de pensar en su venganza. El equilibrio de su vida se basa en las palabras pronunciadas por otros. Un ser espiritual auténtico es diferente. Se entrena para permanecer firmemente arraigado en su centro interior. Descubre lo que realmente es la vida. Es imposible consagrarse a la vida espiritual sin un discernimiento y un desapego auténticos.

Había una vez una mujer que siempre estaba insatisfecha de los ingresos de su marido. Se quejaba constantemente y su esposo sólo escuchaba recriminaciones; eran lágrimas incesantes para obtener siempre más. Él terminó por cansarse de la vida en sí. Pensó en suicidarse, pero no se sintió capaz, y entonces decidió hacerse *sannyasi*. Se puso en camino para buscar a un *gurú*. Encontró a uno que, antes de aceptarlo como discípulo, le preguntó:

- ¿Has abandonado tu casa por una discusión familiar, o por verdadero desapego?

El hombre respondió: 'Me marché con la esperanza de convertirme en *sannyasi*'.

- ¿No tienes ningún deseo?

- No, no deseo nada.

- ¿Tampoco aspiras a la riqueza o al poder?

- No, no quiero nada. No me interesa nada.

El *gurú* le hizo otras preguntas antes de aceptarlo como discípulo y darle un *kamandalu*[28] y un bastón.

Unos días más tarde, el *gurú* y el discípulo iniciaron su peregrinaje. En el camino, hicieron un alto a la orilla de un río para descansar. El discípulo dejó su *kamandalu* y su bastón y fue a bañarse al río. Al volver, vio que su recipiente había desaparecido. Lo buscó en todas partes y se sintió muy irritado por no encontrarlo.

El *gurú* le dijo: 'Me habías manifestado que no estabas apegado a nada. ¿Entonces a qué viene tanto alboroto por un *kamandalu*? No pienses más en él. Sigamos nuestro camino'.

El discípulo replicó: '¡Pero sin él no puedo beber! ¡No tengo recipiente para el agua!'

El *gurú* comentó: 'Tú que afirmabas no tener ningún deseo, ¿te apegas a un objeto tan ridículo? Considéralo todo como voluntad de Dios'.

No obstante, el discípulo seguía abatido. Al verlo, el *gurú* le entregó su *kamandalu*, que había escondido para ponerlo a prueba.

Siguieron su viaje. A la hora de la comida, el discípulo sintió mucha hambre, pero el *gurú* no le dio nada para comer. Cuando se quejó, el *gurú* le respondió: 'Una persona espiritual debe demostrar paciencia y capacidad de aguante. Aunque no coma nada durante todo un día, es capaz de continuar sin desfallecer. ¡Sólo es mediodía! ¿Cómo es que te sientes ya tan débil por el hambre? Los placeres de la comida son una de las primeras cosas a las que renuncia un *sadhak*. El estómago es lo primero que se encoge en un buscador espiritual'.

El *gurú* le dio al discípulo un polvo hecho de plantas para disolver en el agua, para entretener el hambre. El discípulo no pudo soportar su amargo sabor y vomitó. Pronto decidió que ya

---

[28] Un recipiente con asa y pitorro que los monjes utilizan para recoger agua y comida.

tenía bastante, y prefería las protestas de su mujer a la vida del *sannyasi*. Por lo tanto, le pidió permiso al *gurú* para volver a su casa. Éste le preguntó: '¿Qué pensabas cuando te fuiste para convertirte en *sannyasi*?' El discípulo respondió: 'Nunca me habría imaginado que era así. Pensaba que me bastaría con tomar cada día un baño, ponerme ceniza sagrada y permanecer sentado con los ojos cerrados. Creía que la gente vendría a postrarse ante de mí y que como limosna me daría comida (*bhiksha*), de tal modo que tendría comida regular y abundante sin tener que trabajar'.

Después de pronunciar estas palabras, se volvió a casa con su mujer.

Eso es lo que ocurre si se elige este estado después de una disputa, o por despecho, si se pretende huir de la vida sin sentir un auténtico desapego (*vairagya*).

No asumamos una vida de renuncia sin antes haber aprendido a distinguir entre lo eterno y lo efímero, sin haber adquirido el necesario desapego. Nuestro objetivo en el camino espiritual debería consistir en sentir, como nuestro, el sufrimiento y otras miserias que padecen los enfermos y los pobres, y llevar una vida desinteresada, dedicada al bienestar de los demás. Un *sannyasi* ni siquiera debería respirar para sí mismo, sino por simpatía hacia los que sufren en este mundo. Debería al mismo tiempo cultivar la fuerza interior rezando sin cesar: 'Oh Dios, ¿dónde estás? ¿Dónde estás?'

Si una persona corriente es comparable a una vela, un *sannyasi* es como el sol que da luz a millares de personas. Ni siquiera se preocupa por su propia liberación. Renunciar significa estar dispuesto a ofrecer al mundo todo el poder que habéis ganado por medio de vuestra *sadhana*. Es el único objetivo del *sannyasi*. Un ser espiritual es aquel que no tiene otro deseo que llevar una vida de auténtica renuncia.

Amma autorizó a quedarse a los hijos que viven aquí sólo después de haberlos puesto a prueba de diferentes formas. Les daba de comer alimentos insípidos, sin salsas ni especias, una sola vez al día. Pero ellos lo aceptaron con alegría. Tenían dominio sobre sí mismos. Amma les ha observado para ver si intentaban procurarse comida sabrosa después de haberse consagrado al servicio. También ha analizado si preferían quedarse sentados para meditar, con tal de no trabajar. Sea cual sea el tiempo que dedican a las austeridades, deben también contribuir en las tareas cotidianas del ashram. Si no están dispuestos a hacerlo, se vuelven perezosos y sólo serán un perjuicio para la sociedad.

Amma les ha dicho que si no tenían un trabajo específico qué hacer, podían al menos layar la tierra alrededor de algunas palmeras. Han hecho toda clase de trabajos y, a pesar de las pruebas por las que han tenido que pasar, han resistido.

Hasta el momento presente, Amma ha podido observar la misma diligencia en todos los hijos que han venido. Los que carecen de ella no podrán quedarse y deberán volver al mundo».

Eran las tres cuando Amma volvió a su habitación.

Viernes, 28 de febrero de 1986

El principio de ahimsa

Había que enviar por correo la revista Matruvani al día siguiente y aún quedaba mucho trabajo por hacer. Era casi la última hora de la tarde. Amma y los *brahmacharis* estaban sentados frente a la sala de meditación, pegando las tiras que envolvían las revistas y poniendo sellos. Peter, venido de Holanda, se acercó y preguntó muy enfadado al *brahmachari* Nealu (Swami Paramatmananda) «¿De quién fue la idea de echar insecticida a los rosales? ¿Qué razón hay para matar así a esos pobres insectos indefensos?»

Nealu tradujo estas palabras a Amma, pero ella siguió trabajando sin hacer ningún comentario. Sólo miró brevemente a Peter. Con aspecto triste, Peter se quedó a cierta distancia del grupo. Un poco más tarde, Amma lo llamó: «Peter, hijo mío, ve a pedir un poco de agua a Gayatri para Amma».

Peter aún parecía triste cuando le trajo a Amma el agua. Ella tomó el vaso y dijo: «Es agua hervida, ¿verdad? A Amma le hubiese bastado el agua fresca».

Peter: «Traeré agua filtrada, Amma. O mejor, ¿te apetece agua de coco?»

Amma: «Amma quiere agua sin hervir».

Peter: «Más vale no beberla, Amma, podrías enfermar».

Amma: «Pero al hervir el agua mueren muchos seres vivos. ¿No es eso un pecado, hijo?»

Peter no supo qué responder.

Amma: «Imagina la cantidad de seres vivos que perecen aplastados bajo nuestros pasos. ¡Cuántos microorganismos mueren cada vez que respiramos! ¿Cómo podemos evitarlo?»

Peter: «Confieso que no podemos controlarlo. Pero podríamos al menos evitar los insecticidas».

Amma: «De acuerdo. Imagina que tu hijo, o bien Amma, enferma. ¿No desearías entonces que tomara algún medicamento?»

Peter: «Desde luego, lo fundamental es que la persona se cure».

Amma: «Pero piensa en los millones de microbios que morirán si tomamos el medicamento».

Peter se quedó callado de nuevo.

Amma: «No basta sentir compasión por los virus, ¿verdad? ¿A quién contará la planta sus desdichas si es atacada por los gusanos? ¿No es nuestro deber protegerla, nosotros que somos sus guardianes?»

El velo de tristeza desapareció del rostro de Peter.

Los signos del recuerdo

Un grupo de jóvenes vino a ver a Amma. Por un momento se mantuvieron a cierta distancia, observándola, antes de acercarse y participar en el trabajo. Se diría que deseaban hacerle preguntas, pero que algo se los impedía. Uno de ellos tenía la frente cubierta de ceniza (*bhasma*) y justo encima del punto situado entre las cejas, había aplicado pasta de sándalo con un punto de *kumkum* en el centro. Con el codo empujó a la persona sentada a su lado y dijo: «Ves, Amma también lleva ceniza (*bhasma*)».

«¿De qué habláis, hijos?» preguntó Amma.

El joven: «Amma, mis amigos piensan que es una tontería que lleve estos símbolos. Se burlan de mí y dicen que voy pintado como un tigre».

Sus compañeros estaban un poco avergonzados. Uno de ellos preguntó: «¿Por qué la gente se pone ceniza y pasta de sándalo en la frente? ¿Qué les mueve a hacerlo?»

Amma: «Hijos míos, llevamos pasta de sándalo y ceniza sagrada, pero ¿pensamos en su significado? Cuando tomamos un poco de ceniza, pensamos en la naturaleza perecedera de esta vida. Hoy o mañana seremos sólo un puñado de cenizas. Es para tomar consciencia de ello por lo que llevamos estas cenizas. Cuando el amante ve la punta del sari de su amada, enseguida piensa en ella. Del mismo modo, el objeto de la ceniza sagrada, de la pasta de sándalo y de las semillas de *rudraksha* es recordarnos a Dios, despertar en nosotros el recuerdo del Ser. Seamos personas importantes u ordinarias, podemos morir en cualquier momento. Por lo tanto, necesitamos vivir sin apegarnos a nadie, sólo a Dios. Los seres a los que nos apegamos no vendrán con nosotros cuando abandonemos este cuerpo».

Un joven: «¿Y la pasta de sándalo?»

Amma: «Posee importantes propiedades medicinales. Aplicar pasta de sándalo en ciertas partes del cuerpo refresca los nervios y el cuerpo, mejora nuestro estado de salud. Esta práctica también tiene un aspecto simbólico. La pasta de sándalo es aromática. Este perfume proviene de la madera, nada más. Comprendemos que la felicidad infinita se encuentra en nuestro interior y vivimos de acuerdo a esta verdad.

Si un trozo de madera de sándalo permanece cierto tiempo en el fango, la capa externa se pudre y huele mal. Pero si la lavamos y la convertimos en polvo, obtendremos un maravilloso perfume. Del mismo modo, mientras nos preocupen las cosas del mundo, no podemos apreciar el perfume del Ser interior.

Destruimos la Conciencia que está en nosotros corriendo tras los placeres ordinarios de los sentidos. Sin darnos cuenta, desperdiciamos el cuerpo y los sentidos volviéndolos hacia placeres que sólo duran unos instantes. Eso es lo que nos recuerda la pasta de sándalo. Si utilizamos el cuerpo para obtener el conocimiento del Ser, viviremos en la felicidad eterna».

El joven: «¿Para qué llevan encima las semillas de *rudraksha*?»

Amma: «El *rudraksha* es el símbolo del total abandono de sí. Los granos se ensartan en un hilo para formar un *mala* (rosario) y ese hilo es lo que las sostiene. Cada uno de nosotros es una perla ensartada en el hilo del Ser. Un rosario hecho con semillas de *rudraksha* nos recuerda esta verdad y nos enseña a abandonarnos completamente a Dios».

La finalidad de los templos

Un joven: «Amma, si decimos que vamos al ashram, los demás se burlarán de nosotros. Dicen que los templos y los ashrams son para los viejos».

Amma: «Hoy en día se desprecian los templos; pero su función es ayudar a la gente a cultivar pensamientos espirituales y desarrollar sus cualidades.

Vemos que los políticos desfilan detrás de una bandera. Si alguno se atreve a rasgarla, quemarla o peor aún, escupir en ella, ¡le golpean hasta la muerte! Sin embargo, ¿qué es una bandera? Sólo es un trozo de tela. Si lo pierdes, puedes comprar otro si quieres. Pero una bandera es más que un trozo de tela. Simboliza un ideal y por eso la gente no tolera una falta de respeto. Del mismo modo, un templo es un símbolo de Dios. Vemos a Dios en las figuras del santuario. Cuando entramos al templo y recibimos el *darshan* de la divinidad, los buenos pensamientos invaden nuestra mente y recordamos el verdadero ideal. La atmósfera de un templo difiere mucho de la de una carnicería o la de un bar. Ha sido purificada por los pensamientos santos de gran cantidad de adoradores. Un lugar de devoción es un consuelo para los que sufren, como la sombra refrescante de un árbol bajo el ardiente sol, o una cálida manta cuando hace frío. Podemos progresar espiritualmente adorando a Dios en el templo e impregnándonos de los buenos *samskaras* de un lugar semejante.

Debería haber al menos un templo en cada aldea. En estos tiempos, cada uno se preocupa sólo de sí mismo. El templo puede remediar las malas vibraciones que crean esos pensamientos egoístas. Dos segundos de la concentración que conseguimos adorando la imagen del interior del templo bastarán para purificar la atmósfera.

La gente se pregunta: '¿Cómo puede vivir Dios en una imagen? ¿No tendríamos que adorar más bien al escultor?' Pero si miráis un retrato de vuestro padre, ¿veis a vuestro padre o al pintor que hizo el retrato? Dios está en todas partes. No podéis verle con vuestros ojos de carne, pero al contemplar la imagen en el templo, pensáis en Él. El hecho de pensar en él os dará su bendición y purificará vuestra mente».

Un joven: «Amma, has aclarado nuestras dudas. Tengo la costumbre de llevar pasta de sándalo, pero no tenía ni idea del significado de esta tradición. Sólo imitaba a mis padres. Cuando mis amigos me hacían preguntas, no sabía qué responder. Muchos de ellos que creían en Dios en su infancia han perdido la fe. Se han hecho esclavos del alcohol y del tabaco. Si alguien les hubiese podido explicar las cosas de un modo lógico, no habrían arruinado sus vidas. Yo también podría haberme extraviado, pero el miedo me ha impedido alejarme de Dios. Volveré aquí con algunos de mis amigos, Amma. Solamente tú puedes hacerles volver al camino recto».

Amma (*riéndose*): «¡Namah Shivaya! Hijo, el que cree en Dios y toma como ideal las cualidades divinas no puede dejarse esclavizar por las malas costumbres. Permanece centrado en sí mismo, busca la felicidad en su interior y no en el exterior. Encuentra la felicidad en Dios, que mora en él. Nada de lo externo puede encadenarle. Amma no insiste en que cada uno acepte a Dios en su vida, pero ¿por qué esclavizarse con malos hábitos? Hoy está de moda beber, fumar y dilapidar el dinero. Es una lástima que los políticos y la gente influyente no hagan ningún esfuerzo por alejar a los jóvenes de este tipo de conducta. Si ellos no dan ejemplo, ¿cómo podrán los demás conocer y asimilar los ideales espirituales?»

Amma abrió un ejemplar de Matruvani. Al ver que una página había sido impresa de forma incorrecta debido a un pliegue por la mitad, dijo:«Hijos míos, antes de enviar por correo la revista, deberíais hojear cada ejemplar para verificar que es correcto. ¿No creéis que los residentes del ashram deberían ser cuidadosos y atentos hasta el más mínimo detalle?»

Un *brahmachari* trajo paquetes de ceniza y caramelos en un plato. Con un ademán, Amma invitó a los jóvenes visitantes a que se acercaran. «¡Venid, hijos míos!». Los jóvenes que la veían por primera vez, recibieron el *prasad* de sus manos sagradas, después se fueron, felices porque finalmente habían aclarado algunas de las dudas que les atormentaban.

Lunes, 10 de marzo de 1986

Sadhana con el Gurú

La tubería que llevaba el agua hasta el ashram se rompió y la reparación requería varios días. Desde hacía algunas noches, los residentes iban a buscar agua al otro lado de la laguna o brazo de mar que bordea al ashram, donde se encontraba el único grifo público de la aldea. Los aldeanos la utilizaban durante el día, los residentes del ashram iban a buscar agua durante la noche. Cruzaban la laguna en barca, llenaban los recipientes, luego volvían hacia la orilla del ashram, donde Amma y los demás *brahmacharis* les ayudaban a transportar el agua de la barca al ashram. El trabajo solía durar hasta las cuatro o cinco de la madrugada.

Era medianoche y un transporte de agua acababa de terminar. Los *brahmacharis* volvieron a marcharse en barca para buscar la siguiente carga. Amma se tendió en la arena a la orilla de la laguna. Alguien había extendido previamente una manta pero ella fue a tenderse sobre la arena. No lejos de allí ardía un fuego alimentado por hojas y restos, y su humo servía para alejar a los mosquitos.

A la espera de la siguiente carga de agua, los *brahmacharis* se sentaron alrededor de Amma y meditaron. El grifo que había al otro lado de la laguna era tan lento que la barca no iba a regresar antes de dos horas, como mínimo. Después de un momento, Amma se levantó y echó algunas hojas al fuego, que se puso a crepitar y lanzar destellos y chispas.

Amma: «Hijos míos, imaginad en este fuego la forma de vuestra amada divinidad. Meditad en ella».

Un *brahmachari* mantenía vivo el fuego. El paisaje y la laguna brillaban a la claridad de la luna, el país parecía estar cubierto de un centelleante velo de plata. Una paz profunda llenaba la noche. Sólo de vez en cuando rompían el silencio los gemidos de algunos perros en la otra orilla. Después, la suave voz de Amma se elevó:

Ambike Devi jagannayike namaskaram

Oh Madre, Diosa del universo,
Me inclino ante ti.
Tú que das la alegría, Me inclino ante ti.
Oh Madre cuya naturaleza es paz,
Tú que eres todopoderosa,
Tú creas esta gran ilusión,
Sin comienzo ni fin.

Oh Madre, Tú que eres el Ser más íntimo,
Me inclino ante ti.
El conocimiento, el lenguaje y la inteligencia,
Tú sola eres todo eso.
Oh Devi, tú controlas mi mente.
Y siendo así, Oh tú que eres favorable,
¿Cómo podría yo describir jamás tu grandeza?

No conozco los mantras bijas necesarios para adorarte
Sólo puedo inclinarme ante ti.
Oh Madre, tú derramas tu infinita compasión
Sobre el devoto cuyo espíritu se centra en ti.
Tu gloria va más allá de lo que somos capaces de imaginar.

Terminado el *kirtan*, Amma cantó tres veces el «Om». Todos repitieron a coro la sílaba divina.

Amma: «Hijos míos, visualizad en vuestro corazón un fuego sereno y luminoso como éste. La noche es el momento idóneo para meditar».

La barca llegó, cargada de agua, y el trabajo volvió a empezar. Cuando la barca salió de nuevo con los recipientes vacíos, Amma pidió que cada uno reanudara su meditación. Así transcurrió la noche, entre trabajo y contemplación, hasta las cinco de la madrugada. Como era un día de *bhava darshan*, pronto empezarían a llegar los visitantes. ¿Cuándo podría Amma tener un poco de descanso? Para ella, eso no parecía existir.

Miércoles, 12 de marzo de 1986

El trabajo realizado con shraddha es meditación

En el ashram, todo el trabajo lo hacen los residentes, y sus ocupaciones cambian con frecuencia. Amma lo dice a menudo: «Los *brahmacharis* deben formarse en todo y poder efectuar cualquier clase de trabajo».

Esta mañana, Amma hizo una ronda de inspección por el ashram hacia las siete de la mañana, recogiendo trozos de papel y envolturas de caramelos que se encontraban en el suelo. Cuando llegó al establo, en la parte norte del ashram, las vacas levantaron la cabeza para mirarla. Ella les acarició la frente con el mismo cariño que una madre a sus hijos. Frente a una de las vacas, el suelo estaba recubierto de *pinnak*[29] esparcido y mezclado con agua.

Al ir a beber, la vaca había volcado el cubo. Amma lo limpió, después fue a buscar agua para lavar el suelo. El *brahmachari* que la acompañaba quiso ayudarla pero ella no se lo permitió. La expresión de su rostro mostraba claramente que le daba pena ver que la vaca no había recibido los cuidados y atención requeridos en el momento en el que le daban de beber. En cuanto Amma terminó de lavar el suelo, fue directamente a la cabaña donde vivía el *brahmachari* que tenía a su cargo el cuidado de las vacas.

---

[29] Residuo que proviene de la extracción del aceite de nuez de coco u otras semillas.

«Hijo, ¿eres tú el que da de beber a las vacas por la mañana?» El *brahmachari* comprendió que había cometido alguna falta, pero no se daba cuenta de cuál era. Se quedó callado. Amma continuó: «Hijo mío, la primera cualidad de un *sadhak* debe ser *shraddha*. ¿Es así como das de beber a las vacas? Una de ellas volcó todo al suelo. ¿No será por tu falta de atención? Se te ha dicho que te quedes con las vacas hasta que hayan terminado de beber. La vaca ha esparcido el *pinnak* por tu falta de obediencia, ¿verdad? Si no puedes quedarte hasta terminar tu trabajo, Amma misma lo hará. Deberías considerar a la vaca como a una madre, ocuparse de las vacas es una manera de adorar a Dios. Hijo, esta vaca tuvo hambre debido a tu negligencia y ahora se ha perdido una buena cantidad de *pinnak*».

El *brahmachari* comprendió su error. Intentó explicar la razón por la que había abandonado el establo: «Me marché antes porque era la hora de la meditación».

Su respuesta no satisfizo a Amma. «Si de verdad te gustara meditar, habrías alimentado a las vacas un poco más temprano para terminar a tiempo. Es un pecado que estos pobres animales pasen hambre por culpa de la *sadhana*. ¿Qué es meditar? ¿Consiste simplemente en quedarse sentados con los ojos cerrados sin hacer nada más? Todo trabajo que realizáis al tiempo que hacéis vuestro *japa* y pensáis en Dios es también *dhyanam*».

Brahmachari: «Amma, el otro día ayunaste, sin beber agua siquiera, porque dos *brahmacharis* habían llegado con retraso a la meditación. No quiero que eso vuelva a ocurrir por mi culpa». Las lágrimas aparecieron en sus ojos al pronunciar estas palabras.

Amma secó sus lágrimas y dijo para tranquilizarle: «¿Qué es lo que Amma ha dicho que te ha trastornado de este modo, hijo? Ella sólo quiere que a partir de ahora pongas más atención. Amma se puso seria el otro día porque estos dos hijos deseaban deliberadamente evitar la meditación. Habrían podido leer y escribir más tarde. Pero tu caso es distinto. Tú hacías un trabajo que Amma te había encargado. Eso no difiere de la meditación porque la dedicación a tu trabajo es una forma de meditación. El celo con el que realizas la tarea que te fue encomendada refleja tu grado de abandono de sí y la intensidad de tu búsqueda del objetivo. Es preciso evitar igualmente trabajar para escapar a la meditación y meditar para escapar del trabajo».

Amma no aceptaba que se infringieran las reglas del ashram. Todo debía desarrollarse con puntualidad. No se debía faltar a la meditación, ni a las clases de Vedanta o sánscrito, ni llegar tarde. Ella regañaba a los *brahmacharis* con frecuencia. Si su reprimenda no tenía efecto, tomaba el castigo sobre sí misma ayunando, a veces sin beber. Para ellos, la más dura de las penitencias era saber que Amma no comía por culpa de ellos.

Amma y el *brahmachari* se dirigieron al *kalari mandapam* donde todos estaban meditando. Amma se sentó en la posición de loto cerca de la pared, de cara al este. El *brahmachari* que la había acompañado se sentó cerca de ella. Una vez terminada la meditación, todos vinieron a postrarse ante Amma y la rodearon.

La concentración

Uno de los *brahmacharis* aprovechó la ocasión para confiarle sus dificultades: «Amma, no consigo concentrarme cuando medito. Eso me atormenta».

Amma sonrió y repuso: «Hijos míos, la concentración perfecta (*ekagrata*) no se consigue en un abrir y cerrar de ojos. Se requiere un esfuerzo sostenido. No interrumpáis la disciplina de la *sadhana* con el pretexto de que vuestra mente no se concentra. Debéis practicar vuestra *sadhana* con estricta regularidad y un entusiasmo en vosotros que no debe vacilar. No olvidéis ni un segundo que sois aspirantes espirituales.

Había una vez un hombre que salió a pescar a la laguna. Descubrió un banco de peces grandes cerca de la orilla y decidió construir un dique de tierra alrededor de este lugar y luego vació el agua para atrapar los peces. Construyó el dique, pero como no tenía recipiente, achicaba con las manos. El dique se rompía de vez en cuando, pero él no renunció. Siguió adelante en su tarea, con mucha paciencia y absoluta confianza, sin pensar en otra cosa. Al llegar la tarde, había vaciado el agua retenida por el dique y atrapado gran cantidad de peces. Volvió a casa feliz, ampliamente recompensado por su duro trabajo, realizado con tanta confianza, paciencia y celo constante.

Hijos míos, no os desaniméis si no veis resultados a pesar de vuestros esfuerzos. Cada vez que pronunciáis vuestro mantra tiene un efecto, incluso si no lo percibís. Aún si no lográis una concentración perfecta, es un gran beneficio meditar a una hora regular. Sin que os deis cuenta, la práctica constante de *japa* eliminará las impurezas de vuestra mente y vuestra concentración aumentará durante la meditación.

No os resulta difícil pensar en vuestros padres, en vuestra familia, en vuestros amigos o en vuestros platos preferidos. Podéis verlos mentalmente en el momento mismo de pensar en ellos y mantener su imagen en vuestro espíritu todo el tiempo que lo deseéis. Es posible porque los conocéis desde hace mucho tiempo. No es necesario forzar la mente a pensar en los objetos de este mundo, porque está acostumbrada a ellos. Necesitáis desarrollar la misma clase de vínculo con Dios. Ése es el objetivo del *japa*, de la meditación y del *satsang*. Sin embargo, todo ello requiere un esfuerzo constante; así es como la forma de vuestra divinidad predilecta y el mantra vinculado a ella aparecerán en la mente con la misma naturalidad que los pensamientos relacionados con las cosas del mundo.

De este modo jamás perderéis consciencia de la presencia divina, sean cuales sean vuestros pensamientos o las cosas que veáis. Nada que no sea Dios existirá ya para vosotros. Hijos míos, no os desalentéis si al principio no lográis una verdadera concentración. Si vuestros esfuerzos son constantes, lo conseguiréis. 'Sólo Dios es eterno. Si no lograra conocerle en esta vida, ésta no tendría sentido. ¡Tengo que obtener su visión lo antes posible!', Esa debería ser siempre vuestra actitud. Hijos, no existen obstáculos para el que mantiene siempre presente en su alma el objetivo; para él, todas las circunstancias son favorables».

Brahmachari: «No puedo meditar por la mañana porque me duermo».

Amma: «Hijo, si te duermes durante la meditación, recita tu *mantra* moviendo los labios. Si tienes un *mala*, mantenlo junto al corazón y haz *japa*. Eso te ayudará a permanecer alerta. Cuando te sientas a meditar, tu columna vertebral debe estar recta. La pereza hace que arquees la espalda. Si a pesar de todo tienes ganas de dormir, levántate y recita tu mantra. No te apoyes en ninguna parte. Si te apoyas en algo, tu mente se apega a ello. Si no logras vencer el sueño, sal a correr un rato y después reanuda tu meditación. Lucha contra el *tamas* valiéndote de *rajas*. También te ayudará mucho la práctica de *hatha yoga*.

Sólo vencerás tu somnolencia con *lakshya boddha*. Algunas personas trabajan los turnos de noche en las fábricas y suelen pasar dos o tres noches sin dormir. Sin embargo, no se duermen frente a las máquinas porque si su concentración disminuyera un solo segundo, correrían el riesgo de sufrir un accidente: no sólo perderían una mano, sino también el empleo. Lo saben muy bien y por ello consiguen dominar el sueño, por fuerte que sea. Cuando meditamos, debemos mostrar la misma vigilancia y permanecer despiertos. Comprendamos que nuestra vida sería un desperdicio si sucumbiéramos al sueño en lugar de meditar. Neguémonos a que el sueño nos venza».

El egoísmo en las relaciones humanas

Cuando Amma salió de la sala de meditación, algunos devotos la esperaban. Se postraron ante ella. Amma les condujo al *kalari mandapam* y se sentó entre ellos. Uno de los devotos le ofreció a Amma una fuente de frutas.

Amma: «¿Cómo te van las cosas, hijo?»

El hombre bajó la cabeza sin decir nada. Su mujer le había dejado por otro hombre, y la desesperación le había empujado a la bebida. Cuatro meses antes, un amigo le había llevado hasta Amma. Cuando llegó al *darshan* estaba tan ebrio que no era consciente de nada. Amma no le dejó marchar después; le hizo permanecer en el ashram durante tres días. Desde entonces no había vuelto a beber una sola gota de alcohol. Venía a verla siempre que tenía tiempo libre. Pero era evidente que seguía sufriendo por el abandono de su mujer.

Amma: «Hijo, nadie ama al prójimo más que a sí mismo. Detrás del amor de todo ser humano hay una búsqueda egoísta de su propia felicidad. Si nuestro amigo no nos da la felicidad que esperamos, se convierte en nuestro enemigo. Eso es lo que vemos en el mundo. Dios es el único que nos ama sin egoísmo. Y sólo amándole podemos amar y servir a nuestros semejantes de forma desinteresada. Sólo el mundo de Dios es puro y sin egoísmos. Pongamos sólo en él nuestro amor y nuestro anhelo. Entonces no nos afligiremos si alguien nos abandona o nos lastima. Entrégate a Dios. No necesitas nada más. ¿Para qué atormentarse pensando en el pasado?»

Devoto: «Ya no me siento tan desdichado como antes porque ahora tengo a Amma que me protege en todos los aspectos. Amma, en cuanto me siento triste, tu mantra me reconforta». Amma le dio un poco de ceniza y después él se marchó.

Amma dijo a continuación: «¡Ya veis por qué experiencias pasa la gente! ¡Qué enseñanza para nosotros! ¿Ama realmente el marido a su esposa? ¿Es verdadero el amor que ella le manifiesta? ¿Por qué aman los padres a sus hijos? ¡Porque son el fruto de su propia sangre, de su propia carne! De lo contrario, ¿amarían de la misma forma a todos los niños?

¿Cuántos están dispuestos a morir por sus hijos o por su cónyuge? Incluso si este hijo deseara morir cuando su mujer le abandonó, no era porque la amaba a ella, sino por sí mismo. Es la pérdida de su propia felicidad lo que él lamentaba. Si hubiese amado de verdad a su mujer, habría aceptado que fuese más feliz con otro hombre. Lo que por encima de todo le preocuparía es que ella fuese feliz. Eso es amor desinteresado. Y si su esposa le hubiese amado de verdad, nunca habría puesto los ojos en otro hombre.

Decimos que amamos a nuestros hijos, pero ¿cuántos están dispuestos a morir para salvar la vida de su hijo que se ahoga? Una mujer vino a contarle su historia a Amma. Su hijo se cayó en un pozo profundo. Ella lo vio caer sin que pudiese evitar esta desgracia; cuando la ayuda llegó, el niño ya estaba muerto. ¿Por qué no se le ocurrió a la madre saltar al pozo para salvar a su hijo? El noventa por ciento de la gente actúa así. Es raro que alguien arriesgue su vida para salvar la de otro. Por eso Amma afirma que nadie, excepto Dios, nos ama de manera desinteresada. Que vuestra entrega a él sea firme, no significa que no améis a los demás. Ved a Dios en cada uno y amadle en todos. De este modo no sucumbiréis al dolor de perder el amor de un ser humano».

Un joven que visitaba el ashram por primera vez se hallaba sentado al fondo, detrás de los demás, y escuchaba. Sin embargo, su rostro no expresaba ningún respeto ni reverencia.

Cuando Amma guardó silencio, señaló con el dedo una foto de Amma en Krishna bhava y preguntó: «¿Eres tú la de esta foto, con plumas de pavo real y otros adornos? ¿Es una especie de obra de teatro?» Los devotos se volvieron para ver al que hacía tan inesperada pregunta.

Una misión a favor de la sociedad

Amma: «Hijo, ¿cómo sabes si el mundo, en sí mismo, no es una especie de obra teatral en cuyo drama participa cada uno sin darse cuenta? El objetivo de la representación es despertar a los actores, hacerles salir del escenario destruyendo su ignorancia.

Hijo, tu has venido desnudo a este mundo. ¿Por qué usas ropa, sabiendo que tu forma real es desnuda?»

Joven: «Soy un ser civilizado y si no respeto las normas de la sociedad, me criticarán».

Amma: «Por lo tanto, usas ropa en consideración a la sociedad. Amma lleva ese atuendo por el bien de esta misma sociedad. Se pueden contar con los dedos de una mano a aquellos que logran llegar al objetivo siguiendo el camino de *jnana*. Amma no puede descuidar al resto, que sólo avanzarán a través del camino de la devoción. Sri Shankaracharya, que fue un exponente del *advaita*, fundó muchos templos, ¿verdad? Él afirmaba que Dios es consciencia pura, pero también ha demostrado que una simple piedra es Dios. ¿No fue él quien compuso el Saundarya Lahari, que describe la forma de la Madre divina? Y Vyasa, que escribió los *Brahmas sutras*, también fue quien redactó el Srimad Bhagavatam. Al comprender que la filosofía del *advaita* y del Vedanta no podía ser asimilada por una mente corriente, ellos se esforzaron en mantener encendida la llama de la devoción en el corazón de los hombres.

Hijo, Amma conoce su verdadera naturaleza y su forma real, pero la gente de hoy necesita de algunos medios para realizar ese Principio supremo. Las representaciones de Dios son necesarias para fortalecer su fe y su devoción. Es más fácil atrapar a un pollo ofreciéndole unos granos que ir corriendo detrás de él. Al ver comida, se acerca y puedes cogerlo fácilmente. Para elevar a seres corrientes y ayudarlos a acceder al plano espiritual, es necesario ponerse a su nivel. Su mente sólo es capaz de percibir nombres y formas; por lo tanto, empleamos este medio para ayudar a que su mente se vuelva más sutil. Piensa en el uniforme de un agente de la ley o un policía. Cuando el policía aparece uniformado, reinan el orden y la disciplina. Si fuesen vestidos de paisano, la gente adoptaría una actitud muy diferente, ¿no es así? Ésa es la finalidad de los atuendos y los adornos.

Los que son capaces de percibir la piedra en el ídolo, el oro en el pendiente, el cáñamo en la silla, el substrato en el universo, la verdadera esencia de todo, no lo necesitan. Han alcanzado ya la visión del *advaita*. Pero la mayoría de la gente no ha llegado a ese nivel; necesitan formas y nombres».

El joven no hizo más preguntas. Amma cerró los ojos y meditó durante un rato.

El secreto del karma yoga

Cuando Amma abrió los ojos de nuevo, un devoto preguntó: «Un *karma yogi* que sirve al mundo ¿deja de actuar a medida que avanza en la vía espiritual?»

Amma: «No necesariamente. Puede permanecer activo hasta el final».

Devoto: «Amma, ¿qué es más importante, el *bhakti yoga* o el *karma yoga*?»

Amma: «Es imposible separar *bhakti yoga* y *karma yoga*. Un verdadero *karma yogi* es también un verdadero devoto y viceversa. No toda acción es necesariamente *karma yoga*. Sólo la que se realiza de manera desinteresada, como una ofrenda a Dios, puede ser calificada de *karma yoga*. La devoción (*bhakti*) no se limita a dar la vuelta a un santuario cuatro veces, a levantar los brazos y postrarse delante de la efigie de la divinidad. La mente debe fijarse en Dios y que cada uno de nuestros actos sea una forma de adoración. Ver a nuestra divinidad predilecta en cada ser y ofrecer a todos nuestro amor y servicio. Abandonémonos de corazón a Dios. Sólo entonces podremos afirmar que experimentamos devoción.

Un verdadero *karma yogi* mantiene su espíritu centrado en Dios, haga lo que haga. Si consideramos que todo es Dios, eso es *bhakti*. Si, por el contrario, nuestra mente está en otra cosa mientras realizamos la *puja* (culto ritual), ésta no es *bhakti yoga*, porque la acción se queda en lo externo; no hay verdadera adoración. Sin embargo, aunque nuestro trabajo sea limpiar lavabos, si repetimos nuestro mantra mientras lo realizamos, pensando que esta tarea nos ha sido confiada por Dios, será al mismo tiempo *bhakti yoga* y *karma yoga*.

Había una vez una mujer pobre que repetía: '*krishnarpanam astu*' (que todo esto sea una ofrenda a Krishna). Había cerca de su casa un templo y al sacerdote no le gustaba la plegaria de esta mujer. No soportaba la idea de que pronunciase: '*krishnarpanam astu*' mientras tiraba las basuras. La reprendía, pero ella nunca respondía nada.

Un día, recogió un poco de estiércol de vaca que había en el patio de su casa y lo arrojó fuera. Como de costumbre, no olvidó decir: '*krishnarpanam astu*'. El estiércol aterrizó frente al templo. El sacerdote, al verlo, se echó a temblar de ira. Arrastró a la mujer hasta el templo y la obligó a recoger el estiércol. Después la golpeó y la echó de allí.

Al día siguiente, el sacerdote no podía mover el brazo; lo tenía completamente paralizado. Imploró al Señor, y se le apareció en sueños durante la noche. El Señor le dijo: 'He apreciado como ofrenda el estiércol de vaca de esa devota mucho más que tu ofrenda de arroz dulce. Lo que haces no merece el nombre de adoración, en tanto que ella me adora en cada uno de sus actos. No toleraré que le hagas daño a una devota tan entregada. No sanarás hasta que toques sus pies e implores su perdón'. El sacerdote comprendió su error, pidió perdón a la mujer y muy pronto sanó».

Vuélvete a Dios ahora

Un devoto: «Mi trabajo me absorbe mucho, no encuentro tiempo para meditar. Y cuando hago *japa*, no logro concentrarme. Amma, ¿no valdría más que esperara a estar menos ocupado, más tranquilo, antes de dedicarme al *japa* y a la meditación?»

Amma: «Hijo, crees que podrás acudir a Dios cuando tengas menos trabajo o hayas disfrutado lo suficiente de los placeres del mundo, pero eso no se producirá nunca. Vuélvete a él ahora, en medio de todas tus dificultades. Él te mostrará el camino con toda seguridad.

Amma te dará un ejemplo. Imagina que una mujer joven sufre trastornos mentales. Un joven se acerca a ella para proponerle matrimonio, pero cuando descubre que está enferma, declara que se casará con ella cuando se cure. Pero la opinión del médico es que ella sólo se curará si se casa. ¡De nada le sirve esperar la curación para casarse!

Imagínate que el agua dijera: 'No te bañes hasta que no sepas nadar'. ¿Cómo ibas a conseguirlo? ¡Para aprender a nadar primero hace falta meterse en el agua! De igual manera, sólo Dios puede purificar la mente. Pensar en Dios mientras trabajas te dará la capacidad de hacerlo bien. Los obstáculos desaparecen, y sobre todo, tu mente se habrá purificado.

Si crees que empezarás a concentrarte en Dios cuando hayas superado todas las dificultades y tu mente esté en paz, te engañas a ti mismo, porque eso nunca lo conseguirás. Jamás llegarás a Dios de esta manera. Es inútil esperar que llegue la paz interior. La perseverancia es la única forma de mejorar. En cualquier instante puedes caer enfermo o perder tus facultades mentales, y tu vida habrá sido inútil. Por lo tanto, sigamos desde ahora el camino que conduce a Dios. Eso es lo que hay que hacer».

Un visitante: «Amma, muchos jóvenes han abandonado su hogar para venir aquí, buscando a Dios. Pero, ¿no están en una edad en la que deberían disfrutar de la vida? ¿No pueden pensar en Dios y convertirse en *sannyasins* más tarde?»

Amma: «Hijo, este cuerpo nos fue dado para realizar a Dios. Cada día nos acerca a la muerte. Los placeres del mundo nos debilitan. Pero el recuerdo constante de Dios fortalece la mente. Refuerza en nosotros los *samskaras* beneficiosos y nos permite incluso trascender la muerte. Debemos pues intentar superar nuestras debilidades mientras aún gozamos de buena salud y estamos llenos de vigor. Entonces no tendremos por qué inquietarnos por el futuro.

Amma recuerda una historia: Érase una vez un país donde todo el mundo podía llegar a ser rey, pero un rey cuyo reinado sólo duraba cinco años. Finalizado el reinado, el rey era llevado a una isla desierta donde se le entregaba a la muerte. En esta isla no había ningún ser humano, sólo bestias feroces que mataban inmediatamente al rey y lo devoraban. La gente lo sabía, sin embargo, eran muchos los que aspiraban a la realeza; les empujaba el deseo de reinar y gozar de los placeres ofrecidos al rey. En el momento de subir al trono, estaban encantados. Pero una vez coronados, caían presa del dolor, temiendo el fatal día en el que serían devorados por las bestias. El rey vivía constantemente atormentado y nunca sonreía. A pesar de disponer de todos los lujos imaginables -exquisita comida, música, danza-, nada le interesaba. Era incapaz de disfrutar de nada. Desde el momento en el que asumía el poder, sólo veía la muerte. Deseaba encontrar la felicidad, pero el sufrimiento no le daba tregua.

El décimo rey fue llevado a la isla, una vez terminado su reinado de cinco años, y como todos los anteriores, fue devorado por las bestias salvajes. Su sucesor era un hombre joven. Pero no era en absoluto como los demás reyes. Después de acceder al trono, no tenía el más mínimo aspecto de ser desdichado. Reía, danzaba, se iba de caza y hacía giras para interesarse por el bienestar de la gente. Todo el mundo se dio cuenta de que siempre estaba alegre.

Su reino estaba a punto de terminar, pero no había ningún cambio en su comportamiento. Todo el mundo estaba asombrado. Le dijeron: 'Majestad, el día de tu marcha a la isla se acerca, pero no pareces triste. Por lo general, en cuanto una persona sube al trono, empiezan sus tormentos. Pero tú ¡incluso hoy pareces dichoso!'

El rey respondió: '¿Por qué debería estar triste? Estoy dispuesto a marchar a la isla. Allí ya no hay bestias feroces. Cuando me convertí en rey, aprendí a cazar, después fui a la isla con mis tropas y hemos exterminado a todos los animales feroces. He recorrido el bosque y lo he convertido en terreno cultivable. He cavado pozos y construido algunas casas. Ahora voy a vivir allí. Abandono el trono, pero continuaré viviendo como un rey, porque en la isla tengo todo lo que necesito'.

Deberíamos actuar como este rey y descubrir el mundo de la felicidad mientras aún estamos en este mundo físico. Pero el comportamiento de la gran mayoría de personas es comparable al de sus predecesores, torturados por la angustia y el temor al futuro. Eso les vuelve incapaces incluso para realizar bien su trabajo cotidiano. El sufrimiento es su destino presente y futuro. Sus lágrimas no cesan hasta el último momento. Pero si mostráramos *shraddha* en cada instante, no sufriríamos por el futuro; todos nuestros mañanas estarían llenos de felicidad.

Hijos míos, no creáis que podéis gozar del mundo de los sentidos ahora y pensar en Dios más adelante. El mundo de los sentidos nunca nos dará una satisfacción verdadera. Si comemos *payasam*, nos satisface un instante, ¡pero después queremos el doble! Por lo tanto, ¡no penséis en disfrutar del mundo de los sentidos hoy, dejando para mañana el pensar en Dios! Jamás podremos satisfacer los sentidos. Los deseos no mueren tan fácilmente. Sólo el que ha eliminado todos los deseos está en la plenitud. Hijos, actuad ofreciendo vuestra mente a Dios. Podréis vencer incluso a la muerte y conoceréis la felicidad eterna».

Miércoles, 16 de abril de 1986

«Y, sin embargo, actúo»[30]

Aquella mañana, nos disponíamos a vaciar cemento para el nuevo edificio. Como era un trabajo duro, todos le pedimos a Amma que no participara.

Brahmachari Balu (Swami Amritaswarupananda): «Amma, vamos a preparar cemento. Estarás en contacto con el cemento y la grava, y las salpicaduras del cemento queman».

Amma: «¿Acaso no queman también vuestro cuerpo, hijos míos?»

Balu: «Pero tu ayuda no es necesaria, ya estamos nosotros para hacer el trabajo».

Amma: «Amma lo hace con mucho gusto. Ella no creció sentada en su habitación; está acostumbrada a los trabajos duros».

---

[30] Bhagavad Gita III, 22

121

Era evidente que los esfuerzos para disuadirla de participar en el trabajo habían sido en vano. Amma se unió a la fila de los que se pasaban las grandes bateas de cemento.

Una batea llena de cemento se deslizó de las manos de un *brahmachari*, derramándose por el suelo. Éste retiró el pie a tiempo, pero Amma recibió algunas salpicaduras en el rostro. Ella se las limpió con un paño que le dio uno de los *brahmacharis*, luego se ató el paño a la cabeza, adoptando de broma una actitud que levantó oleadas de risas en medio del trabajo.

El sol se volvió más ardiente y por la frente de Amma corrían gruesas gotas de sudor. Al verla trabajar bajo el ardiente calor del sol, un devoto quiso protegerla con su sombrilla, pero ella ni siquiera le permitió abrirla. «Son muchos los hijos de Amma que soportan el sol. ¿Cómo podría ella aceptar la protección de una sombrilla?»

El trabajo continuó; Amma recordó a sus hijos: «Imaginad que la persona que está a vuestro lado es vuestra divinidad predilecta, imaginad que le pasáis la batea. De este modo no perderéis tiempo».

A todos les cautivaban sus palabras y sus risas, nadie pensaba en la dificultad del trabajo ni en el tiempo que transcurría. Cuando Amma observaba que sus hijos se olvidaban del mantra, ella cantaba los nombres divinos.

«Om Namah Shivaya, Om Namah Shivaya…»

El trabajo se prolongó hasta la noche. Casi ninguno de los *brahmacharis* estaba acostumbrado a un trabajo físico tan duro; tenían ampollas en las manos. Pero una vez terminado el trabajo, no tenían tiempo de descansar. Se dieron una ducha y se prepararon para salir hacia Thiruvanantapuram (Trivandrum), donde iba a celebrarse un programa de *bhajans*.

Uno de los *brahmacharis* no había participado en el trabajo. Había pasado el día estudiando sánscrito. Al verlo en el transbordador, Amma fue hacia él y le dijo: «Hijo, una persona que no tiene compasión por el sufrimiento de los demás no es espiritual. Nunca verá a Dios. Amma no puede quedarse inactiva, viendo cómo trabajan sus hijos. Su cuerpo se debilita sólo de pensar que sus hijos están trabajando. Pero en cuanto se une a ellos, se olvida de todo. Aunque Amma sea demasiado endeble para el trabajo, viene a hacerles compañía, pensando que al menos puede tomar sobre ella su fatiga. ¿Cómo has podido mostrar tan poca compasión, hijo mío? Mientras otros muchos trabajaban, ¿cómo has podido tener el aplomo de permanecer al margen?»

El *brahmachari* no pudo contestar. Al verle cabizbajo y lleno de remordimientos, Amma añadió: «Amma no te lo dice para que te sientas culpable, hijo, sino para asegurarse de que la próxima vez pondrás más atención. No basta con acumular conocimientos intelectuales; debes llenarte de amor y de compasión. Tu corazón debe abrirse al mismo tiempo que tu intelecto. Ése es el objetivo de la *sadhana*. Nadie puede tener la visión del Ser mientras no haya llenado de compasión su corazón».

El barco llegó. Cuando Amma y los *brahmacharis* llegaron a la otra orilla, el *brahmachari* Ramakrishna (Swami Ramakrishnananda) les esperaba con la furgoneta.

Había ido a Kollam por la mañana para que repararan el vehículo y llegó justo a tiempo para llevarles a todos al programa. No había tenido tiempo de comer nada en todo el día. Amma se instaló en la furgoneta y lo llamó para que viniera a sentarse junto a ella.

Ramakrishnan: «Estoy sucio y huelo a sudor. Si me siento a tu lado, voy a mancharte la ropa y también olerás a sudor».

Amma: «Eso no es problema para Amma. ¡Ven, hijo! Amma te llama, es el sudor de uno de mis hijos, el sudor de un duro trabajo. ¡Es como agua de rosas!»

A la insistencia de Amma, Ramakrishna vino a sentarse a su lado, mientras otro *brahmachari* conducía. En el camino, Amma hizo detener el vehículo en casa de unos devotos que ofrecieron un poco de comida para Ramakrishna.

Satsang en el camino

En el grupo que viajaba con Amma había un joven más o menos de la edad de los *brahmacharis*; había llegado aquel día al ashram y era su primera visita. Su mirada expresaba asombro; contemplaba la forma en que Amma y sus hijos viajaban juntos, sonrientes, bulliciosos y joviales.

«Ven aquí, hijo», lo llamó Amma, haciéndole sitio a su lado.

Amma: «¿Te resulta incómodo viajar en estas condiciones, con tan poco espacio?»

Joven: «No, Amma. Cuando era estudiante, viajaba a menudo en el estribo de los autobuses, porque siempre iban demasiado llenos. Eso no es problema para mí».

Amma: «Al principio, Amma usaba el transporte público para ir a los programas de *bhajans* y a las casas de los devotos. Después aumentó el número de sus hijos y no siempre podíamos viajar en el mismo autobús. [*En la India, los autobuses suelen ir muy llenos*].

También era difícil transportar el armonio y las tablas en el autobús. Y no siempre llegábamos a la hora. Todos insistieron para que Amma comprara un vehículo y ella nunca acababa por aceptar. Pero hoy, ¡nos hemos gastado más dinero en reparaciones que en la compra del vehículo! ¿Verdad, Ramakrishna?»

Todos se rieron a carcajadas. En la parte posterior del vehículo conversaban ruidosamente. Amma se volvió y dijo: «¡Balu, hijo mío!»

«¡Sí, Amma!»

«¡Canta un *bhajan*!»

Brahmachari Srikumar apoyó el armonio en sus rodillas.

Manasa bhajare guru charanam...
Adora, oh, mente, los pies del Gurú...

Amma y sus hijos cantaron otros *bhajans* más. Después permanecieron todos en silencio durante unos minutos, degustando la dulzura de los nombres sagrados que acababan de cantar. Amma se apoyó sobre el hombro de Gayatri, con los ojos entrecerrados. Amma le sonrió al recién llegado, quien se decidió a hacerle una pregunta: «Amma, dicen que los *sadhaks* deben evitar la compañía de las mujeres. ¿Cómo puede una mujer guiarles y ser para ellos su *gurú*?»

Amma: «Hijo, ¿existe diferencia entre hombres y mujeres en el plano de la verdad? Para un hombre es preferible tener como maestra a una mujer y no a un hombre. En este sentido, mis hijos tienen mucha suerte. Los que tienen un *gurú* masculino deben trascender su atracción por todas las mujeres, pero para aquellos cuya maestra es una mujer, les basta con trascender a la mujer que hay en su *gurú* para trascender su atracción por todas las mujeres del mundo».

Joven: «¿No es verdad que Ramakrishna Deva prescribe un estricto control en relación con 'las mujeres y el oro'?»

Amma: «Sí, lo que él ha dicho es totalmente cierto; un *sadhak* no debería mirar siquiera la foto de una mujer. Pero los que tienen un *gurú,* tienen a alguien que les muestra el camino y les guía en la vía espiritual. Sólo necesitan seguir al maestro. El veneno de una serpiente es mortal y, sin embargo, el antídoto se prepara con el mismo veneno, ¿verdad? Un verdadero *gurú* pone toda suerte de obstáculos en el camino del discípulo, porque sólo así desarrollará la fuerza para vencer todas las dificultades. No hay otro medio. Pero los que no cuentan con un maestro para ser guiados, deben, sin ninguna duda, mostrarse muy vigilantes».

«Pai, hijo mío, ¡mira hacia delante cuando conduzcas!», exclamó Amma riéndose. «¡Mientras conduce está mirando a Amma por el retrovisor!»

El joven: «¡Amma, no pareces cansada, a pesar de haber trabajado todo el día sin parar un minuto! ¡En cambio a nosotros nos parece que el cuerpo es un saco de sufrimientos!»

Amma: «Sí, se suele decir que el cuerpo es un saco de sufrimiento. Sin embargo, los sabios, que tienen experiencia de la verdad, dicen que este mundo es un mundo de felicidad. Para los que viven en la ignorancia, el cuerpo es realmente un saco de dolor. Pero gracias a los constantes esfuerzos es posible encontrar una solución. El sufrimiento puede eliminarse sabiendo reconocer lo que es eterno y lo que es transitorio.

Mira el cuervo negro posado en mitad de una asamblea de grullas blancas. El negro acentúa la belleza de esta blancura. De este modo, el dolor nos enseña el valor de la dicha. Cuando hemos conocido el sufrimiento, nos volvemos más prudentes.

Un hombre que paseaba por el bosque pisó una espina. A continuación puso más atención sobre dónde ponía el pie y eso le evitó caer en un pozo que estaba muy cerca de allí. Si no hubiese pisado la espina, habría sido menos prudente y hubiera ido a parar al pozo. Un pequeño dolor puede salvarnos de un gran peligro. Los que avanzan en constante alerta trascienden, finalmente, todo sufrimiento y alcanzan la felicidad eterna. Los que conocen el Infinito, que han realizado la verdad, no sufren. Sólo conocen la felicidad. El dolor aparece cuando crees que eres el cuerpo, pero si consideras el cuerpo como un vehículo que te sirve para alcanzar la felicidad eterna, entonces no hay problema».

El joven: «Por mucho que se diga que esta vida está hecha de felicidad, la realidad concreta parece demostrar que más bien está llena de desdicha».

Amma: «Hijo, ¿para qué caer en un pozo si lo ves? ¿Para qué continuar sufriendo si existen medios para evitarlo? Igual que el calor del sol y la frescura del agua, la felicidad y el sufrimiento están en la esencia de la vida. ¿Para qué desperdiciar tus fuerzas afligiéndote? ¿Para qué trabajar sin salario? Pero si crees que la tristeza te hará bien, ¡entonces no lo dudes, entristécete!

Si te haces una herida, no te quedas sentado, llorando; le aplicas un medicamento y luego pones una venda para evitar que se infecte y te debilite. El que comprende la esencia de la vida espiritual no se deja arrastrar por los acontecimientos de la vida. Si sabes que un petardo puede estallar en cualquier instante, no te sorprendes en el momento de la explosión. Pero si no estás preparado, el susto puede ser tan grande que incluso puede afectar tu salud. El medio de evitar el sufrimiento consiste en fijar la mente en el Ser. Es verdad que es difícil dominar la mente y que no se consigue en un instante. Es difícil cruzar el océano, pero los que hacen el esfuerzo necesario y aprenden el método indicado, lo consiguen.

Los *Mahatmas* nos han enseñado la forma de cruzar el océano del *samsara*. Las Escrituras son las instrucciones que nos han dejado. Sólo tenemos que seguirlas. Necesitamos asimilar los principios esenciales estudiando las Escrituras y escuchando los *satsangs*. No perdamos nunca la ocasión de estar cerca de un *Mahatma*. Pongamos en práctica sus consejos y hagamos con regularidad nuestra *sadhana*. Necesitamos de la compañía de los *Mahatmas*. Nuestra actitud debería consistir en abandonarnos al *gurú*. Si avanzamos con *shraddha,* nos liberaremos de todo sufrimiento».

El vehículo dio un fuerte bandazo. El *brahmachari* que conducía había evitado por los pelos la colisión con un camión que venía en sentido contrario.

«Hijo, ¡atento a la conducción!»

«Amma, aquél camión venía en la dirección incorrecta».

Amma observó que las manos de uno de los *brahmacharis* estaban vendadas. Con gran ternura las tomó en las suyas. «¡Ah, tienes las manos completamente agrietadas! ¿Te duelen, hijo?»

Brahmachari: «No, Amma. Sólo es la piel la que está partida. Me he puesto un vendaje para que las heridas no se ensucien».

Amma besó con amor sus manos estropeadas por el trabajo.

El programa terminó tarde y volvieron en plena noche. En el interior del vehículo, las cabezas de los que dormían se chocaban unas con otras. Amma se había tendido en el asiento con la cabeza apoyada en el regazo de Gayatri. Por la ventana abierta, una brisa fresca acariciaba los rizos que le caían a Amma por la frente, en forma de media luna. A la luz de las farolas, su adorno de la nariz brillaba como una estrella.

Sábado, 19 de abril de 1986

Los abogados que buscan justicia

Eran las cuatro de la tarde y Amma aún no terminaba de dar el *darshan* a los devotos. Un abogado que venía al ashram con regularidad entró en la cabaña con un amigo que nunca antes había visto a Amma. Después de postrarse delante de ella, ambos hombres se sentaron sobre una colchoneta.

Abogado: «Amma, este amigo trabaja conmigo. Tiene problemas familiares y ha decidido divorciarse. Pero su esposa no quiere la separación. Pretende entablar un juicio para obtener una pensión para ella y el pequeño hijo de ambos».

Amma: «Hijo, ¿por qué piensas abandonarla?»

Amigo: «Su comportamiento no es bueno. La he visto varias veces cometer actos realmente impropios de una esposa».

Amma: «¿Has sido testigo de ello, hijo?»

Amigo: «Sí».

Amma: «No debes hacer nada si tú mismo no has sido testigo directo de ese comportamiento, hijo, porque eso sería un grave pecado. Hacer llorar a un ser inocente es peor que ninguna otra falta. Si la abandonas, tu hijo crecerá sin padre. Y si tu mujer vuelve a casarse, tampoco tendrá a su madre[31]. Has contribuido al nacimiento a este mundo de una criatura. ¿No sería vergonzoso actuar de forma que la vida de este inocente se convierta en una miseria sin fin? Si el comportamiento de tu mujer es tolerable, ¿no valdría más que encontrarais los medios para vivir en armonía?»

Amigo: «No, Amma, no es posible, al menos en esta vida. El sólo hecho de pensar en ella me llena de odio. Ya no tengo ninguna confianza en ella».

Amma: «La solidez viene de la confianza. Cuando desaparece la confianza, todo se viene abajo. Si Amma habla así, es porque afirmas haber sido tú mismo testigo de su mal comportamiento y declaras que te es imposible permanecer con ella. Hubiese sido preferible que os reconciliarais de una manera u otra. Pero Amma no quiere intentar obligarte a que permanezcas con tu mujer. Reflexiona y después decide, hijo. Aunque rompas tu relación con ella, será necesario que le des una pensión para vivir. Muchos han venido aquí con un problema parecido, y en la mayoría de los casos, la mujer era inocente. Las sospechas del marido eran la única causa del problema».

---

[31] Obsérvese que Amma habla aquí sobre un caso particular, no en términos generales.

Amigo: «Le he perdonado muchas veces, Amma. Ya no es posible. Incluso he pensado en suicidarme».

Amma: «No debes dar pábulo a semejantes pensamientos. ¿Depende tu vida de las palabras y actos de otra persona? La fuente de todos tus problemas es que no estás firmemente centrado en ti mismo. Hijo, no pierdas el tiempo dándole vueltas a todo eso. En lugar de ello, busca un tiempo para leer libros espirituales. Si desarrollas un poco de comprensión espiritual, no sufrirás».

Amigo: «Hemos consultado a un astrólogo que ha dicho que puedo practicar *japa*, pero que la meditación sería contraproducente y me perjudicaría».

Amma (*riéndose*): «¡Qué interesante! ¿Así que nada de meditación? Desde luego, hay que tener cuidado: cuando compras un coche nuevo, no debes conducir demasiado rápido al principio. Y si lo conduces durante un tiempo, debes dejar que el motor descanse, porque de lo contrario se calentará. Del mismo modo, no es preciso meditar demasiado tiempo al principio, porque el cuerpo sufrirá un calentamiento excesivo. Algunas personas, en un impulso inicial de su *vairagya*, meditan demasiado tiempo y eso no es bueno. Cuando practicas *japa*, intenta hacerlo con atención, visualizando a tu divinidad elegida, o bien concentrándote en las letras del *mantra*. La meditación no te hará ningún mal, hijo. Cuando visualices claramente a tu divinidad predilecta, concéntrate en ella. Sin concentración no lograrás obtener ningún beneficio de tu práctica».

Amigo: «El astrólogo me recomendó que llevara ciertas piedras en forma de anillos para contrarrestar la mala influencia de determinados planetas».

Amma: «Es verdad que algunas piedras están indicadas para cada planeta, pero nada puede ayudarnos tanto como la meditación. Hijo, la repetición de tu *mantra* te protegerá de todos los peligros, como una armadura».

Los dos hombres se postraron y se levantaron. El abogado pidió a su amigo que le esperara afuera un momento. A continuación le confió a Amma en privado: «Ha venido porque yo insistí. Cuando pienso en su pequeña hija, rezo para que la familia permanezca unida. Amma, te lo ruego, encuentra un medio para hacer que recuperen la sensatez».

Amma: «El corazón de este hijo está lleno de ira contra su mujer. En esa fase, nada de lo que podemos decir entrará en su corazón. Sin embargo, Amma hará un *sankalpa*».

El abogado conocía por experiencia el significado de estas palabras: «Amma hará un *sankalpa*». Su rostro se iluminó; sintió alivio, como si se le hubiese quitado un gran peso de encima. Amma envolvió con una mirada llena de compasión a los dos amigos que se alejaban.

Sábado, 10 de mayo de 1986

Pruebas inesperadas

Eran las dos de la madrugada. Se acarreaba arena para poner los cimientos del edificio principal del ashram. Algunos devotos se habían unido a los *brahmacharis* para trabajar a esta hora avanzada de la noche. Todos querían aprovechar la ocasión para trabajar con Amma y recibir después su *prasad*[32].

Muchos de ellos habían intentado disuadir a Amma para que no fuera a acarrear arena después de los *bhajans*. Ella les contestaba: «¿Puede quedarse Amma sin hacer nada mientras trabajan sus hijos? ¡Sería una carga doblemente pesada para ella! Antes Amma rogaba a Dios que le diera la ocasión de servir a los devotos. Dios es el servidor de los que sirven de manera desinteresada».

«Es hora de terminar, hijos. Habéis trabajado todo el día».

---

[32] Amma acostumbraba repartir bocadillos y una bebida caliente como *prasad* a todos los discípulos y devotos cuando trabajaban hasta muy avanzada la noche.

Amma llamó a Gayatri y le preguntó: «Hija, ¿tenemos *vadas* para repartir a los hijos?»

Gayatri miró hacia las estrellas. Parecían sonreírle a su vez con un guiño y decirle: «¡Suerte para que encuentres *vadas* a esta hora de la noche!»

Amma dijo: «Ve a triturar unos guisantes majados. Con ello haremos *vadas* en un santiamén».

Mientras Gayatri fue a preparar la pasta, se encendió una hoguera. Cuando volvió un poco más tarde, Amma misma se puso a freír *vadas*. A continuación los puso en un recipiente y le dio unos cuantos a un *brahmachari* diciéndole: «Ve a repartir las *vadas*, cuida que las porciones sean iguales para todos».

El reparto empezó con los que estaban cerca de Amma, luego fue a donde otro grupo estaba trabajando en otra zona del ashram. Amma repartió otra *vada* a cada uno de los que estaban cerca de ella. El *brahmachari* volvió enseguida. Después de tomar una *vada* para él, quedaba una.

Amma: «¿No te ha dicho Amma que los repartieras entre todos?»

Brahmachari: «Les he dado una a cada uno y queda ésta. Podemos dividirla».

Amma: «No, tómalo tú. Amma les ha dado a los demás una segunda vez y tú no has repetido. Amma quería ver si querías el último para ti en lugar de devolverlo.

Si un *sadhak* está dispuesto a dar lo que tiene de manera desinteresada, esa actitud demuestra la bondad de su corazón y también su grado de madurez al conseguir superar pruebas que surgen inesperadamente. También en la escuela se hacen exámenes sin previo aviso. Al llegar por la mañana te enteras de que hay un examen, éste revela lo que realmente sabe el alumno. Todos conocen las fechas de otros exámenes y tienen tiempo para estudiar y prepararse. ¿De qué sirve advertir de antemano que Amma va a examinar vuestra naturaleza? Si ella os avisara con tiempo y después os examina, es como si ensayarais un papel para después representarlo. No, es necesario aprobar los exámenes inesperados. Ellos revelan vuestro grado de vigilancia. Un *sadhak* siempre actúa y habla con mucha vigilancia y discernimiento. No pronuncia ninguna palabra inútil. Ejecuta con alegría las órdenes del *gurú* porque sabe que cada una de las palabras del maestro es para su bien. Un discípulo debería experimentar la felicidad al obedecer las instrucciones del *gurú*. Debéis estar dispuestos a hacer cualquier trabajo, sabiendo que os llevará al objetivo».

Cada uno tomó mentalmente la firme decisión de poner en práctica las palabras de Amma.

La *brahmacharini* Lila (Swamini Atmaprana) preguntó: «Amma, ¿Ravana existió en realidad, o simplemente representa un principio?»

Un *brahmachari*: «Si Ravana no hubiese sido real, si sólo fuese un símbolo, entonces habría que afirmar que Rama también lo es».

Amma: «Rama y Ravana son personas que han existido realmente. Pero la descripción de Ravana como un ser provisto de diez cabezas representa a un ser humano que es esclavo de los diez sentidos[33]».

Brahmachari Shakti Prasad: «Si los cabritos y los bebés humanos pueden nacer con dos cabezas, ¿por qué no un Ravana con diez?»

Amma: «Si esa es la voluntad de Dios, nada es imposible. Hijos, ahora id a dormir. Mañana tenéis que madrugar».

---

[33] Se refiere a los cinco instrumentos de percepción: los ojos, la nariz, los oídos, la piel y la lengua, así como a los cinco instrumentos de acción: las manos, los pies, la boca, los órganos genitales y los órganos excretores.

Domingo, 18 de mayo de 1986

Los domingos suele acudir una gran multitud al ashram, sobre todo cuando el fin de semana coincide con una fiesta. Ese era el caso aquel día y la cabaña del *darshan* estaba llena hasta los topes. No había corriente, y sin ventilador el calor en el interior era sofocante. Pero la afluencia parecía alegrar aún más a Amma. Ella insistió en que se usaran los abanicos para refrescar a los devotos, no a ella; ordenó a los *brahmacharis* que trajeran sillas para las personas enfermas o mayores y que dieran agua a los que tuvieran sed. Se preocupaba en especial por las personas que esperaban afuera, al sol. La multitud era tan grande que a Amma le resultaba difícil escuchar con detalle o responder a los sufrimientos y quejas de los devotos. Muy a menudo, antes incluso de que empezaran a hablar de sus problemas, Amma, que podía leer sus pensamientos, les indicaba soluciones y los consolaba asegurándoles que tenían su bendición.

«¡Venid enseguida, hijos míos, no hace falta que os postréis ni hagáis nada!» Les decía. Y es que los devotos que esperaban afuera al sol, sólo podían entrar a sentarse en la cabaña si otros salían y les cedían el sitio después del *darshan*.

Simpatía por los pobres

Una mujer confió a Amma su problema llorando: «Amma, los pollos de nuestro vecindario están enfermos. Nuestra gallina también está enfermando. Amma, ¿querrías tú salvarla?»

Un *brahmachari* que se hallaba cerca de Amma no pudo evitar sentir desprecio por esta mujer, que en lugar de marcharse lo antes posible después de su *darshan*, molestaba a Amma con un asunto tan irrelevante cuando había tal multitud de gente. Pero al instante siguiente, Amma le lanzó una mirada tan severa que él se sintió avergonzado. Amma consoló afectuosamente a la mujer y le dio un poco de ceniza para que se la aplicara a la gallina. La mujer se marchó muy feliz.

Cuando se fue, Amma llamó al *brahmachari*. «Hijo, tú no comprendes su sufrimiento. ¿Sabes cuánto dolor hay en el mundo? Si tuvieras una mínima idea, no lo habrías considerado con desprecio. Por la gracia de Dios, tú tienes todo lo que necesitas. Puedes vivir sin preocupaciones. El único ingreso de esta mujer proviene de los huevos de su gallina. Su familia sufrirá hambre si la gallina muere. Cuando Amma piensa en la vida de esta mujer, no considera trivial su sufrimiento. Esta mujer se gasta parte del escaso dinero que obtiene con la venta de huevos para venir aquí. Como Amma está al corriente de sus dificultades, de vez en cuando le da dinero para el autobús. ¡Observa cómo se abandona en Dios, estando incluso en la miseria! Amma llora, sólo de pensar en ello. El que come hasta la saciedad ignora el dolor que produce el hambre. Sólo un hambriento conoce ese dolor.

Escucha siempre con mucha atención lo que cada uno te dice. No compares. Debemos ponernos al nivel de cada persona. Sólo así podremos comprender sus preocupaciones, responder de manera adecuada y consolarlos».

Un joven miraba intensamente a Amma desde que entró en la cabaña. Era un profesor universitario que vivía en Nagpur, que había llegado unos días antes. El día de su llegada declaró que tenía que irse inmediatamente después de conocer a Amma, porque tenía que volver a su casa con urgencia. Pero de eso hacía varios días y aún seguía allí. Amma manifestó a los que la rodeaban: «Este hijo sigue allí desde hace unos días. Amma le ha dicho varias veces que se vaya a casa y que vuelva después, pero no quiere escuchar. Aún no se ha ido».

Al no saber malayalam, el joven ignoraba lo que Amma estaba diciendo. Pero como todos se volvían para mirarle, sabía que ella hablaba de él. Uno de los vecinos le tradujo las palabras de

Amma. El joven respondió: «No me iré, así que ¿para qué hablar de volver?»

Amma (*riéndose*): «¡Amma sabe la manera de hacerte marchar corriendo!»

Esta frase hizo reír a todos.

Amma pide limosna para sus hijos

Oh Annapurna, siempre rebosante
De los elementos que prolongan la vida,
Oh Bien amada de Shankara,
¡Concédeme la gracia de la sabiduría y la renuncia!

–Sri Shankaracharya

La campana de la comida había sonado hacía un buen rato, paro muchos de los devotos aún no habían comido, incapaces de abandonar la contemplación de Amma. Se hacía tarde y un residente vino a decirle a Amma que los que servían la comida estaban esperando. A instancias de Amma, algunas personas fueron a comer, pero era imposible hacer que se fueran otros mientras Amma siguiera en la cabaña. No les preocupaba el alimento. Su felicidad era no perderse ni un instante de la presencia de Amma. Los que sufrían las consecuencias eran los residentes del ashram, ya que tenían que esperar a veces hasta las tres o las cuatro de la tarde para servir la comida.

Eran más de las tres de la tarde cuando Amma se levantó. Los devotos se apretujaban en torno a ella, se postraban, con lo cual inadvertidamente le bloqueaban el paso. Amma hacía que se levantaran, golpeándoles suavemente y acariciándoles, al tiempo que se dirigía a la cocina.

Allí, Amma descubrió que los residentes que servían la comida tenían un problema. Como eso ocurría con frecuencia los días de *Bhava darshan*, habían preparado sólo la comida que parecía necesaria y, sin embargo, todo había desaparecido enseguida. Habían puesto más arroz a cocer, que también fue devorado en un abrir y cerrar de ojos. Durante toda la tarde la gente seguía afluyendo al ashram. Una tercera vez se preparó otra tanda de arroz, del que no quedaba casi nada, y aún había numerosas bocas que alimentar. Había arroz cociéndose al fuego, pero ya no quedaban verduras para acompañarlo. Los residentes que trabajaban en la cocina se preguntaban qué hacer justo en el momento en el que entraba Amma. Ella, sin dejarse desconcertar por la situación, abrió recipientes que contenían tamarindo, granos de mostaza y hojas de curry. En pocos minutos preparó *rasam* (tamarindo hervido con agua, sal, pimientos, cebollas, etc.) Una devota había traído por la mañana un recipiente de yogur. Se picaron cebollas, tomates y pimientos verdes, que se añadieron al yogur. Pronto todo estuvo listo, incluido el maíz. Amma misma sirvió la comida a sus hijos. Los devotos comieron el *prasad* ofrecido por las manos sagradas de Amma con más deleite y felicidad que si se tratara de un suntuoso banquete.

Un último grupo de fieles llegó después para comer y Amma también les sirvió. Tras asegurarse de que todos los devotos habían comido, los residentes del ashram se sentaron a comer. Sólo quedaba arroz y *rasam*. Tres *brahmacharis* servían a los demás y cuando terminaron, el arroz se había agotado. Amma no podía soportar que tres de sus hijos se quedaran sin comer cuando habían trabajado sin interrupción durante horas. En la cocina ya no había nada, excepto arroz, pero hacía falta tiempo para ponerlo a cocer.

Al ver que Amma se preocupaba por su causa, los tres *brahmacharis* declararon firmemente que no tenían hambre y no querían nada. Pero Amma no estaba de acuerdo. «Hijos, ¡esperad diez minutos, Amma vuelve enseguida!», dijo, mientras salía con un recipiente. ¿Fue a casa de Sugunachan? ¿O tal vez a su habitación para ver si quedaba comida ofrecida por los devotos? Mientras esperaban, los *brahmacharis* lavaron los cacharros y limpiaron la cocina.

Amma volvió enseguida, con una sonrisa en el rostro tan radiante como la luna llena. Había encontrado algo para dar de comer a sus hijos. Los *brahmacharis* no pudieron reprimir su curiosidad. Al mirar el recipiente, vieron que estaba lleno de diferentes clases de arroz preparado.

Los ojos de los *brahmacharis* se llenaron de lágrimas. «¡Amma!» exclamó uno de ellos. Amma había ido a las cabañas de la vecindad a pedir comida para sus hijos. Volvió con la *bhiksha*. Esa era la razón de la dicha que irradiaba su rostro.

Todos los vecinos eran pescadores pobres que apenas tenían para comer. Amma lo sabía y por eso sólo había tomado un puñado de arroz en cada cabaña.

Los *brahmacharis* contemplaron una imagen que adornaba la pared. Representaba al dios Shiva mendigando comida a Devi Annapurneshwari[34], sentada en un trono.

Hoy la misma Devi había tocado a la puerta de los pescadores para obtener una *bhiksha* para sus hijos. Amma se sentó en el suelo, junto a la puerta, y los *brahmacharis* la rodearon. Amma hizo bolas con el arroz y un poco de *sambar*, que quedaba en el recipiente. Alimentó a sus hijos con sus propias manos.

«¡Una más!», dijo Amma.

«No, Amma, tú también tienes que comer».

«Hijos, ¡cuando hayáis comido bastante, Amma ya no tendrá hambre!» Le sirvió a uno de ellos otra bola de arroz. Apenas quedaban dos puñados de arroz y un trozo de patata y *sambar*. Esa fue toda la comida de Amma, quien se levantó, plenamente satisfecha.

---

[34] La diosa de la abundancia, una de las formas de Durga.

Jueves, 25 de mayo de 1986

Ramakrishna estaba en cama con fiebre. Amma se hallaba a su lado. Un *brahmachari* entró a la cabaña con una decocción de hojas de albahaca, pimienta negra y jengibre. Había en la pared una antigua foto de Amma con un sari de color. Amma dijo al verla: «En esa época, Damayanti tenía que obligar a Amma a usar un sari. Un día que Amma tenía que ir a alguna parte, recibió una buena paliza porque no se había puesto el sari. Por lo tanto se lo puso, pero en cuanto subió al barco, se lo quitó y, enrollado, lo sostuvo en las manos». Amma se rió al evocar ese recuerdo.

El primer alimento sólido

Una mujer había traído a su bebé al *darshan*. Durante años había deseado tener un hijo, sin poder concebir. Finalmente, después de su encuentro con Amma y gracias a su *sankalpa*, había dado a luz a un niño. Hoy había venido con su familia para el *anna prasana* (el primer alimento sólido) del bebé. Tenían prisa en realizar la ceremonia para poder volver a su casa.

La mujer declaró: «Amma, te lo ruego, toma enseguida a mi hijo y aliméntalo. No podemos pasar la noche aquí, porque no duerme fuera de su cuna. Y tampoco he traído leche para él. Si nos vamos ahora, estaremos en casa antes del anochecer».

Amma: «¡Hija, no hables así! Este hijo te ha venido gracias a la bendición de Dios. Has venido a un lugar sagrado. La gente tiene prisa repentinamente sólo cuando vienen a un lugar como éste. ¡Desde que llegan al templo o a la *gurukula*, quieren volver a casa lo antes posible! Si llevas a un niño enfermo al hospital, ¿le dirías al médico: '¡Tengo mucha prisa! Por favor, quiero irme enseguida'? ¿o bien, le dirías: 'Doctor, no he traído la cuna del bebé, ni su leche, y tiene sueño, es preciso que lo examine rápido'? Cuando vamos al templo o a un ashram, deberíamos tener una actitud de abandono. Hija mía, si al realizar buenas acciones, ir al templo y a los ashrams, lo hacemos pensando en Dios, aliviamos nuestro *prarabdha*. ¿No te das cuenta de ello? Si te marchas a toda prisa de aquí y el autobús tiene una avería, ¿a quién te quejarías? A Amma le entristece oírte hablar así cuando no has venido en mucho tiempo. No deberías hablar así nunca, hija mía. Abandónalo todo a la voluntad de Dios. ¿Por qué no has pensado más bien?: 'Amma alimentará al bebé cuando quiera'. Eso es el abandono de sí. Si te vas ahora, tendrás muchos contratiempos en el camino, por eso Amma no dejará que te vayas enseguida».

Era la primera vez que esta devota oía a Amma hablarle tan seriamente. Se puso pálida. Al verlo, Amma le hizo una seña para que se acercara y dijo: «Si Amma te ha dicho eso es porque se siente libre de hablar así. ¡No estés triste!»

El rostro de la devota se iluminó al escuchar estas palabras.

Aunque al principio hubiese puesto objeciones, Amma realizó la ceremonia sin tardanza y acabó a tiempo para que volvieran a casa antes del anochecer.

Viernes, 30 de mayo de 1986

Era poco antes del mediodía. Amma hablaba con los devotos en la cabaña del *darshan*. Un *brahmachari* había llegado de otro ashram, situado en Kidangour. Amma le dijo: «Hijo, comprar medicina para una herida que tenemos en la mano o ir a comprarla para aliviar el dolor de otra persona no es exactamente lo mismo. En el segundo caso, indica que nuestro corazón está lleno de amor. Eso es lo que necesita un *sadhak* y es el objetivo de todas sus prácticas espirituales. El propósito de nuestra *sadhana* no debería ser obtener la propia liberación, sino desarrollar suficientemente el amor, la compasión y la solicitud para asumir la carga de sufrimiento del mundo. ¿De qué sirve permanecer sentado en algún rincón con

los ojos cerrados sin hacer nada? Nuestro corazón debe abrirse
hasta el extremo de sentir como propio el sufrimiento de los demás
para luego trabajar hasta eliminarlo».

Un remedio para Amma

Amma había estado sufriendo desde la mañana fuertes accesos
de tos. Un *brahmachari* fue a llamar a la Dra. Lila. La semana
anterior, un devoto muy enfermo había venido al ashram; su tos
seca y persistente resonaba en todo el ashram. Cuando fue al
kalari para postrarse ante Amma, tosía mucho. Pero cuando salió
del pequeño templo después del *darshan*, su tos había desaparecido. En el momento en que bebió el agua sagrada que Amma le
dio, quedó curado. Permaneció una semana en el ashram, y esta
mañana se había marchado, feliz.

Un día, Amma cayó enferma en Tiruvannamalai y Nealu
decidió que tenía que verla un médico enseguida. Aunque había
varios médicos devotos de Amma en Tiruvannamalai, él la llevó
a otro. Sin esperar la autorización de nadie, Amma, en completa
inocencia, entró directo a la consulta del médico que, furioso, le
ordenó que saliera. Amma se reía al recordarlo, diciendo: «¡No
hay por qué culparle, estaba examinando a un paciente cuando
de pronto irrumpió Amma! ¡Ha debido perder su concentración!»
En el momento en que ella salía, el médico y la enfermera la
llamaron. Ignoraban completamente quién era ella y a qué había
ido. Amma manifestó a continuación: «Amma no volverá nunca
a consultar a un médico; si necesitara uno, será mejor que venga
uno de sus hijos médicos al ashram»

Las palabras de Amma se hicieron realidad. El primer médico
que vino a vivir al ashram de forma permanente fue la *brahmacharini* Lila. Cuando conoció a Amma, trabajaba en un hospital
dirigido por Sri Ramakrishna Math en Thiruvanantapuram. Lila

reconoció en Amma el objetivo último de su vida. Poco después abandonó su trabajo y vino a vivir al ashram. Por lo tanto, ahora era responsable del cuidado de Amma. Como Lila sabía que los padecimientos de Amma no se curaban solamente con medicamentos, nunca le preocupaba cuando Amma estaba enferma, incluso cuando parecía muy débil. Veía en estos padecimientos el *lila* (juego) de la amada consorte de Shiva, quien un día dio muerte al mismo dios de la muerte. En otras palabras, consideraba los males de Amma como un simple juego de la Madre divina. «¿Quieres que vaya a buscarte unas píldoras, Amma?» Preguntó Lila. Puso su mano en la frente de Amma y dijo: «No tienes fiebre; no es nada grave. Te sentirás bien dentro de un rato».

Amma se rió y repuso: «Aunque Amma estuviese muerta, mi hija Lila examinará el cuerpo y dirá: 'No es nada grave. Estarás bien enseguida'». Al oír esto, todos se echaron a reír.

Sábado, 31 de mayo de 1986

La sadhana debe brotar del corazón

Un *brahmachari* acudió a Amma para pedirle consejos prácticos sobre *sadhana*. Amma le indicó cómo meditar: «Hijo, concéntrate en el punto situado entre las cejas. Visualiza en ese punto a la divinidad de tu preferencia, como si contemplaras tu imagen en un espejo». Puso el dedo entre sus cejas y añadió: «Imagina que ahí hay un santuario, y observa en su interior a tu divinidad elegida.

Los que meditan siguiendo una programación de su tiempo, como si se tratara de una tarea impuesta, nunca verán a Dios. Es preciso llorar por Dios noche y día, olvidándose incluso de comer y de dormir. Sólo los que han hecho esto han realizado a Dios. Ese es el grado de desapego que se requiere. Si alguien te frotara el cuerpo con pasta picante, ¡buscarías por todos los medios calmar el ardor! Con esa misma intensidad deberías desear la visión de

Dios, llorando para obtenerla, sin desperdiciar un solo instante. Sólo entonces se desvanecerán todos los demás pensamientos, como en un sueño profundo, y accederás al plano de la experiencia de lo divino.

Cuando los pescadores se hacen a la mar, cierran los ojos y con gritos acompasados, reman con todas sus fuerzas para pasar la barrera de las olas. Reman sin parar un segundo, haciendo mucho ruido, hasta no haber franqueado este obstáculo. Después, pueden soltar el remo y descansar. Es el mismo océano, pero mientras una parte está agitada por las olas, la otra está tranquila. Al principio no deberíamos tener un instante de reposo. Tenemos que estar alerta. Sólo así superaremos la zona difícil y alcanzaremos la paz.

Totapuri estaba establecido en el *advaita*[35]. Sin embargo, permaneció en medio de un círculo de fuego, practicando austeridades. Ramakrishna Deva llegó a la realización manteniendo el recuerdo constante de Dios. Para realizar a Dios es necesario tenerle constantemente en tus pensamientos. Un verdadero *sadhak* no practica la meditación y el *japa* únicamente según un tiempo programado. Su amor por Dios va más allá de todas las leyes. Al principio, un *sadhak* debe obedecer ciertas reglas, pero sin considerar las prácticas espirituales como un simple deber. Necesitamos llorar y suplicar para obtener la visión de Dios. No se trata de una debilidad. Deberíamos llorar por Dios, y sólo por Dios. ¿No es eso lo que hicieron Sri Ramakrishna y Mira?»

La misma verdad con diferentes nombres

Un *brahmachari*: «¿Es un error si alguien medita en Krishna y recita un *mantra* dedicado a Devi, o a los mil nombres de Devi?»

---

[35] Totapuri era un gran asceta que seguía la vía de *jnana* (la sabiduría suprema). Fue él quien inició a Sri Ramakrishna en el estado de *sannyas*.

Amma: «No es problema. Sea cual sea el *mantra* o el nombre que repitas, tus pensamientos deben volverse hacia tu divinidad predilecta».

Una *brahmacharini*: «¿Cómo es posible? ¿No hay *bijaksharas* (letras raíz) especiales para cada divinidad? ¿Cómo es posible que esté bien cantar otro distinto?»

Amma: «Sea cual sea el nombre que le des, el poder divino es el mismo. Llamar a la nuez de coco 'tenga' o 'nuez de coco' no cambia su esencia. De igual manera, según su *samskara,* la gente ama en su corazón diversas representaciones de Dios. Lo conocen con diferentes nombres, pero la consciencia omnipresente está más allá de todo nombre. No es una persona que sólo respondería a la llamada de un determinado nombre. Habita en nuestro corazón y lo conoce. La cantidad de nombres de Dios es infinita. Cada nombre es el suyo.

Cuando realizas una *puja*, debes consagrarla a la divinidad que preside el ritual, con los *mantras* apropiados. Pero si tu objetivo es llegar al Ser, poco importa si la forma en la que meditas es distinta de la divinidad de tu *mantra*, porque todo ello lo consideramos como formas diversas del mismo Ser. Tenemos que comprender que todo está contenido en él y que este principio único existe en cada uno de nosotros. Es la misma consciencia que está presente en cada objeto, en toda forma, incluidos nosotros mismos. Desde luego, al principio es preferible centrar la mente en una forma particular, pero a medida que avanzas en el camino, deberías ser capaz de percibir el principio supremo y único a través de todos los nombres y todas las formas. El objetivo del *mantra japa* es conducirnos al supremo silencio del Ser, de donde brotan todos los sonidos y todas las formas. Si lo practicamos con la comprensión correcta de este principio, el *mantra japa* terminará por conducirnos a la fuente y veremos entonces que la forma en la que meditábamos, al igual que todas las demás formas, existe en nuestro interior como manifestación del Ser único.

Cuando Krishna vivía con las *gopis* de Vrindavan, ellas deseaban verle a cada instante y no privarse nunca de su compañía. Ellas lo adoraban hasta el extremo de llamarle su *hridayesha*, el Señor de su corazón. Luego, un día, Krishna se fue a Mathura y nunca más volvió. Algunos se burlaban de las *gopis* diciéndoles: '¿Dónde está ahora vuestro *hridayesha*? ¡Parece que Krishna merece más el nombre de *hridayasunya* (sin corazón) que el de *hridayesha*!' Las *gopis* respondían: 'No, él será siempre nuestro *hridayesha*; antes sólo percibíamos a Krishna en su forma física y su voz la escuchábamos con nuestros oídos. Pero ahora lo vemos en todas las formas: hasta nuestros ojos se han convertido en Krishna. Ahora, lo escuchamos en cada sonido: nuestros mismos oídos se han convertido en Krishna. En verdad, nosotras mismas nos hemos convertido en Krishna!'

Así, aunque al principio veamos a Dios bajo el aspecto de una divinidad particular y lo llamemos con un nombre determinado, cuando nuestra devoción madura y se expande, vemos a Dios en todos los nombres, en todas las formas y en nosotros mismos».

Los *bhajans* vespertinos habían terminado. Para cenar se sirvieron *dosas* (especie de crepas). Como la afluencia de devotos era mayor de la prevista, la cocción de *dosas* duró hasta las diez y media de la noche. Crepa que se cocía, crepa que se servía de inmediato. Amma fue a la cocina y envió a un *brahmachari* a buscar otra placa a casa de sus padres para hacer más *dosas*. Cuando llegó, Amma la colocó sobre el fuego y a continuación se puso manos a la obra. ¿No dicen que Dios aparece en forma de pan ante los que tienen hambre, sea física o espiritual?

Realizar cada acción como una forma de adoración

Después de la cena, Amma se unió a los *brahmacharis* para acarrear grava, necesaria para fabricar cemento. Formaron una cadena y pasándose la grava en grandes bateas de metal, redondas y poco profundas. Los que antes de venir al ashram se negaban incluso de lavarse su propia ropa, ahora participaban en este duro trabajo en compañía de Amma. Se disponían a recibir algunas lecciones prácticas en materia de espiritualidad.

En plena faena, Amma se detuvo y dijo: «Hijos, aunque estéis trabajando, vuestros pensamientos deben estar puestos en Dios. Cualquier tarea que llevéis a cabo con la mente fija en Dios es *karma yoga*. Cuando os paséis la grava los unos a los otros, imaginad que se la entregáis a vuestra divinidad predilecta. Y cuando la recibáis de vuestro compañero, imaginad que es vuestra divinidad la que os la entrega».

Amma cantó un *kirtan*. Todos se unieron a ella, sin interrumpir el trabajo.

Tirukathakal patam

Oh Diosa Durga,
Oh Kali,
Libérame de mi triste destino.
Cada día te imploro, deseando la visión de tu forma.

Te lo suplico, concédeme una gracia,
Permíteme cantar la gloria de tus hazañas sagradas,
y mientras te alabo,
te suplico que vengas a mi corazón.

Oh esencia de los Vedas,
Ignoro los métodos de meditación
Y mi música no es nada melodiosa,

Ten compasión de mí,
y sumérgeme en la felicidad.

Tú eres Gayatri,
Eres la fama y la liberación,
Kartyayani, Haimavati y Dakshayani.
Tú eres el alma de la realización
y mi único refugio.

Oh Devi,
Concédeme la facultad de pronunciar principios esenciales;
Comprendo que sin ti,
encarnación del universo,
Shiva, el principio causal,
no existiría.

Era la medianoche pasada. Sobre la extensión de cocoteros tejía la luna con hilos de luz plateada un delicado y resplandeciente velo. En esas horas silenciosas de la noche, una madre y sus hijos trabajaban para levantar una morada de paz que el día de mañana sirva de refugio a miles de personas. La escena evocaba las palabras de sabiduría del Bhagavad Gita: «Cuando es de noche para todos los seres, los que tienen dominio sobre sí mismos permanecen despiertos». Eso es lo que ocurría en ese lugar y a esa hora: mientras el mundo entero dormía, la madre del universo, sin un instante de descanso, trabajaba en la construcción de un mundo de luz eterna. Los momentos pasados cerca de este gran arquitecto de una era nueva, eran perlas preciosas que sus hijos guardaban con amor en el tesoro de su corazón. Enriquecían su vida de manera inconmensurable. Más tarde lo recordarían.

Lunes, 9 de junio de 1986

Los ritos tradicionales para la iniciación *brahmacharya* de Anish habían empezado por la mañana. Un sacerdote había venido de Allepey para realizar el *homa* y los demás ritos necesarios para la iniciación. En el *kalari* ardía el fuego sagrado y resonaban los *mantras* védicos, mientras la presencia divina de Amma llenaba de felicidad a todos los presentes.

Amma se comportaba como una niña. Todas sus palabras y acciones infundían gozo. Divertida ante la vista de Anish, quien, para recibir la túnica amarilla, se había afeitado la cabeza dejando solamente la tradicional mecha de cabellos en la nuca. Amma tomó una flor de hibisco ¡y se la ató a la mecha! Los espectadores no pudieron contener la risa.

Luego, en un instante su humor cambió y su rostro adoptó una expresión seria. La atmósfera se volvió súbitamente muy tranquila. Sólo el sonido de los *mantras* védicos y el crujir del fuego ritual alimentado con madera de nanjea, rompían el silencio. Se podía ver en los rostros de todos los asistentes que se habían transportado a otro mundo.

Amma le dio a su hijo un nuevo nombre, *Brahmachari Satyatma Chaitanya*[36].

Después de ser iniciado, Satyatma se postró ante ella y salió a recibir la *bhiksha*, de acuerdo con la tradición[37].

Una familia de devotos musulmanes llegó para el *darshan*. Era un día festivo para los musulmanes y vinieron a pasarlo junto a Amma. Después de la ceremonia de iniciación, Amma se fue a

---

[36] El *Brahmachari* Satyatma Chaitanya recibió después su iniciación *sannyasa* y hoy lleva el nombre de Swami Amritagitananda.

[37] Los *brahmacharis* y los *sannyasis*, según la tradición, deben comer solo lo que reciben como limosna. Hoy en día, salen a mendigar una *bhiksha* el día de su iniciación.

la cabaña con esta familia. Habló con ellos largamente antes de subir de nuevo a su habitación.

Ya por la tarde, Amma se sentó en la terraza encima de su habitación con algunos *brahmacharis*. Desde hacía unos días intentaban obtener permiso para hacerse una foto de grupo con ella, la cual podría incluirse en su biografía. Hasta entonces ella se había negado. Un *brahmachari* se lo pidió una vez más. «Amma, hemos oído hablar de numerosos *Mahatmas*, pero de la mayoría de ellos no existe ninguna foto. ¡Es una lástima no poder conocerlos en su apariencia! Si no podemos hacerte una foto, las futuras generaciones se sentirán defraudadas. Amma, aunque sólo sea por eso, deberías darnos tu autorización».

Amma: «Si Amma acepta, sólo pensaréis en eso y se arruinará vuestra *sadhana*. Además, no puedo vestirme como a vosotros os gustaría; esa no es mi manera de ser. No puedo posar para una foto».

El tono serio de su rechazo obligó a los *brahmacharis* a guardar silencio y les entristeció. Pero, ¿cuánto tiempo podía ella soportar ver tristes a sus hijos? Terminó diciéndoles: «Que vengan todos».

Los rostros se iluminaron y todos bajaron corriendo. La totalidad de los residentes del ashram se reunieron para la foto en la terraza cubierta, sin olvidarse del venerable Ottur Unni Nambudiripad, el más anciano de los hijos *brahmacharis* de Amma. Hecha la foto, Amma pidió a Ottur que diera un *satsang*. De los labios de este tierno devoto, los *lilas* de Krishna brotaron en ininterrumpida corriente, cuyo ser interior se había entregado desde hacía mucho tiempo al niño de Ambadi (*la aldea donde Krishna pasó su infancia*).

Cautivada, Amma escuchaba como los demás el relato impregnado de ingenuidad sobre las travesuras de Krishna, el pequeño ladrón de mantequilla. Terminado su discurso, Ottur dijo con fuerza: «¡Ahora queremos oír el *satsang* de Amma!»

Amma: «Amma no sabe hablar. Cuando la gente le hace preguntas, ella responde con las locuras que le vienen a la mente, eso es todo».

Ottur: «Tal vez sean locuras, pero es lo que queremos escuchar. Amma, nuestra devoción carece de la fuerza que tú describes. ¿Qué debemos hacer?»

Amma miró a Ottur y sonrió. Él puso la cabeza en su regazo. Ella lo estrechó con mucho afecto y lo llamó «¡Unni Kanna (bebé Krishna)!»

No basta hacer sadhana para nosotros mismos

Amma vio a un *brahmachari* que estaba sentado detrás de ella. El *brahmachari* bajó la cabeza, evitando su mirada. Al leer sus pensamientos, Amma declaró: «Hijos míos, ¿sabéis lo que Amma espera de vosotros? Debéis ser como el sol, no como la luciérnaga. La luciérnaga sólo brilla para sí misma. No hagáis como ella. La generosidad es todo lo que deberíais desear. Sed como los que tienden la mano a los demás para ayudarlos, incluso en el momento de morir».

Esta declaración fue directamente al corazón del *brahmachari* sentado detrás de ella. Había habido *Bhava darshan* la víspera y una gran afluencia de devotos. El *brahmachari* encargado de servir la comida necesitaba ayuda desesperadamente y acudió a él, su compañero de cabaña, pidiéndole que le echara una mano. Pero él siguió meditando, sin mover un solo dedo para ayudarle. Amma lo supo y el *brahmachari* la había estado rehuyendo durante toda la mañana.

Amma añadió: «Hijos míos, deberíamos asegurarnos que todas nuestras acciones sean de utilidad a los demás y que contribuyan a su felicidad. Si eso es imposible, al menos debemos asegurarnos que nuestras acciones no causen nunca dolor ni molestias a nadie. Suplicar a Dios que ninguno de nuestros pensamientos, palabras u obras dañen jamás a nadie, sino que sean siempre provechosas. Esa es la verdadera oración. Debemos estar dispuestos a rezar por la elevación de nuestros semejantes, más que por nuestro propio progreso. Hijos míos, desarrollar ese amor desinteresado es el mayor progreso que podemos hacer. La verdadera adoración consiste en percibir como nuestro el sufrimiento y la felicidad de los demás. Los verdaderos devotos ven en el otro a su propio ser. Viven en un mundo de paz y satisfacción». Amma guardó silencio. Su mirada estaba en la lejanía, en otro lugar.

Pronto llegó la hora de los *bhajans*. Amma se dirigió acompañada por todos al *kalari*. Una vez allí, se sentó y un *brahmachari* colocó delante de ella una tamboura. Ella se puso a tocarla, dando el tono del primer canto. Cantó un *kirtan* que Krishnan Nair, uno de sus devotos casados, había compuesto para ella y se lo había dedicado. Los congregados allí se unieron a su canto, olvidándose de todo en su presencia.

Katinnu katayi mannassin manasse

Oh Madre, tú que resplandeces como el Oído del oído,
Mente de la mente,
Ojo del ojo,
Tú eres la Vida de la vida,
la Vida de todo lo que vive.

Lo que es el océano para la ola,
Eso eres tú para el alma,
Eres el Alma de las almas,
El Néctar del néctar de la sabiduría.
Oh Madre, eres la Perla del Ser inmortal,
la Esencia de la felicidad.
Eres el gran maya
Eres el Absoluto.

Los ojos no te pueden ver,
ni la mente abarcarte.
En tu presencia, las palabras se desvanecen, oh Madre,
Los que aseguran haberte visto, no te han visto,
Porque tú, gran Diosa, estás más allá del intelecto.

El sol, la luna y las estrellas no brillan por sí mismas,
Es tu luz la que las ilumina.
Sólo los valerosos pueden, con su discernimiento,
emprender el camino que lleva a la morada
de la paz eterna,
de la Verdad suprema.

Después de los *bhajans*, todos meditaron un momento antes de la cena. El dulce sonido de la tambura que vibraba bajo los dedos de Amma y su voz, resonaban aún en la mente de todos:

Sólo los valerosos pueden, con su discernimiento, emprender
el camino que lleva a la morada de la paz eterna, de la
Verdad suprema.

Miércoles, 11 de junio de 1986

Los que se refugian totalmente en Ella están siempre protegidos

Eran las dos de la madrugada en punto. Un *brahmachari* volvía de la playa donde acababa de meditar. Cuando llegó hasta el tejadillo del *kalari* y vio que estaba vacío, apagó la luz y colocó su *asana* y su chal. Después despertó a otro *brahmachari* que había pedido que se le despertara a las dos para meditar. También estaba al cargo de hacer sonar la campana a las cuatro de la mañana, para despertar a todo el mundo para el *archana*. Cuando se dirigía a su cabaña para acostarse, el *brahmachari* vio a un hombre y a una mujer sentados frente a la escuela de Vedanta.

«Hemos venido a ver a Amma», dijeron humildemente mientras se ponían en pie.

Brahmachari «Amma se retiró a su habitación a medianoche. Ella subía las escaleras en el momento en que me disponía a salir hacia la playa para meditar».

Visitantes: «Nosotros habremos llegado justo pasada la medianoche».

De pronto oyeron el sonido de unos pasos que se acercaban. Era Amma, sonriente, que venía hacia ellos.

Amma: «Hijos míos, ¿cuándo habéis llegado?»

Devoto: «Poco después de que tu subieras a la habitación, Amma. Nos sentamos allí, desalentados, pues pensábamos que no te veríamos esta noche».

Amma: «Amma acababa de cerrar los ojos cuando vuestra imagen surgió de pronto, frente a ella. Hijo, ¿se encuentra bien tu hija?»

Devoto: «La operación está prevista para pasado mañana. Los médicos dicen que su caso es complicado. Tu bendición es nuestra única esperanza, Amma. Por eso hemos venido».

Amma: «¿Por qué habéis llegado tan tarde, hijos? ¿Algún problema con el coche?»

Devoto: «Sí, Amma. Salimos al mediodía, pero el coche nos dio problemas. Tardaron varias horas en repararlo. Por eso llegamos tan tarde. De no ser por eso, habríamos llegado hacia las ocho de la noche».

Amma: «No te preocupes, hijo. Ven, sentémonos».

Amma los tomó de la mano y los condujo frente al *kalari*, donde tomaron asiento. Habló con ellos largamente, luego se fue a buscar un poco de ceniza (*bhasma*) al templo y se la dio como *prasad*. «Decidle a mi hija que no se inquiete, Amma está con ella».

Sonaban las cuatro cuando se postraron ante Amma. Ella pidió a un *brahmachari* que tomara la barca y los llevara a la otra orilla de la laguna, luego volvió a su habitación. En el momento de salir del ashram, los visitantes se volvieron para echar una última mirada. En el mismo instante, Amma, que subía por la escalera que conducía a su habitación, les devolvió esa mirada y les sonrió; esa sonrisa era señal inequívoca de su protección. Una suave brisa refrescaba agradablemente la atmósfera. Los visitantes subieron a la barca, dejaban el ashram sintiendo en su piel el frescor del alba, y en su alma, la pacificadora frescura de la gracia de Amma. La estrella de la mañana lucía con espléndido fulgor y su pálido reflejo brillaba en la superficie de la laguna.

Viernes, 13 de junio de 1986

Amma estaba sentada en los peldaños de la escalera, frente a la oficina, rodeada de algunas personas. Un brahmachari intentaba explicarle que era necesario sustituir a los responsables de uno de los ashrams por un nuevo equipo al frente del mismo. Amma escuchó todo lo que éste tenía que decir y, a continuación, concluyó con estas palabras: «El objetivo de Amma es transformar el hierro y el óxido en oro. ¿Para qué sirve transformar el oro en oro?» El brahmachari trató de volver sobre esta cuestión.

La Madre: «Hijo, has de tener paciencia para escuchar. ¿Acaso no fue Amma la que nombró a los responsables? Has de entender que pudo designarlos por algún motivo. Al principio, Amma procuró conocerse a sí misma, a continuación al mundo, y sólo después, adoptó este papel. Amma sabe cómo guiar a estas personas. ¿Acaso no ha visto la Madre el sufrimiento y el esfuerzo de miles y miles de personas? No es frecuente que alguien tenga esta oportunidad. Amma ha visto también la naturaleza de muchas personas sometidas a cambio. Si sustituimos a los responsables, sus vidas no serán útiles a los demás, pero si los mantenemos,

155

cuidarán al menos de algunos asuntos en el ashram, y ese pequeño servicio les hará ganar el mérito que les corresponda. ¿No es mejor esto que apartarlos y dejarlos ociosos? Amma sabe cómo lograr que sigan sus instrucciones.

«Mientras hacen su trabajo, sus mentes se van purificando, y eso los llevará a la salvación. No podemos dejarlos abandonados en el camino. Tenemos el deber de salvarlos. Nuestro propósito es ayudar a los demás para que desarrollen devoción por Dios y disfruten de paz interior. Si tenemos este sincero deseo, les perdonaremos cualquier error que cometan, e intentaremos que sigan el camino correcto.

«No podemos esperar que todos sean bondadosos. Algunos no lo serán. Pero si los rechazamos y los abandonamos, cometerán más errores. Por tanto, nosotros que conocemos sus actos, debemos descender a su nivel. De este modo progresarán espiritualmente. No juzgues a nadie de forma negativa ni pienses que deba ser apartado de su puesto solo por haber cometido uno o dos errores.

«Amma no quiere decir que lo que estás diciendo sea del todo incorrecto. Mucha gente recoge dinero en nombre del ashram, pero algunos solo entregan una cuarta parte al ashram. Amma lo sabe, pero Ella actúa como si no lo supiera y les da otra oportunidad para corregir sus errores. Si al final no aprenden o no quieren cambiar su comportamiento, acaban por irse voluntariamente. Amma no ha forzado a nadie para que se vaya, se van por sí mismos.

«¿Acaso no son también nuestros hermanos aquellos que cometen errores? Es posible que no hayan alcanzado todavía suficiente sabiduría, pero podemos orar a Dios para que la consigan. Esas plegarias también serán beneficiosas para nosotros, pues harán que se expandan nuestras mentes.»

El brahmachari se postró y a continuación se retiró.

Una lección de shraddha

Amma se quedó observando a un *brahmachari* que, absorto en sus pensamientos, se atusaba el bigote.

Amma: «Para ya. Esas costumbres no son buenas en un *brahmachari*. Cuando estés sentado, no muevas tu cuerpo o tus miembros inútilmente. Golpear con el pie, agitar las manos o alisarse el bigote, son costumbres que no van con un *sadhak*. Debes esforzarte en permanecer quieto».

Una *brahmacharini* vino hacia Amma para decirle que había desaparecido una gran cantidad de platos y vasos del ashram. Amma ordenó: «Traed aquí todos los vasos y platos. No olvidéis ni uno solo de ellos. Traedlo todo».

Todos los residentes del ashram habían recibido un plato y un vaso marcados con su nombre, que guardaban en sus cabañas. Amma manifestó: «Hijos míos, es necesario que cuidéis mejor estos objetos. Muchos se han perdido porque la gente los deja en cualquier parte. Cada uno ha recibido un plato y un vaso con su nombre. Ahora también han desaparecido. Cuando alguien pierde su plato, toma el de su vecino, sin pararse a pensar que él también lo necesita. ¿Qué hará si no tiene plato? Finalmente, es Amma la que tiene que zanjar la disputa. ¡Estos hijos son peores que bebés!» Concluyó Amma, riéndose.

Los *brahmacharis* llegaron con sus platos y sus vasos, y Amma puso cara seria.

Amma: «A partir de ahora, nadie debe utilizar el plato de otro. Si habéis perdido el vuestro, tenéis que confesarlo. No mintáis jamás en vuestro propio interés, aunque os cueste la vida. Si por un descuido perdéis nuevamente vuestro plato y otras cosas, Amma ayunará. ¡No lo olvidéis, hijos!»

En pocos minutos, toda la vajilla fue depositada frente a Amma, que se puso a contar. Faltaban muchos.

Amma: «Hijos, ¿no es por descuido vuestro que hayamos perdido tantos platos y vasos? Aquí viene toda clase de personas. Si dejáis vuestras cosas aquí y allá, después de haberlas usado, los que las necesitan se las llevarán. ¿Hay qué culpar a los demás cuando sois vosotros los que les dais la ocasión de hurtar? La culpa es vuestra. Si hubieseis sido más cuidadosos, esos platos no habrían desaparecido. Como ninguno de vosotros es consciente del valor del dinero, la pérdida de esos objetos os deja indiferentes. Amma ha conocido la miseria. Conoce el valor de la más pequeña *paisa*. A veces lo ha pasado mal para poder juntar la suficiente leña para preparar té. Si ella no permite que se pierda absolutamente nada, es porque ha conocido las dificultades de la pobreza. Si ve un trozo de madera, examina su valor y la manera en la que puede ser útil. Pero vosotros, hijos, si encontráis ese trozo de madera en vuestro camino, sólo lo apartáis de un puntapié. O si lo veis abandonado bajo la lluvia, jamás pensáis en recogerlo y secarlo a fin de que sirva para algo. Amma, por el contrario, nunca rechazará un trozo de madera como algo inútil. Hijos míos, ¿tirarías una moneda de cinco *paisas*? No, porque son cinco *paisas*. Pero con cinco *paisas* no se podría comprar ni un pequeño trozo de madera combustible. Sin leña seca, ¿cómo podemos cocinar? Aunque poseyéramos cientos de rupias, seguimos necesitando madera para encender el fuego. Seamos cuidadosos con el valor del más pequeño objeto y el uso que podemos darle. De este modo ya no dejaremos que nada se desperdicie.

Mirad lo que ocurre en los hospitales. No tienen agua pura para las inyecciones. Es necesario comprarla en el exterior y eso cuesta una o dos rupias. Muchos enfermos sufren durante horas porque carecen de ese dinero. Una inyección podría aliviarlos, pero no pueden permitírsela, y se consumen de dolor. ¡Para ellos, dos rupias tienen un valor inmenso! Hijos, Amma ha visto muchos enfermos que se retorcían de dolor por no tener dinero para comprarse un calmante. Deberíais pensar en ellos cuando realizáis la más insignificante de vuestras acciones. Dios mora en todo ser. Los que padecen sufrimientos intolerables también son sus hijos, son vuestros hermanos y hermanas. Al pensar en ellos desarrollaréis un verdadero *shraddha*. Cuando por descuido malgastáis una rupia, acordaos que alguien sufre durante diez horas por vuestra causa. Sois la causa del intolerable dolor de ese desdichado. Vuestro descuido es comparable al de alguien que contamina la reserva de agua potable de toda una comunidad. Vuestro comportamiento hace que Amma piense enseguida en esos enfermos, porque con el dinero que malgastáis, se podrían comprar medicamentos. Y sobre todo, por vuestra negligencia perdéis la oportunidad de hacer que nazca la valiosa joya que mora en vuestro interior».

Amma llamó a la *brahmacharini* que le había hablado de los platos que faltaban.

Amma: «A partir de hoy, eres responsable de la vajilla. Por la mañana, entregarás a los que sirven la comida la cantidad de platos y vasos necesarios y por la noche, asegúrate de recuperar la misma cantidad. Lo que se ha perdido, perdido está. Pero si desaparecen más piezas, tú responderás de ello. La atención que ponemos en cada detalle puede acercarnos a Dios. El *shraddha* con el que realizamos nuestras acciones externas revela el tesoro oculto que se encuentra en nosotros. Mis hijos queridos, cuidad de la más mínima cosa a medida que avanzáis en el camino. Es en la atención a las cosas pequeñas donde Amma sabe lo que es importante».

Amma salió de la cocina y se dirigió al norte del ashram. Al pasar, escupió a un lado y su saliva cayó sobre una espinaca silvestre. Había querido hacerlo junto a las plantas, pero el viento hizo que su saliva cayera en las hojas. Con un vaso de agua, Amma lavó cuidadosamente las hojas. Después se enjuagó las manos sobre la misma planta para aprovechar el agua.

Amma siempre cuida de no desperdiciar el agua. Aunque haya un grifo de agua, emplea un recipiente para lavarse las manos y la cara. Afirma que cuando abrimos un grifo tendemos a utilizar más agua de la necesaria. Toda acción superflua es *adharma* (injusta). También es *adharma* cuando dejamos de realizar una acción necesaria. Si se le pide que defina *dharma*, Amma respondería que consiste en realizar nuestras acciones en el momento oportuno y de la manera apropiada.

El *brahmachari* que acompañaba a Amma reflexionaba en todo ello, apreciando el ejemplo que ella da. Sin embargo, surgió en su mente una duda y pensó: «¿Realmente era necesario que Amma lavara las hojas de una planta por un poco de saliva que había caído en ellas?»

Mientras seguían andando, Amma respondió a la silenciosa pregunta del *brahmachari*, «¡Las plantas también son seres vivos!»

Amma lanzó una mirada a su alrededor y luego entró en el comedor. Algunas *brahmacharinis* limpiaban y cortaban raíces de mandioca para la cena. Se sentó junto a ellas para ayudarlas en el trabajo.

Los brahmacharis y los lazos de familia

Un *brahmachari* inició la conversación: «Han llegado varias cartas de mi casa. No he contestado a ninguna. ¿Debo escribir, Amma?»

Amma: «Hijo, al principio no es necesario escribir cartas a la familia. Si escribes, te contestarán, y tú tendrás que escribir de nuevo. Si realmente quieres escribir, por ejemplo, si tus padres están enfermos, envíales unas cuantas líneas para consolarlos. Confía a tu padre y a tu madre al *Paramatman* y escríbeles con esta actitud interior. De esa forma no te sentirás atado. Cuando recibas carta de tu familia, no la releas varias veces. Una vez captado el contenido, puedes tirarla. Las cartas te traen noticias de tu familia y tus amigos, y al leerlas, no podrás evitar que tu mente se sienta un poco arrastrada hacia ellos. Hijos míos, no olvidéis nunca por qué habéis venido a vivir aquí.

Imaginad que vais a visitar a un enfermo que está en cuidados intensivos y que le contáis detalladamente los sufrimientos de su familia, ¿cuál sería el resultado? Su salud decaería aún más y podría sobrevenirle la muerte. De igual manera, en estos momentos estáis en tratamiento y es necesario tener mucho cuidado. Cuando vuestra mente se haya desarrollado hasta el grado de no desfallecer o sucumbir ante ninguna circunstancia, entonces no habrá ningún problema. Pero mientras tanto, sois como pequeños arbustos que crecen a la sombra de un árbol. Por eso es necesario que observéis ciertas reglas y restricciones.

Si un miembro de vuestra familia no tuviese a nadie que lo cuidara y si su estado de salud fuese delicado, es justo proporcionarle los cuidados y la ayuda que necesita. Ved a Dios en él y servidle. Pero si mantienes tu apego a la familia, ni ellos ni tú obtendréis ningún provecho de tu presencia en el ashram. Si no logras romper ese vínculo, es preferible que te quedes en casa y que te ocupes de tus padres.

Aunque no les hagas una visita, a través de sus cartas recibirás noticias y te pondrán al corriente de sus problemas, y así solo conseguirás que todos tus pensamientos giren en torno a ellos. Las dificultades familiares darán lugar a pensamientos que automáticamente echarán raíces en tu subconsciente. Pero la simpatía que sientes no les sirve de nada. Cuando se consigue llegar a un determinado nivel con la ayuda de las prácticas espirituales, es posible hacer un *sankalpa* (tomar una resolución) que les ayude. Pero en la etapa en la que estás, eso no es posible. Al preocuparte por ellos, sólo consigues perder la fuerza que has adquirido.

Si tu familia te escribe, no les alientes a hacerlo. Una nuez de coco no puede germinar y convertirse en árbol sin desprenderse primero del árbol que le dio la vida. Como resultado de tu apego, te alejas de Dios. Si intentas hacer tu *sadhana* al tiempo que conservas ese apego a tu familia y a tus amigos, no avanzarás. Si hoy practicas tu *sadhana* en soledad, sin dejar que la mente se fije en otra cosa, puedes crear la fuerza para salvar no sólo a tu familia, sino al mundo entero».

Brahmachari: «Pero no podemos dejar de preocuparnos cuando nos enteramos de los problemas que les afligen, ¿verdad?»

Amma: «Hijo, cuando has elegido el camino espiritual, deberías abandonarlo todo completamente a Dios y avanzar. Cuando llenamos un tanque, se llenan de agua las tuberías que están conectadas a él. De igual manera, al amar a Dios amamos al mundo entero, porque él mora en todos.

Si vuestra familia viene de visita, acogedla con una sonrisa, postraos con respeto [38] y habladles con cariño. Eso no supone ningún problema; de hecho, debéis incluso hacerlo por ellos… pero nada más. Tened fe en que Dios velará por ellos y satisfará todas sus necesidades. Después de todo, ¿eres realmente tú el que los protege? ¿Tienes el poder para hacerlo?»

Brahmachari: «¿Por qué es tan importante romper los vínculos familiares?»

Amma: «Hijo, al igual que la tierra atrae todo hacia ella, nuestra familia ejerce en la mente un fuerte poder de atracción. Es la naturaleza específica de los vínculos de sangre. Un *sadhak* debe ser capaz de considerar a todos los seres de igual manera. Sólo podremos conocer nuestra verdadera naturaleza si abandonamos todos nuestros apegos. El que nos vincula a 'mi' padre, 'mi' madre, 'mi' hermano o 'mi' hermana, está profundamente

---

[38] En la India, es costumbre que los jóvenes se postren ante los ancianos de la familia y les toquen los pies.

grabado en nosotros. Si no lo destruimos, nos será imposible crecer y beneficiarnos de nuestra *sadhana*. Si os ponéis a remar mientras el barco está aún amarrado al muelle, nunca alcanzaréis la otra orilla».

Brahmachari: «Amma, yo no escribo a nadie. Sólo desearía saber lo que conviene hacer».

Amma: «Si las circunstancias te obligan a ello, escribe no más de dos o tres frases. Pon cuidado y habla de cosas espirituales. Al menos, al leer tu carta, se purificará un poco su mente. Alguien que sigue el camino espiritual puede tener una gran repercusión en los miembros de su familia y en su manera de pensar. Escribe siempre cosas positivas. Algunos miembros de la familia del *brahmachari* Ramakrishna ahora se muestran favorables a su presencia aquí. Los contactos que han tenido con él han facilitado que se abrieran a la idea de que la espiritualidad es necesaria en la vida».

Brahmachari: «Dices que ni siquiera deberíamos pensar que es nuestra familia. Pero ¿cómo podemos servirlos sin tener esta actitud? ¿Acaso no sale todo mejor cuando lo hacemos pensando en que es algo 'nuestro'?»

Amma: «El servicio de un ser espiritual es también su *sadhana*. Su objetivo es liberarse de todas las ataduras y, por tanto, aspira a una libertad total. Él sirve a los demás para purificar su mente y vivir desapegado, y de este modo alcanzar la Meta Suprema. Al amar a Dios y abandonarse a Él, es posible realizarlo todo con perfección, sin tener el sentimiento de algo 'nuestro'. Nuestra actitud debería ser la de esforzarnos y aceptar que el resultado sea conforme a la voluntad de Dios. Si estamos apegados, hasta el mismo hecho de servir se convierte en una atadura.

Tenemos que servir a los demás sin esperar nada a cambio. Si alguien nos arroja espinas, deberíamos ser capaces de devolverle flores. Si nos sirven veneno, sirvámosles *payasam*. Ésa debería ser nuestra disposición. Para desarrollarla, servimos al mundo.

Cuando servimos a otro, deberíamos considerar que servimos a Dios. Cada una de nuestras acciones debería ser una manera de adorar a Dios. Así, toda acción se convertirá en un mantra divino».

Brahmachari: «¿Qué hay de malo en servir a la familia de esta manera?»

Amma: «Cuando hayáis desarrollado esta actitud mental, ya no será problema. Pero aún estáis apegados a vuestra familia. Por lo tanto, os resultará difícil considerar lo que hacéis por ellos como una manera de servir a Dios. Al principio, os costará tener contacto con vuestra familia sin experimentar cierto apego, sin la libertad con la que actuáis al hacerlo con los demás. Es natural sentirse apegado al hogar y a la familia. Para vencer ese sentimiento hace falta mucha práctica. Por eso se recomienda que el buscador se separe de su familia. Cuando ha desarrollado el verdadero amor y apego a Dios, ya no podrá mantener vínculos con nada más. Para que la semilla germine, necesita enterrarse completamente y romper la cáscara que la envuelve. Un *sadhak* debe romper su identificación con el cuerpo y abandonar la idea de 'mi padre', y de 'mi madre'. Debe ver a Dios en todos».

Mientras se levantaba, Amma recogió las peladuras de mandioca y pidió que las añadieran al agua de beber para las vacas. Bendecidos por el néctar de sus palabras, los *brahmacharis* se levantaron también para ir a trabajar.

Domingo, 15 de junio de 1986

Amma se hallaba en la cabaña con algunos devotos. Como había llovido toda la mañana, no había demasiada gente.

Amma (*riéndose*): «Los hijos del ashram dicen que tenemos que modificar lo que está escrito en el Bhagavad Gita. El Señor dijo: 'Estoy aquí para los que se refugian en mí, renunciando a todo'. Dicen que aquí ocurre justamente lo contrario y que Amma ama a los devotos casados más que a los renunciantes. Pero

¿necesita luz una lámpara encendida? Los que están en tinieblas son los que la necesitan. ¿Quién necesita agua fresca, sino aquel que viene agotado por la canícula? Amma dice a los hijos que viven aquí: 'Los padres de familia sufren en el calor tórrido, intolerable, del desierto de la vida en el mundo, mientras que vosotros aquí, disfrutáis constantemente de la frescura. Con Amma cerca, acudís a ella ante cualquier problema. Para ellos es distinto. En medio de todas sus ocupaciones, se las arreglan para encontrar tiempo y venir a ver a Amma. Si ella no les presta la suficiente atención cuando vienen, se derrumban. Mientras que vosotros, al venir aquí, habéis renunciado a la vida en el mundo para realizar el Ser, ellos deben ocuparse de su hogar, de sus hijos y de su trabajo. Están cargados de responsabilidades y, no obstante, en medio de todo ello, buscan la espiritualidad. No les es posible romper esos vínculos de forma inmediata. Sólo una *sadhana* constante les ayudará a desarrollar el desapego necesario. Deben caminar en medio de las llamas sin quemarse, así es la vida de un padre de familia. Descalzos, tienen que andar sobre espinas sin lastimarse. El calzado simboliza la ruptura de vínculos que nos encadenan a este mundo. Por lo tanto es nuestro deber consolarlos. Cuando los hijos escuchan esto, se quedan callados», concluyó Amma, riéndose.

Un joven llamado Sudhir estaba sentado cerca de Amma. Cinco años antes, había aprobado una maestría en Ciencias, pero en lugar de buscar empleo, se ocupó de su anciana madre, porque no había nadie que lo hiciera. Se ganaba la vida dando clases a los niños del vecindario. Al morir su madre, se volvió a la vida espiritual, dedicando su tiempo al servicio de los demás y a la *sadhana*. Pero muy pronto se dio cuenta de que le era imposible continuar sin un *gurú* que le guiara. Empezó incluso a sentir cierta aversión hacia las prácticas espirituales. Al mismo tiempo, su interés por las cosas de este mundo disminuía.

Sudhir se hallaba en plena agitación interior cuando llegó al ashram para encontrarse con Amma por primera vez, tres días antes. Le pidió permiso para quedarse un tiempo en el ashram y ella se lo concedió. El segundo día, su tristeza había desaparecido. Participaba con mucho entusiasmo y *shraddha* en el trabajo del ashram. Además, cantaba bien y ya había aprendido algunos *kirtans*.

Sudhir: «Amma, ¿el servicio desinteresado es sólo posible para el que cree en Dios?»

Amma: «Hijo, sólo el que tiene fe en Dios puede realmente servir a los demás de manera desinteresada. Pero si un no creyente es capaz de servir de manera verdaderamente desinteresada y perdonar a los demás sus errores e imperfecciones, poco importa que tenga fe o no. Los que son capaces de servir así sin tener fe merecen nuestro más profundo respeto»

Sudhir: «¿Cuál es el propósito de la meditación?»

La Madre: «Nuestras mentes son impuras por la diversidad de pensamientos que surgen constantemente. La meditación los lleva hacia un punto único de concentración.

«Somos como agua pura que se convierte en impura al pasar por un desagüe. El agua en la alcantarilla necesita ser purificada a través del contacto con un río, y esto es lo que hace la sadhana. Aunque nosotros somos, en realidad, el incontaminado Atman; sin embargo, a causa de nuestro contacto con lo material, con el mundo físico, tenemos en nuestro interior vasanas impuros. Necesitamos purificar nuestras mentes mediante el discernimiento entre lo eterno y lo efímero, y a través de la meditación. A medida que nos purificamos gracias a la meditación, crece nuestra fuerza.»

La Madre le pidió a Sudhir que cantara una canción. Él se puso a cantar:

Karunya murte, Kayampu varna

Oh Morada de Compasión,
Tú, el Único, el de tez oscura,
dígnate abrir tus ojos.
Oh, Destructor de todo dolor,
elimina, por favor, mi sufrimiento.

Oh, Luminoso,
Con ojos como pétalos de rojos lotos,
Tú eres mi refugio en este mundo.
Oh Krishna, te adoraré siempre
Con las flores de mis lágrimas.

Oh Gopala, Encantador de la mente,
camino a tientas por la oscuridad.
Oh Shridhara, que impregnas todos los catorce mundos,
abre tus ojos y elimina mi sufrimiento.

Una joven estaba meditando junto a la Madre. Refiriéndose a ella, la Madre dijo: «Esta hija también quiere venir a vivir al ashram. No desea volver a casa, aunque está casada. Ha sido devuelta a la casa de sus padres, y la familia de su marido no permite que vea a su propio hijo. Ahora ya no desea a su esposo ni a su hijo. Amma le ha pedido que espere un poco, ya que su desapego actual procede de un desengaño, y no de una verdadera comprensión. Ella necesita sentir el desapego que procede de una auténtica comprensión de los principios espirituales, pues de otro modo no sería capaz de resistir la vida del ashram.»

Un devoto pone a Devi a prueba

Se oyó el toque de campana para comer. Después de haber dado su *darshan* a los pocos devotos que quedaban, Amma se dirigió al comedor acompañada de éstos. Ella misma les sirvió la comida y se quedó allí hasta que casi todos acabaron de comer. A continuación se fue, pero de repente, después de unos cuantos pasos, se dio media vuelta. Fue hacia un hombre que seguía sentado frente a su plato, tomó una bolita de arroz que él había apartado y se la comió. El hombre se sintió inundado de emoción. Decía: «Kali, Kali, Kali…» al tiempo que las lágrimas le rodaban por las mejillas. Amma se sentó a su lado y le acarició dulcemente la cabeza y la espalda. Después se levantó y se fue a su habitación.

Para este hombre, el inusual comportamiento de Amma tenía un profundo significado. Había venido de Calcuta a Cochín por negocios, y allí un amigo le había hablado de Amma. Como muchos bengalíes, adoraba a la Madre Divina y la descripción que su amigo había hecho del *Devi Bhava* había despertado su curiosidad. Así pues, decidió ir a ver a Amma antes de regresar a Calcuta. Acompañado de su amigo, llegó al ashram por la mañana y había recibido el *darshan* en la cabaña. Más tarde, mientras Amma servía la comida, él hacía una bolita de arroz en su plato que luego apartó, pensando: «Si ella es realmente Kali, tomará la bolita de arroz y se la comerá. Si se la come, me quedaré al *Devi bhava* esta noche. De lo contrario, me iré después de comer». Cuando Amma salía del comedor después de haber servido la comida, su corazón se entristeció y le invadió un sentimiento de angustia. Pero cuando ella apareció de nuevo poco después y vino a comerse la bolita que había preparado para Kali, perdió el control de sí mismo. Las nubes acumuladas en él estallaron en forma de lágrimas. Se quedó al *Devi bhava*, mientras que el amigo se fue del ashram por la tarde.

Instrucciones destinadas a los discípulos

Aquella tarde llovía. A las cuatro, Amma fue al almacén y se puso a limpiar con la ayuda de algunos *brahmacharis*. Afuera, bajo la lluvia, Nilakantan y Kunjumon construían una barricada al norte del ashram.

«¡No os quedéis bajo la lluvia, hijos!» les gritó Amma.

«¡No pasa nada, Amma, casi hemos acabado el trabajo!» contestaron ellos, y siguieron trabajando más deprisa.

Al verlos, Amma declaró: «Puesto que hacéis este trabajo por Amma y ponéis en ello tanta alegría, sinceridad y dedicación, no pillaréis un resfriado. Pero no ocurre lo mismo con algunos que trabajan para otro sin entusiasmo».

Algunos *brahmacharis*, que se habían quedado bajo techo, se miraban unos a otros con cierta vergüenza.

La *brahmacharini* encargada de proveer leña para la cocina había descuidado su obligación. Una de las residentes vino a quejarse a Amma de que no podía cocinar por falta de leña.

Amma: «El otro día Amma le recordó a esta hija que hacía falta leña, pero a pesar de ello no la trajo. ¿Dónde están su respeto y su devoción? Amma no quiere decir que todo el mundo debería respetarla, reverenciarla. Pero para construir una barca hace falta calentar la madera para poder curvarla. Sin ello, la barca no tomará forma. Del mismo modo, mejoramos al 'curvarnos' por deferencia, que es una mezcla de temor y devoción hacia el *gurú*. De lo contrario, sólo el ego crece y no hacemos ningún progreso espiritual. La humildad y la obediencia son esenciales en el desarrollo de un *sadhak*».

Cuando Amma terminó de reprender a la *brahmacharini*, otra residente empezó a quejarse de ella.

Amma: «Hija, esta hija ha sido desobediente, pero no nos ensañemos en su contra. No discutamos, ni critiquemos jamás a una persona por hostilidad, sino únicamente con el propósito de ayudarla a progresar. Si lo hacemos impulsados por la ira o la envidia, cometemos un error mucho más grave que el suyo y eso sólo hará que nuestra mente se vuelva aún más impura. Un *sadhak* no debería jamás actuar así. Un aspecto importante de la *sadhana* consiste en ver sólo lo bueno en los demás, pues sólo así desaparecerá la negatividad que hay en nosotros.

Si señalamos a alguien sus faltas con amor, pensando sólo en su progreso, le estamos ayudando a salir de su error. Pero si denigramos a otro por el placer de criticar, eso sólo contaminará nuestra mente y reforzará la hostilidad de la otra persona, alentándola a cometer nuevas faltas. Hijos míos, ¡no veáis los defectos de los demás! Si os hablan de los defectos de alguien, haced hincapié en sus cualidades, sin extenderse en sus imperfecciones. Decid a vuestro interlocutor: 'Tú ves sus defectos, pero ¿no te has fijado que tiene tales o cuales virtudes?' Automáticamente dejará de criticar y no volverá a acercarse a vosotros para hablar mal de nadie. De esta forma podemos mejorar y también ayudar al murmurador a liberarse de esta costumbre. Las carnicerías y los bares funcionan gracias a su clientela, ¿verdad? Los murmuradores cambiarán de manera de ser si nadie los escucha».

Era la hora de los *bhajans*. Amma entró en el templo y los cantos dieron comienzo. Durante los *bhajans* se desató una tormenta y empezó a llover a cántaros. Los truenos parecían tambores que acompañaban la danza *tandava* (la danza de la destrucción) del dios Shiva.

Miércoles, 18 de junio de 1986

La Madre que quiere ver llorar a sus hijos

Eran las once. Amma estaba en la sala de meditación con los *brahmacharis*. Les reprochaba que no prestaran atención a su *sadhana*. Concluyó diciendo:

«Hijos míos queridos, ¡clamad a Dios con lágrimas! Amma no os reprende enfadada. Su corazón está lleno de amor por vosotros, pero si ella sólo os muestra amor, no creceréis. Además, cuando Amma os reprende, vuestra culpa se transfiere a ella. Hijos míos, no os apeguéis al amor externo. Los que viven en el mundo tienen que dar muestras de su amor, porque sólo así lo percibirán los demás. En el mundo, la paz interior de cada uno depende del amor externo; sin este amor no hay paz, la discordia reina inevitablemente. En la vida espiritual ocurre lo contrario, encontramos la felicidad en nosotros mismos.

Si estáis apegados a la idea de buscar solamente el amor externo, no llegaréis a descubrir en vuestro interior la esencia divina. Sólo al encontrarla obtendréis la verdadera satisfacción. Si poseéis vuestra propia casa, sois libres. De otro modo, si no pagáis puntualmente el alquiler, la propietaria y su gente vendrán a importunaros. La felicidad de Amma es ver que encontráis la felicidad en vosotros mismos. Amma se entristece cuando ve que dependéis de sus manifestaciones de amor y otras cosas externas, porque si dependéis de eso, sufriréis en el futuro.

Si Amma os muestra demasiado amor, eso producirá un problema: en lugar de buscar en el interior, sólo os concentraréis en esta Madre externa. Pero si Amma se muestra un poco enfadada, miraréis en vuestro interior pensando: Señor, ¿qué es lo que he hecho mal? ¡Dame fuerza para actuar según los deseos de Amma!'. De este modo, os volvéis hacia vuestro Ser interno. Amma escucha a millares de personas que cuentan sus desgracias; sufren porque les ha fallado el amor externo. Nadie ama a los demás más que a sí mismo.

Además, Amma tiene millones de hijos. Si sólo dependéis de su amor externo, sentiréis celos cada vez que ella muestre su afecto a otros. La Amma externa que ahora veis es como el reflejo de una flor en un recipiente lleno de agua. Es imposible apropiársela, porque es sólo un reflejo. Para realizar la Verdad, necesitáis buscar lo verdadero. No basta refugiarse en un reflejo: vuestro refugio debe estar en lo que es verdadero. Si amáis a Amma, amadla siendo conscientes del principio real. Cuando hayáis entendido plenamente este principio, vuestra mente no se apegará a nada externo. Por lo tanto, hijos míos, mientras estéis bajo la protección de Amma, intentad buscar en el interior. Sólo así alcanzaréis la felicidad eterna.

Amma está triste porque sus hijos no se esfuerzan lo suficiente para concentrar su mente. Clamad a Dios con lágrimas. Sólo si lloráis por él obtendréis la concentración. Nada es posible sin la devoción a Dios. Un verdadero devoto ni siquiera desea la liberación. La devoción es superior a la liberación. Un devoto está siempre inmerso en la felicidad que le proporciona su amor a Dios. Por lo tanto, ¿para qué necesita la liberación? El devoto experimenta una felicidad constante en este mundo, ¿para qué querría pensar en otro mundo?»

Amma mostró la punta de uno de sus dedos. «Comparado con *bhakti,* la liberación (*mukti*) no es más que esto».

Un *brahmachari* había colocado un vaso de café frente a Amma. Ella bebió un sorbo, tomó el vaso y vertió un poco en la boca de cada uno de los presentes. Mientras lo hacía, murmuraba al oído de cada uno: «Hijo mío, ¡clama a Dios con lágrimas! ¡Llora por Dios, hijo mío!»

Después de darles a todos café como *prasad,* Amma se sentó de nuevo y dio instrucciones sobre la forma de meditar. «Hijos míos, rezad con el corazón dolorido. Atad vuestra mente al *Paramatman* para no dejarla vagar. Rezad: '¡Oh, Ser supremo, elimina la capa de impureza que nubla mi espejo interior! ¡Concédeme ver claramente mi verdadero rostro!' Cuando la mente vaga, haced que vuelva y atadla de nuevo a los sagrados pies de vuestra divinidad predilecta».

Los *brahmacharis* empezaron a meditar. Los consejos de Amma resonaban aún en su espíritu, facilitando la meditación. Su mente se quedó quieta, porque sólo tenían que saborear con sus ojos internos la forma de la esencia divina cuya encarnación acababan de contemplar con sus ojos de carne.

Miércoles, 25 de junio de 1986

Un desapego pasajero

Un mes antes, un joven había venido al ashram, impulsado por el deseo de vivir allí. Amma no se lo había permitido. Pero en vista de su insistencia, ella le manifestó: «Hijo, la vida espiritual no es tan simple. Es difícil perseverar sin el discernimiento y desapego necesarios. Sólo lo consiguen los que, en cualquier circunstancia, nunca pierden de vista el objetivo. Hijo, en el fondo de tu corazón, aún estás apegado a tu familia, y por esa razón Amma no sabe cuánto tiempo podrás permanecer aquí. Pero si tu deseo es tan intenso, haz la prueba, hijo, Amma no se opone a ello».

Así pues, el joven empezó a vivir en el ashram. A todos les encantó su manera de respetar las reglas del ashram y el intenso desapego con el que realizaba su *sadhana*. Un *brahmachari* le mencionó un día a Amma esta actitud, a lo que ella replicó: «Cuando plantamos un esqueje, aparecen algunas hojas. Esto no significa necesariamente que el árbol haya echado raíces, ya que estas hojas caerán muy pronto. Observa y ve si después brotan hojas nuevas. Si así ocurre, puedes pensar que la planta ha empezado a crecer. Esas hojas sólo brotan cuando la planta ya ha echado raíces».

Poco después, vinieron un día al ashram el padre y el hermano del joven. El padre le manifestó: «Hijo, tu madre está muy triste desde que te has ido. Apenas come, y habla constantemente de ti».

Los ojos del joven se llenaron de lágrimas y le preguntó a Amma: «¿Puedo volver a casa, sólo una vez, para ver a mi madre?»

«Como desees», le respondió Amma. Luego, al igual que un médico suministra un poco de medicina a un enfermo que se niega a permanecer en el hospital, añadió: «Haz también un poco de *japa* en tu casa, hijo».

Hoy, una semana más tarde, el joven aún no ha vuelto. Un *brahmachari* que estaba sentado junto a Amma le preguntó: «¿Por qué tanta gente pierde su desapego inicial?»

Amma: «La mayoría de la gente empieza por un impulso de entusiasmo. Experimentan en el punto de partida cierto desapego, pero el secreto del éxito está en conservarlo. Cuando el entusiasmo inicial se disipa, los *vasanas* latentes, residuos de numerosas vidas pasadas, empiezan a levantar la cabeza una a una. La atención del *sadhak* se vuelve hacia lo externo. Trascender los *vasanas* requiere un esfuerzo intenso y un gran sacrificio. Muchos se desalientan cuando encuentran más dificultades de las que esperaban. Además, es corriente que el progreso en su *sadhana* se debilite, lo cual les produce decepción. Pero los que poseen *lakshya bodha* (consciencia del objetivo) no abandonan nunca. Vuelven a intentarlo sin cansarse, ignorando los obstáculos y los fracasos. Sólo los que tienen una profunda consciencia del objetivo son capaces de conservar su desapego».

Amma se levantó y se dirigió a las proximidades de la cocina; observó a un extranjero que intentaba lavarse la ropa. Como no estaba acostumbrado a lavar a mano, primero intentó hacerlo frotando un jabón entero en la ropa sobre el lavadero de piedra. Amma lo estuvo observando unos momentos antes de ir hacia él y enseñarle a hacerlo. Un *brahmachari* traducía al inglés los consejos de Amma. Desde luego, el visitante estaba encantado de que Amma misma le enseñara a lavarse la ropa.

Amma se dirigió después a la cabaña dedicada al *darshan*. En el camino, observó a un *brahmachari* que llevaba ropas color ocre.

Amma: «Hijo, no deberías llevar eso. No estás preparado todavía. Muestra respeto por el color ocre cada vez que lo veas, pero no lo lleves. ¡El color ocre significa que el cuerpo ha sido consumido por el fuego![39] Cuando veas este color, recuerda el linaje de los *rishis*. Cuando honramos a una persona vestida de color ocre, estamos honrando a este linaje».

Un devoto occidental escuchaba la conversación. Cuando supo por un *brahmachari* que Amma hablaba de la vestimenta ocre, le preguntó si él también podía ser iniciado y llevar este color. En respuesta, Amma sólo le sonrió. Pero él volvió a hacer la pregunta en un tono completamente en serio.

Amma: «Hijo, no es la clase de ropa que uno compra en una tienda. Primero tienes que alcanzar la madurez necesaria».

Pero el devoto no estaba del todo satisfecho. «Si otros lo llevan, ¿por qué yo no?»

Amma: «Hijo, ¿se vuelve uno mujer por usar ropa femenina? ¿Se transforma una mujer en hombre por el hecho de vestir como hombre? Nadie se convierte en *sannyasi* envolviéndose en un trozo de tela ocre. Lo primero que se requiere es sumergir la mente en el color ocre. Cuando lo hayas hecho, Amma te dará ropa color ocre».

El devoto guardó silencio al no tener nada que responder.

Brahmachari: «Hay algunos que abandonan su hogar después de una pelea, y cuando tienen hambre, se visten de ocre sólo para conseguir comida. Otros se visten de ocre por desesperación, cuando su mujer los abandona. El sentimiento de desapego es bueno, pero es necesario comprender su verdadero objetivo; de lo contrario, no sirve de nada vestirse de ocre. Hoy en día es difícil encontrar verdaderos *sannyasis*. Hace falta informarse para saber si han sido iniciados en una *gurukula*, según los ritos tradicionales.

---

[39] Se refiere a quemar la consciencia del cuerpo en el fuego del conocimiento.

175

Los verdaderos *gurús* no la conceden a cualquiera; examinan la madurez de la persona».

Querer aprobar sin estudiar

Amma entró en la cabaña y todos se postraron antes de sentarse. Una familia de devotos había venido de Pattambi. Rajendran, el marido, era maestro, y Sarojam, su mujer, era costurera. Tenían dos hijos, un chico en octavo grado y una chica en tercero.

Rajendran: «¡Amma, nuestra hija no estudia nada!»

Sarojam: «¡Dice que no necesita esforzarse porque Amma la ayudará a aprobar el examen para pasar al grado superior!»

Amma: «Hija mía, si no aprendes nada, ¿no crees que todos le echarán la culpa a Amma? ¿Cómo puedes pasar al siguiente grado si no estudias?»

Con su voz graciosa e inocente, la pequeña dijo: «¡Pero mi hermano pasó sin haber estudiado!»

Todo el mundo se echó a reír.

Amma: «¿Quién te lo ha dicho?»

Pequeña: «Él mismo me lo dijo».

Sarojam: «Amma, así contesta cada vez que le decimos que estudie. Dice que cuando su hermano empezó a hacer sus exámenes, apareciste tú. Te acercaste a él, te sentaste a su lado y le diste las respuestas. Cuando volvió a casa, declaró: 'No he estudiado en absoluto. Amma me lo dijo todo'».

Rajendran: «Él ha dicho la verdad, Amma. No estudia nunca; se pasa el tiempo jugando. Pero ha tenido muy buenas notas en los exámenes. Los profesores se quedaron sorprendidos de sus resultados».

Sarojam: «Ahora la pequeña dice que Amma hará que apruebe ella también». Amma se rió y besó afectuosamente a la pequeña.

«Hija, si no te esfuerzas, Amma ya no te hablará. ¡Prométeme que estudiarás!»

La niña lo prometió, y Amma le dio una manzana que sacó de una cesta que tenía cerca. El hermoso rostro de la niña irradiaba alegría.

La espiritualidad y el mundo

Damodara Menon, un fiel devoto, vino a postrarse ante Amma.

Amma: «¡Mira quién está aquí! ¡Mi hijo Damu!» El señor Menon sonrió y puso la cabeza entre las manos de Amma.

Amma: «¿Has estado viajando estos días, hijo?»

Damu: «He estado de viaje, Amma. Acabo de regresar de Bangalore. Ni siquiera he pasado por mi casa, bajé del tren en Kayamkulam, deseando ante todo ver a Amma».

Amma: «¿Están bien los niños, hijo?»

Damu: «Por la gracia de Amma, no hay problemas en casa. Pero me preocupa uno de mis amigos que acabo de ver de nuevo».

Amma: «¿Por qué, hijo?»

Damu: «Lo he visto en Bangalore. En otro tiempo éramos colegas. Un día se fue de su casa, abandonó su trabajo para convertirse en *sannyasi*. Cuando volvió, hace cinco años, llevaba la túnica ocre de los *sannyasis*».

Amma: «¿Dónde vive este hijo?»

Damu: «Estaba en Rishikesh, en un ashram. Pero esta vez, cuando he vuelto a verle, había cambiado por completo. La túnica ocre, las rudrakshas, los cabellos largos y la barba, todo había desaparecido. Tenía un aspecto estupendo. Abandonó el estado de *sannyas* hace cuatro años. Se enamoró de una joven que iba a menudo al ashram y se casó con ella. Ahora viven en Bangalore. Tiene un trabajo, pero intuyo que se siente profundamente decepcionado».

Amma: «El que abandona la vida espiritual para volver al mundo cosecha sufrimiento, interior y exterior. La mente que se ha orientado hacia pensamientos espirituales ya no puede encontrar la felicidad en los objetos del mundo; se siente sumergido en la agitación. Las prácticas espirituales crean en torno al cuerpo una aura sutil; ésta es un obstáculo para el disfrute de los placeres físicos. Por compasión, la divinidad predilecta del *sadhak* y los dioses que rodean a esta divinidad le crean una doble medida de sufrimientos y obstáculos, ya que desean su vuelta a la vida espiritual. Esas dificultades no provienen del disgusto de Dios; ¡son su bendición! Si el *sadhak* obtiene riquezas y felicidad, su ego crecerá y cometerá errores. Será necesario que renazca una y otra vez. Para impedirlo, para apartar su mente de este mundo, Dios le envía el sufrimiento.

La mente que ha probado la espiritualidad, aunque sólo sea un poco, ya no puede encontrar la felicidad en las cosas del mundo. Si un hombre se casa con una mujer que no es la que ama de verdad, será desdichado con ella, porque su mente irá hacia la que ama. De igual manera, la mente que se ha vuelto a la espiritualidad ya no puede satisfacerse en el reino de la materia.

Y puesto que el matrimonio ya se ha celebrado, tu amigo debería asegurarse de continuar con su *sadhana*. El que sigue correctamente el *dharma* de un padre de familia puede llevar una vida llena de sentido. Al efectuar con constancia las prácticas espirituales, es posible probar desde esta vida la felicidad espiritual. Cuando nace el verdadero amor a Dios, la mente se retira de los placeres físicos; los deseos disminuyen, lo cual engendra automáticamente la paz interior. El deseo es sinónimo de sufrimiento y dolor. No hay humo sin fuego, no hay deseo sin sufrimiento. Pero es imposible vivir sin deseos. Volvamos pues todos nuestros deseos hacia Dios.

Al realizar una *sadhana* de forma regular, es posible vivir plenamente y en perfecta armonía los aspectos espirituales y profanos de la vida. El medio de conseguirlo es realizar toda acción acordándose de que el objetivo de la vida es obtener la liberación. Es así como uno se salva. Sin embargo, el *Sannyasa* posee una especial grandeza. Un *sannyasi* puede contemplar a Dios y saborear la felicidad sin tener que llevar la carga de preocupaciones relacionadas con el mundo. Aun si realiza acciones en forma de servicio, no lo sentirá como carga, porque no está apegado a la acción.

Un día, un *sannyasi* iba andando por un camino cuando un hombre se acercó para preguntarle: 'Swami, ¿qué es *sannyasa*?' El *sannyasi* ni siquiera se volvió para mirarlo, sin embargo, el hombre repitió varias veces su pregunta. El *sannyasi* se detuvo de repente, soltó el bulto que llevaba y continuó su camino. No había andado ni diez pasos cuando el hombre volvió a preguntarle: '¿Qué es *sannyasa*?' El swami se volvió a él y dijo: '¿No has visto que he soltado mi carga? *Sannyasa* significa abandonar la noción del 'mí' y 'mío', desprenderse de todo lo que se posee'.

El *sannyasi* reanudó su camino, pero el hombre siguió detrás de él, preguntando: '¿Qué se hace después?' El *sannyasi* dio media vuelta y volvió hacia el bulto. Lo tomó de nuevo en sus hombros y avanzó. El hombre tampoco entendió el sentido de este gesto, y repitió su pregunta. Sin dejar de avanzar, el *sannyasi* dijo: '¿Has visto eso? Así es como se lleva la carga del mundo. Pero sólo cuando se renuncia a todo puede uno ponerse el mundo a las espaldas'.

«Si cuidas de un animal salvaje, necesitas vigilarlo muy de cerca para estar seguro de que no se escape. Si lo dejas en libertad, debes seguirlo a todas partes, ya que de lo contrario podría huir. Cuando le das de comer, tienes que permanecer cerca de él hasta que haya terminado su comida. Nunca tienes un instante de descanso. Pero el guardián de un jardín sólo tiene que permanecer a la entrada y asegurarse de que nadie robe las flores. También se beneficia del perfume de las flores. De igual manera, si corres tras los placeres del mundo, tu mente te creará constantes molestias. Nunca estarás tranquilo. Por el contrario, la espiritualidad te permite disfrutar de la belleza y el perfume de la vida. En ella no hay agitación ni molestias. Aunque tu *prarabdha* te conduzca al sufrimiento, no lo experimentarás como tal, gracias al abandono que has hecho de ti mismo. Este sufrimiento en sí es una forma de gracia divina; Dios te tiende su mano para elevarte a un estado de paz».

Cautivados, todos escuchaban atentamente la descripción detallada que Amma hacía sobre la naturaleza de la vida espiritual y de la vida laica. Cuando se levantaron, los rostros irradiaban una nueva comprensión sobre la manera de llevar sus vidas.

Sábado, 28 de junio de 1986

¿Era Krishna un ladrón?

Amma estaba en una de las cabañas, hablando con uno de los *brahmacharis*, un devoto de Krishna.

Amma: «¡Tu Krishna es un gran ladrón! ¿No es verdad que cuando robó la mantequilla fue cuando hizo su aparición el robo en este mundo? ¡Piensa en lo que él ha cometido!»

El *brahmachari* no pudo soportar las palabras de Amma. Las lágrimas le rodaban por las mejillas mientras protestaba: «¡Krishna no es así en absoluto, Amma!»

Siguió llorando como un niño. Amma secó sus lágrimas diciendo: «¡Qué infantil eres! Amma sólo quería poner a prueba tu amor a Dios. Krishna no era un ladrón. Era la encarnación de la honradez. Si robaba mantequilla y se dedicaba a hacer travesuras, era para darles alegría a otros. Al robar la mantequilla, él les robaba el corazón. Sólo él, el Señor Krishna, era capaz de ello. Jamás actuó en su propio interés. No robaba la mantequilla para sí mismo, sino para los pobres pastorcillos, sus compañeros de juego. Y así, consiguió atar el corazón de las gopis a Dios. Antes, la mente de las *gopis* estaba apegada a su trabajo. Ellas se dedicaban a ganarse la vida vendiendo leche, mantequilla y yogur. Al robar esos productos, el Señor liberó su mente de este apego e hizo que se concentraran en Él. Les robaba mantequilla, pero no se la comía Él. Se la daba a los pastorcillos cuando tenían hambre mientras cuidaban de las vacas. Con esto mataba dos pájaros de un tiro: alimentaba a sus compañeros hambrientos y liberaba a las *gopis* de su cautiverio.

El Señor era un verdadero revolucionario. Los revolucionarios de la época moderna quieren robar a los ricos para dar a los pobres. Pero para conseguirlo, pretenden eliminar un grupo social. Es la manera materialista. La manera espiritual es diferente. Krishna mostró cómo salvar al mundo, ricos o pobres, buenos o malos. Hoy en día la gente dice que hace falta matar a los perros rabiosos. Pero el Señor nos aconseja transformar la mente rabiosa. Ese es su modelo de revolución. La solución no consiste en matar, sino en transformar y elevar la mente de la persona. Debe producirse un cambio en el individuo para que la mente limitada y egoísta se ensanche hasta abarcar la totalidad, llena de amor y de compasión. Es lo que Krishna nos enseñó.

Tampoco el matrimonio de Krishna fue elección suya. Aceptó casarse para hacer felices a los que le eran queridos. Su objetivo era hacer disfrutar a todos la felicidad del Ser y para conseguirlo, empleó métodos completamente diferentes. Una mente corriente es totalmente incapaz de comprenderlo. Sólo la mente sutil, en estado contemplativo, puede captar una parcela del sentido profundo de su vida.

Ahora, ¡canta un *kirtan*, hijo!»

El rostro del *brahmachari* se iluminó con una sonrisa, y mientras cantaba, el amor que anidaba en su corazón desplegó sus alas.

Nilanjana miri nirada varna

Oh tú, que tienes el color de las nubes de lluvia,
Tú, el de los ojos azules realzados por el colirio,
Tú eres mi único refugio, para toda la eternidad.
Ésta es la verdad, oh Kanna,
Porque no hay nadie sino tú para protegerme.

Oh hermoso Krishna de tez oscura,
Juega como un niño que roba nuestros corazones,
Tú, que atraes el sonido de la tambura del sabio Narada,
Oh Krishna, eternamente radiante,
Tú que bailas con la música de los cantos devocionales.
Tú que destruyes toda avidez,
Tú, el testigo eterno,
Concédeme verte con claridad.

Oh tú, que concedes la liberación,
Tú, que nos encantas con tu maya,
Tú, a cuyos pies de loto sirve la humanidad,
Oh Señor Krishna,
Líbérame de la existencia encadenada a este mundo.

Mientras cantaba, otros *brahmacharis* llegaron con un armonio, una ganjira, *kaimanis* y otros instrumentos musicales. La cabaña se llenó enseguida, otros se sentaron afuera; todos cantaron a coro los versos del *kirtan*.

Amma no llegó a terminar el canto. Sus ojos se inundaron de lágrimas; los cerró lentamente y permaneció inmóvil, formando un *mudra* con la mano. Emanaban de ella oleadas de una fuerza inconmensurable, manifestación del estado divino en el que se había sumergido. Estas oleadas venían a despertar los corazones de los presentes. Al cabo de un momento, abrió los ojos, y luego volvió a cerrarlos. Parecía luchar para salir de su éxtasis y bajar de nuevo a nuestro plano de consciencia. Ya había ocurrido una vez que Amma entraba en *samadhi* durante los *bhajans* y no recuperaba la consciencia ordinaria hasta después de varias horas. Entonces había manifestado: «Si eso ocurre, hijos, cantad *kirtans*; de lo contrario, Amma podría quedarse así durante meses, o podría convertirse en un *avadhut (un ser iluminado pero que no guía a los humanos y no baja a su nivel. Para el resto de la sociedad, esos seres parecen locos)*».

Acordándose de este incidente, los *brahmacharis* siguieron cantando *kirtans* para que Amma saliera de su *bhava*. Tardo un buen rato en recuperar completamente la consciencia de lo que la rodeaba.

Bhava darshan

Aquella noche un devoto de Madrás, Subrahmanian, se sentó junto a Amma. Le pidió que explicara el sentido del *Bhava darshan*. Amma: «Hijo, la gente vive en un mundo de nombres y formas. Para guiarlos a la verdad, Amma desempeña ese papel. Sin la mente, el mundo no existe. Mientras tengáis mente, los nombres y las formas tendrá existencia. Cuando la mente se disuelve, no queda nada. Los que han alcanzado ese estado no necesitan rezar ni hacer *japa*. En ese estado no existe sueño ni vigilia: no se percibe ninguna existencia objetiva, sólo una tranquilidad, una felicidad y una paz perfectas. Pero para conseguirlo, es preciso avanzar, y por lo tanto hacen falta métodos como el *Bhava darshan*».

Subrahmanian: «Algunos critican a Amma porque abraza a sus hijos».

Amma: «Hijo, pregúntales: '¿A tu edad tienes el valor de abrazar a la madre que te dio la vida? Y aun siendo capaz de hacerlo en casa, ¿lo harías en plena calle?'[40] En realidad, son incapaces de hacerlo por sus inhibiciones. Pero esos sentimientos no existen en Amma.

Una madre experimenta mucho amor, ternura y afecto por su bebé, no siente ningún deseo físico. Amma percibe a cada uno como a su bebé. Es tal vez una forma de locura, y podéis encerrar a Amma si lo deseáis, pero esa es su forma de ser. Si preguntáis por qué Amma abraza a la gente, he aquí la respuesta: el inmenso caudal de compasión que habita en ella se desborda de este modo hacia el exterior. Esta compasión fluye espontáneamente cuando alguien se acerca a ella, como el follaje de los árboles se agita bajo la brisa. Como una fruta que de modo natural es dulce, este caudal de compasión es la naturaleza intrínseca de Amma. ¿Qué puede hacer ella? Para ella, eso es muy real. Una vaca puede ser negra, blanca o roja, pero la leche siempre es blanca. De igual manera, hay un solo Ser, no varios. La pluralidad sólo existe a los ojos de los que se identifican con un alma individual. Eso es todo. Amma no siente esta diferencia, porque no distingue entre hombres y mujeres.

Lo que el mundo de hoy más necesita es el amor desinteresado. La mujer no tiene tiempo para escuchar las preocupaciones de su marido o para consolarlo, y el marido no reconforta a su mujer, ni la escucha cuando necesita confiarle sus angustias. La gente sólo ama por su propia felicidad. Nadie va más allá ni ama al otro hasta el grado de sacrificar su propio bienestar. Nadie está dispuesto a sacrificarse por nadie. En lugar de la actitud 'Yo estoy aquí para ti', lo que se da es la actitud contraria: 'Tú estás allí para mí'. Pero Amma no puede tener esa actitud.

---

[40] En la India no es habitual que la gente se abrace en público.

La gente que analiza esto en su nivel de consciencia tal vez lo encuentra extraño, pero no es culpa de Amma. Un vaquero considera la hierba como alimento para el ganado; un sanador que se pasea reconoce en ella una planta medicinal. Cada uno ve las cosas en función de su *samskara*.

Un *gurú* y un discípulo partieron un día en peregrinación. En el camino tuvieron que cruzar un río. En la ribera, una joven lloraba. Tenía que cruzar el río, pero el agua era demasiado profunda para ella. El *gurú* no titubeó. Tomó a la joven en sus espaldas, cruzó el río y la depositó en la otra orilla. El *gurú* y el discípulo continuaron su viaje. Esa noche, cuando se sentaron para cenar, el discípulo parecía preocupado. El *gurú* lo notó en la expresión de su rostro y le preguntó: '¿Qué te ocurre?'

El discípulo dijo: 'Tengo una duda. ¿Era conveniente que llevara sobre sus espaldas a aquella joven?'

El *gurú* se rió y repuso: 'Veamos, yo la dejé en la otra orilla del río. ¿Sigues tú llevándola encima?'»

Subrahmanian: «Hago *sadhana* desde hace varios años, y, sin embargo, no he tenido ninguna experiencia especial. ¿Por qué?»

Amma: «Si mezcláis diez platos diferentes, ¿disfrutáis del sabor de alguno de ellos? Avanza alimentando un único deseo, el deseo de ver a Dios. Entonces tendrás experiencias».

Algunos jóvenes habían venido para el *darshan*. Amma se quedó un momento con ellos, hablándoles de temas espirituales. Terminaron postrándose a sus pies, antes de levantarse. Cuando ya se iban, uno de los jóvenes dijo: «¡Amma, dame tu bendición para que aumente mi fe en ti!»

Amma: «La fe no debe ser ciega, hijo. Antes de decidir en quien la pones, debes analizar las cosas atentamente. Vosotros sois muy jóvenes. No intentéis creer de forma instantánea. Lo que veis no es la naturaleza real de Amma. Amma está loca. ¡No creáis ciegamente que es buena!»

El joven: «¿Acaso el bebé decide si su madre es buena?»
Sus palabras provocaron oleadas de risa. Acababa de conocer a Amma y, sin embargo, se sentía muy próximo a ella. Pero ¿quién puede escapar al desbordante afecto que brota de Amma, océano de amor?

Martes, 1 de julio de 1986

Los que cometen errores también son sus hijos

Amma y los brahmacharis fueron a Ernakulam. Volvieron al ashram hacia el mediodía. Muchos devotos que la esperaban se postraron a su llegada. Sin subir a su habitación para descansar, Amma fue a sentarse frente a la escuela de Vedanta y empezó a dar darshan a los devotos.

En la recepción que había tenido lugar la víspera en Ernakulam, los organizadores evitaron que un hombre le pusiera a Amma una guirnalda de flores. Un brahmachari, al hacer referencia a este incidente, informó: «Ayer, este hombre estaba deshecho de dolor. Cuando Amma lo llamó y le dio un poco de prasad, se sintió algo mejor. Se habría derrumbado si ella no lo hubiese hecho. Los organizadores temían que la gente criticara a Amma si un hombre de tan mala reputación se acercaba a ella».

Amma: «Este hijo tal vez ha cometido muchas faltas, pero ayer venía a ver a Amma por primera vez. ¿Cómo se comportará a partir de ahora? Eso es lo único que deberíamos considerar. No es la luz la que necesita iluminación, sino las tinieblas. Si Amma rechaza a este hijo, ¿cuál será su suerte? Por ignorancia, ha cometido faltas graves, pero para Amma, sigue siendo uno de sus hijos. ¿Hay alguien aquí que no haya cometido un error? La falta más grave es hacer el mal a sabiendas. Nos volvemos hacia las prácticas espirituales para aprender a perdonar a los demás sus errores y a amarlos, no para rechazarlos. Cualquiera puede rechazar a los demás, pero lo difícil es aceptarlos. Sólo con amor lograremos sacarlos de sus errores y guiarlos hacia una vida recta. Si rechazamos a alguien por sus errores, seguirá cometiéndolos. El sabio Valmiki era un bandolero que asaltaba y asesinaba a los viajeros que cruzaban el bosque. Un día, se disponía a despojar y a matar a unos sabios. Ellos reaccionaron perdonándole y tratándole con mucho amor. Si no le hubiesen mostrado compasión, no habría existido Valmiki, y en consecuencia, tampoco el Ramayana, esta obra que ha iluminado a tantos[41].

Fue la compasión de esos sabios lo que engendró a Valmiki y el Ramayana. Por lo tanto, hijos míos, es preciso perdonar los errores de los demás, y mostrarles con amor el camino recto. No habléis una y otra vez de los errores que alguien haya podido cometer en el pasado, porque eso solo incitará a la persona a cometer más errores. Ayer, este hijo le confió a Amma: 'Hasta ahora que te he conocido, no podía pensar en otra cosa mas que en el suicidio. Pero hoy todo eso se acabó. ¡Tengo muchas ganas de vivir, incluso anoche dormí bien! Pensaba que mi familia me apoyaría siempre, pasara lo que pasara; pero cuando llegaron las dificultades, todos me abandonaron, uno a uno. Algunos hasta me han rechazado. Ahora sé que sólo Dios es verdadero y eterno. Si hubiese acudido a Dios desde el principio, no habría sufrido tanto'.

Hijos míos, refugiémonos en Dios. Cualquiera, incluso un hombre de negocios muy ocupado, puede pasar una hora al día con su mente centrada en Dios. Él cuida de los que se abandonan a él. En los momentos difíciles, nuestra divinidad amada vendrá en nuestra ayuda. Dios cambia incluso la mente de nuestros enemigos a favor nuestro. Pero, en la actualidad ¿quién necesita a Dios?»

---

[41] Ratnadasan, que era el nombre del ladrón, se convirtió después en el gran sabio Valmiki, encarnación del amor y de la compasión. Autor del Ramayana, el primer poema épico en sánscrito. Esta obra ejerce aún hoy en día una profunda influencia en la cultura de la India.

Un devoto: «He oído decir que el mundo entero acabará convirtiéndose al hinduismo».

Amma: «Eso no parece muy probable, pero la mayoría de las personas asimilarán los principios del sanatana Dharma (la religión eterna)».

Otro devoto: «Es posible que eso ocurra, porque los occidentales, que no aceptan nada sin haberlo puesto a prueba, no podrán hacer otra cosa que adherirse al sanatana Dharma, que se basa en los principios más lógicos».

Amma: «Pero las pruebas tienen sus límites. No tiene sentido afirmar que no creeremos en algo hasta haberlo probado. La fe y la experiencia son requisitos fundamentales».

Devoto: «En la actualidad, la gente no siente ningún respeto por los Mahatmas. Su fe se limita a los templos».

Amma: «Es que no aprecian el valor de las Escrituras o de los principios espirituales. Son los seres humanos los que construyen el templo, esculpen e instalan la imagen de la divinidad y los que adoran la imagen y se prosternan. El poder de los templos lo generan los devotos que acuden a él a adorar a Dios. Y cuando es un Mahatma el que insufla la vida a un templo, éste posee un poder superior, infinitamente superior, porque el Mahatma ha realizado plenamente en sí a la Divinidad. Sin embargo, la gente no tiene fe en la fuerza divina que reside en el ser humano. ¿Qué poder puede tener un templo si un Mahatma no le insufla la vida o si la gente no acude allí para adorar a Dios?»

Como la multitud aumentaba, Amma entró en la cabaña reservada al darshan. Un devoto trajo nueces de coco frescas. Las dejó en la cabaña, entró y se postró ante Amma.

Devoto: «Son los primeros frutos de nuestro joven cocotero. Desde el principio tuve la intención de traérselos a Amma».

Amma: «¿No se ha burlado de ti la gente al verte cargado con estas nueces de coco?»

Devoto: «¡Y qué importa! Por Ammachi estoy dispuesto a soportar todas las burlas. ¿Puedo abrir para ti una de estas nueces de coco, Amma?» Amma aceptó. El devoto fue a la cocina con la nuez de coco y Amma continuó su conversación.

El hogar debe convertirse en un ashram

Un devoto: «¿Es posible realizar a Dios sin dejar de ser un grihasthasrami[42]?»
Amma: «Sí, es posible. Pero hace falta ser un verdadero grihasthasrami y concebir el propio hogar como un ashram. ¿Cuántos grihasthasramis existen hoy en día? Un verdadero grihasthasrami le entrega a Dios su vida y no está apegado a nada. No se apega a ninguna de sus acciones. El Dharma es esencial para él. Aunque vive con su familia, su mente siempre está centrada en Dios. Nunca se olvida del cuidado de su mujer y de sus hijos, ni de servir al mundo, porque lo considera como un deber que Dios le ha confiado. Y se entrega a ello con toda su atención, sin apegarse a sus acciones como hace hoy en día la mayoría de la gente.

Si comprendéis los principios de la espiritualidad, podéis practicar constantemente una sadhana, al tiempo que permanecéis en vuestro hogar. No siempre resulta tan fácil como pensáis. Si la televisión se enciende mientras intentamos trabajar, terminaremos por mirar la pantalla. Para resistir y vencer este vasana, es necesario que nuestro desapego sea de una fuerza excepcional. Es maravilloso ser capaces de pensar en Dios en medio del prarabdha[43] de una familia. Muchos hijos de Amma, padres de familia,

---

[42] Un *grihasthasrami* es un padre de familia que vive en el mundo y asume sus responsabilidades, al mismo tiempo que lleva una vida auténticamente espiritual.
[43] Resultado de las acciones realizadas en el pasado y que la persona cosecha en esta vida, sufrimiento o felicidad.

meditan y practican japa con regularidad en su casa. Muchos de ellos han hecho voto de no comer o no irse a dormir antes de haber realizado el archana. Cuando Amma piensa en ellos, su corazón se desborda de amor».

Amma se dirigió después a los brahmacharis: «Vosotros, brahmacharis, estáis aquí para consagraros totalmente al servicio del mundo. Vuestra mente debe estar completamente centrada en Dios. No dejéis lugar a ningún otro pensamiento. El hecho de pensar en vuestra familia y en vuestros amigos sólo creará más vasanas. Basta con sentarse en una habitación llena de carbón para que el cuerpo quede cubierto de sus partículas. Del mismo modo, el afecto y el apego que un sadhak siente por su familia tirarán su mente hacia abajo».

Era noche de Devi Bhava. Los brahmacharis estaban en el kalari mandapam y cantaban bhajans. La naturaleza misma parecía haber renunciado al sueño, cautivada por los cantos. La oleada de devotos no había disminuido desde el comienzo del darshan, de ello hacía ya varias horas.

Los hombres entraban en el kalari por el lado derecho, las mujeres por la parte izquierda de la puerta. Cada uno se postraba a los pies de Amma, sentada en un pitham (pequeño taburete de madera), y dejaba allí su carga de sufrimientos. Cada persona se arrodillaba ante Amma, ponía la cabeza en su regazo maternal y recibía su abrazo. Ella les daba prasad y agua bendita, y se marchaban del templo con una sensación de plenitud en el corazón. Amma acogía a sus pies las montañas del prarabdha de sus devotos. Como el río sagrado del Ganges que purifica a los que han caído, ella lavaba sus faltas en el torrente de su amor. Al igual que el dios del fuego Agni que todo lo devora, ella los limpiaba en su fuego sagrado, quemando sus vasanas.

Como de costumbre, a Amma no le impresionaban las dimensiones de la multitud. De hecho, cuanto mayor era la cantidad de devotos, más radiante parecía su rostro. La presencia invisible de Dios, que protege los innumerables universos, brillaba a través de ella; y al mismo tiempo, se reía con la inocencia de un niño, arrastrando a los demás a reírse con ella.

Un devoto, acompañado de su hijo de cuatro años, entró en el kalari. El padre se postró ante Amma. Justo en ese momento, el niño se puso a hacer travesuras, golpeando la espalda de su padre y tirándole de la camisa. En vista de que éste permanecía humildemente arrodillado ante Amma, ¡el pequeño lo consideró como una invitación para trepar por sus espaldas y a hacer como si cabalgara un elefante!

Amma disfrutaba con las travesuras del pequeño. Quiso hacerle rabiar echándole agua bendita en la cara y el cuerpo. El niño se echó hacia atrás para esquivar el agua. Amma fingió que posaba el recipiente de agua en el suelo, y el niño avanzó de nuevo. Ella aprovechó para salpicarle una vez más y el pequeño se escabulló. El juego continuó un momento, para gran placer de todos. Cuando salió del templo con su padre, el diablillo iba completamente empapado.

Cada uno según su samskara

El Devi Bhava terminó a la una de la madrugada. Casi todos los devotos fueron a acostarse, pero Amma, los brahmacharis y algunos devotos se quedaron para acarrear los ladrillos que se emplearían al día siguiente en la construcción del edificio principal. Como era la estación de lluvias, la laguna marina que rodeaba el ashram se había desbordado y el patio del ashram estaba inundado de agua. Entre los devotos que ayudaban en la tarea se encontraba una joven de Delhi. Había llegado la víspera con su madre; era la primera vez que estaba con Amma. Se puso a hablar con los brahmacharis y su charla no acababa nunca. Ellos se sentían incómodos. Al final la joven terminó por marcharse. Cuando el trabajo acabó, Amma se sentó en un lugar seco con algunos de sus hijos, al lado sur del kalari. Los brahmacharis le hablaron de la excesiva familiaridad de la joven.

Brahmachari: «Habla demasiado y no sabe lo que hay que decir. Dijo que al verme, se había acordado de su marido. ¡Me dieron ganas de abofetearla!»

Amma: «Hijo, esa debilidad que tiene es por ignorancia. Pero tú tendrías que haber actuado con la fuerza de la sabiduría. En situación semejante, mira en tu interior. Si ves la más mínima debilidad en tu mente, aléjate. El que ha desarrollado una verdadera madurez es capaz de dar a la gente los consejos oportunos. De nada sirve enfadarse. Esta mujer sólo expresaba su samskara. Su ignorancia espiritual es total. En cambio, vosotros deberíais tener el samskara de indicarle la forma correcta de comportarse, pues ella lo necesita. Antes de castigar a alguien, hace falta tener en cuenta su cultura y el medio en el que ha crecido. Al mostrarle amablemente el camino recto, podemos remediar su ignorancia».

Contacto con las mujeres

Un devoto: «¿No dijo Sri Ramakrishna que un sadhak no debe hablar con mujeres ni siquiera mirar su imagen?»

Amma: «El que tiene a un gurú no debe temer nada. Le basta con seguir las instrucciones del gurú. El propio discípulo de Ramakrishna, Vivekananda, ¿no se fue a los Estados Unidos y aceptaba a mujeres como discípulas? Pero al principio, un sadhak debe alejarse todo lo posible del sexo opuesto. Ni siquiera debe contemplar la imagen de una mujer; y las mujeres sadhaks deben guardar la misma distancia con respecto a los hombres. Este grado de vigilancia es necesario. Durante el período de sadhana, es preferible renunciar totalmente a los sentidos y permanecer en soledad. Después, el discípulo tendrá que enfrentarse a diferentes situaciones, mientras esté junto al gurú. Debe considerar que esas situaciones forman parte de su sadhana y vencer esos obstáculos. Por ejemplo, es imposible llegar al objetivo sin trascender la atracción entre los sexos. Un sadhak que se haya abandonado al gurú será capaz de ello; pero el que no tiene maestro, debe observar una estricta disciplina externa, de lo contrario puede caer en cualquier momento.

Un sadhak debe mostrarse alerta en sus contactos con las mujeres. No se trata de evitarlas por miedo. Después de todo, es necesario vencer el temor. ¿Cómo podréis encontrar a Dios sin desarrollar la fuerza mental para trascenderlo todo? Nadie realiza el Ser sin aprender primero a ver el Ser supremo en todos. Pero durante el período de sadhana, el buscador debe abstenerse de los contactos íntimos con las mujeres. Debe guardar cierta distancia y evitar quedarse solo conversando con una mujer, sea en una habitación o en un lugar solitario. Sin que os deis cuenta, la mente encontrará placer en ello y si no tenéis la suficiente fuerza, sucumbiréis. Si es necesario que habléis con una persona del sexo opuesto, invitad a alguien para que os acompañe. Si una tercera persona está presente, estaréis más alerta.

La combinación hombre y mujer es como la que existe entre el petróleo y el fuego; el petróleo se inflama si está próximo al fuego. Estad siempre alerta. Si sospecháis la más mínima debilidad por vuestra parte, reflexionad y preguntaos: '¿Qué hay de atractivo en un cuerpo lleno de orina y excrementos?' Sin embargo, es necesario vencer también esta aversión y considerar todas las cosas como una forma de la Madre del universo. Intentad desarrollar la fuerza mental viendo en todo ser la consciencia universal. Pero mientras no tengáis la capacidad para ello, sed muy prudentes. El sexo opuesto es como un torbellino que os arrastra hacia abajo. Es difícil superar esas circunstancias delicadas sin una sadhana constante, lakshya bodha, y sobre todo, una actitud de entrega al gurú».

Un devoto: «¿No acaban agotados los brahmacharis de acarrear tantos ladrillos, hacer los demás trabajos y viajar?»

Amma: «Aún en las noches de Bhava darshan, los hijos acarrean ladrillos al final del darshan. Tal vez van a acostarse después de haber cantado bhajans durante todo el darshan, y luego se les llama para acarrear ladrillos. Amma quiere ver cuántos de ellos son capaces de trabajar con espíritu abnegado, quiere ver si sólo viven para la comodidad del cuerpo. Es en esos momentos cuando se ve si su meditación produce o no sus frutos. Tenemos que estar dispuestos a ayudar a los demás cuando tienen dificultades. ¿Para qué sirven, si no, las austeridades?»

Devoto: «Amma, ¿llegará un día en que todos los seres de este mundo sean buenos?»

Amma: «Hijo, donde existe el bien, está presente el mal. Imagina que una madre tiene diez hijos. Nueve de ellos son buenos como el pan, y uno solo es malo. Este hijo malo basta para perder a todos los demás. Pero por su causa, se verán obligados a clamar a Dios. El mundo no puede existir sin opuestos».

Se había hecho ya muy tarde. Todos se hallaban cautivados por las palabras de Amma, nadie se había percatado del paso del tiempo.

Amma: «Hijos míos, es muy tarde. Id ahora a dormir. Amma os verá mañana».

Amma se levantó; los devotos se postraron ante ella antes de levantarse también. Amma acompañó a cada visitante para mostrarle donde iba a dormir. Al verla chapotear en el agua que inundaba el terreno, los devotos dijeron: «Amma, no tienes por qué venir, ya encontraremos nuestras habitaciones».

Amma: «Hay tanta agua que os será difícil encontrar el camino, hijos. Amma irá con vosotros».

Cuando finalmente subió a su habitación después de haber acompañado a los devotos, eran las tres de la madrugada. Los devotos se acostaron para un descanso de corta duración, hasta el amanecer.

Jueves, 10 de julio de 1986

Era día de Bhava darshan. En toda la mañana no habían dejado de acudir los devotos. Hacia las dos de la tarde, Amma se postró ante la Madre Tierra y se dispuso a salir de la cabaña, cuando llegaron otros más. Venían de Nagercoil en un autobús de alquiler, esperando ver a Amma aquella tarde y marcharse seguidamente. Con una sonrisa, Amma se sentó de nuevo en el pequeño diván de madera. Los recién llegados se acercaron y vinieron a postrarse ante Amma. Los que llevaban un rato en la cabaña se levantaron para cederles el sitio. Tres niños pequeños habían venido en el autobús, y como cantaban muy bien, Amma les pidió un bhajan. Ellos entonaron:

Pachai mamalai

Oh pueblo de Srirangam,
¡Cómo me gusta la dulzura de Achuta,
cuyo cuerpo es como una verde y exuberante montaña.
Su boca es como el coral
y sus ojos como lotos.
El niño pastor,
a quien las almas grandes anhelan contemplar,
yo amo esa dulzura más que el sabor del paraíso.

Hacia las tres de la tarde, después de haber dado darshan a todos los devotos de Nagercoil, y de indicar a un brahmachari que les sirviera la comida, Amma subió finalmente a su habitación. Allí la esperaba un brahmachari. Amma se sentó en el suelo y Gayatri le sirvió la comida. Junto a Amma había un montón de cartas, una parte del correo del día. Sosteniéndolas en la mano izquierda, leía las cartas mientras comía. De pronto, sin ningún preámbulo, empezó a hablarle al brahmachari, respondiendo a su pregunta; ella sabía lo que le preocupaba sin necesidad de que él se lo dijese.

La meditación debe practicarse con concentración

Amma: «Hijo, cuando te sientas a meditar, conserva tu mente perfectamente centrada en Dios y vigila que no se desvíe hacia otras cosas. Sólo tu divinidad amada debe estar en tu espíritu. Debes conseguir este grado de desapego.

Un día, cuando un sannyasi estaba meditando, un hombre pasó delante de él, corriendo a toda velocidad. Esto no le gustó al sannyasi. Un poco más tarde, el mismo hombre volvió, llevando de la mano a un niño. El sannyasi, muy airado, le preguntó: '¿Por qué no muestras ningún respeto? ¿No ves que estoy en plena meditación?' Con mucha deferencia, el hombre le dijo: 'Lo lamento mucho, no sabía que estabas allí sentado'. '¿Y cómo es posible? ¿Estás ciego?' preguntó el sannyasi. El hombre respondió: 'Mi hijo se fue a jugar con un amigo, y como no había vuelto temí que se hubiese caído en un estanque que hay aquí cerca, por lo tanto vine corriendo a buscarlo. Por eso no me di cuenta de tu presencia'.

Aunque el hombre se disculpaba con mucha humildad, el sannyasi seguía enfadado y exclamó: '¡Es extremadamente descortés por tu parte molestarme cuando medito en el Señor!' El hombre repuso entonces: 'Meditabas en Dios y me has visto pasar corriendo, pero yo no te he visto cuando corría buscando a mi hijo, a pesar de que estabas sentado ahí mismo delante de mí. Tu relación con Dios parece incomparablemente menos fuerte que la que tengo yo con mi hijo. ¿Qué clase de meditación es esa? Y si no tienes paciencia, ni humildad, ¿de qué te sirve meditar?'

Nuestra meditación no debería parecerse a la del sannyasi del cuento. Cuando nos sentamos a meditar, deberíamos ser capaces de concentrar la mente totalmente en nuestra divinidad amada. Ocurra lo que ocurra en torno a nosotros, la mente no debería dejarse arrastrar. Y si eso se produjese, tenemos que hacerla volver de inmediato y atarla al objeto de nuestra meditación. Si hacemos eso con constancia, no se irá a vagar a otra parte. Cuando te sientes a meditar, toma la firme decisión de no abrir los ojos ni moverte durante unas cuantas horas. Pase lo que pase, permanece fiel a tu decisión. Eso es verdadero desapego (vairagya)».

Brahmachari: «Amma, muchos pensamientos se deslizan en la mente, creando mucha agitación. A veces me parece que mi único deseo es ver a Dios y amarle con todo el corazón. Otras veces quiero conocer los secretos del universo; quiero desentrañarlos mediante la sadhana. Y aún otras veces, no deseo nada de eso. Deseo simplemente conocer el poder que actúa en mí. Esos pensamientos diferentes engendran cierta inestabilidad en mi sadhana».

Amma: «Cuando conozcas el Ser, ¿no crees que comprenderás espontáneamente todos esos secretos? ¿Y si, al intentar descubrir los secretos del universo, te quedaras sumergido en ellos? Cuando viajas en autobús, ves desfilar ante tus ojos muchos paisajes que luego desaparecen. De igual manera, todo lo que hoy ves, desaparecerá. Por lo tanto, no prestes atención a esos famosos secretos y no te apegues a ellos. Muchos sabios se esfuerzan por penetrar los misterios del universo y, sin embargo, hasta el momento presente no lo han conseguido. Emplea todo el tiempo del que dispones en realizar a Dios. De nada sirve pensar en otra cosa».

Adorar una forma

Brahmachari: «Amma, ¿Dios está en el interior o en el exterior?»

Amma: «Razonas en términos de interior y exterior porque estás vinculado a la consciencia del cuerpo. En realidad, no hay interior ni exterior. ¿No crees que es el sentimiento de lo 'mío' el que te hace creer que 'yo' y 'tú' están separados? Pero mientras subsista la sensación de 'yo', es imposible declarar que esta situación carece de realidad. Dios es la fuerza de vida que mora en todo. Cuando visualizas a Dios en el exterior, estás visualizando lo que en realidad está en ti. Esa clase de técnicas ayudan a purificar la mente».

Brahmachari: «Hay un poder especial que rige el universo, pero es difícil creer que es un Dios con una forma determinada».

Amma: «Todas las formas de poder no son otra cosa que Dios. Él es el todopoderoso y lo controla todo. Si aceptas la idea de que Dios es la fuerza universal, ¿por qué esa fuerza, a la que todo se somete, no podría asumir una forma que le agrade al devoto? ¿Por qué cuesta creerlo?» Con voz firme, Amma añadió: «Existe en este universo una fuerza primordial. Considero a esta fuerza como mi Madre, e incluso si elijo renacer un centenar de veces, ella será siempre mi Madre y yo seré su hija. Por lo tanto, no puedo afirmar que Dios no tenga forma.

Para mucha gente es difícil calmar su mente si no tienen una divinidad predilecta. Es preciso intentar cruzar a la otra orilla valiéndose de la divinidad elegida como de un puente. Sin ella no puedes conseguirlo, no puedes cruzar a nado. ¿Qué ocurre si te ahogas en plena travesía? Necesitas un puente. El gurú estará junto a ti para mostrarte el camino en los momentos difíciles, en los momentos de crisis; debes tener fe y abandonarte a él. ¿Por qué luchar inútilmente? Pero no te quedes ocioso con el pretexto de que hay alguien que te guía y te lleva a la otra orilla. Debes trabajar duro.

Cuando por un agujero el agua entra en el barco, no basta con rogar a Dios para que el agujero se tape. Mientras rezas, trata de taponar el agujero. Realiza el esfuerzo necesario y reza a la vez, para recibir la gracia de Dios».

Brahmachari: «¿Cuánto tiempo necesitaré para realizar el Ser?»

Amma: «Hijo, no es tan fácil llegar a la realización, porque has acumulado una gran cantidad de tendencias negativas. ¿Qué ocurre cuando lavamos nuestra ropa después de un largo viaje? No hemos bajado en ningún punto del camino, no nos hemos sentado en ningún lugar sucio y, sin embargo, mientras lavamos nos damos cuenta de la suciedad que hay en nuestras ropas. De manera similar, la suciedad se acumula en nuestra mente sin apenas darnos cuenta de ello. Tú has venido aquí llevando encima lo que has acumulado no sólo en esta vida, sino también en tus vidas pasadas. No puedes realizar el Ser quedándote sentado con los ojos cerrados durante uno o dos años. Eso no bastará para purificarte interiormente.

Antes de plantar tu árbol preferido, primero hace falta desbrozar y despejar el terreno. Si tu mente no está limpia, ¿cómo podrás ver el Ser? Es imposible aplicar una capa de un producto cualquiera sobre un cristal sucio y convertirlo en espejo. Primero hace falta limpiar la mente. Y mientras haces ese esfuerzo, abandónalo todo a Dios».

El brahmachari se postró ante Amma y se levantó. Amma terminó su comida, leyó algunas cartas más, y después bajó para los bhajans, que precedían siempre el Bhava darshan. Al atardecer empezó a llover con suavidad. Después, la lluvia arreció fuertemente al avanzar la noche, y hacia las dos de la madrugada cuando concluyó el Devi Bhava, ya llovía a torrentes. Los devotos se refugiaron en la escuela de Vedanta y frente al kalari. La gente dormía donde podía. Cuando Amma salió del kalari después del Devi Bhava, observó que muchos de los devotos no habían encontrado un sitio donde dormir. Los condujo hasta las cabañas de los brahmacharis, mientras Gayatri se esforzaba por protegerla con un paraguas. Amma instaló a tres o cuatro personas en cada cabaña. Al indicarle a cada devoto su lugar, ella les secaba la cabeza con una toalla. Ante esta oleada de amor maternal, todos se volvían como niños.

Un devoto le preguntó: «Amma, ¿dónde dormirán los brahmacharis? ¿No les estamos causando demasiadas molestias?»

Amma: «Ellos están aquí para servir. Estos hijos han venido aquí para aprender el sacrificio de sí mismos. Estarán contentos de soportar esta pequeña incomodidad por vosotros».

Los brahmacharis fueron a esperar el amanecer en el kalari mandapam. Con la terraza abierta por tres de sus lados, las ráfagas de viento y lluvia hacían imposible el dormir. Al menos no faltaba mucho para que amaneciera.

Amma descubrió que aún quedaban cuatro devotos ancianos que no habían encontrado aún dónde dormir. Los llevó a una habitación situada al norte del templo. La puerta estaba cerrada. Ella tocó, y dos brahmacharis somnolientos abrieron. Se habían ido a acostar antes de terminar el darshan y como dormían profundamente, no se habían dado cuenta de lo que ocurría.

«Hijos, dejad que estas personas duerman aquí». Al decir esto, Amma dejó a los devotos a su cargo y se fue a su habitación. Los brahmacharis les cedieron sus colchonetas y luego fueron a instalarse frente a la sala de meditación, cerca de la puerta, donde no estaban expuestos a la lluvia, pues ya había amainado un poco.

Los brahmacharis habían venido a vivir en presencia de la encarnación de la abnegación. Le habían entregado su vida. Y ahora, en cada instante, ella les enseñaba a vivir.

Jueves, 7 de agosto de 1986

Vairagya

Hacia las dos y media de la tarde, Amma salió de la cabaña y subió a su habitación, donde vio que la estaba esperando la brahmacharini Saumya (Swamini Krishnamritaprana). Hacía varios días que Saumya, de origen australiano, deseaba hablar con ella. Amma le había pedido que viniera aquel día. Se sentó en el suelo y Saumya le sirvió la comida.

Saumya: «Hace ya tiempo que deseo hacerle algunas preguntas a Amma. ¿Puedo formularlas ahora?»

Amma: «De acuerdo, pregunta».

Saumya: «Cuando siento que me he apegado a alguna cosa, decido no comprarla o no aceptarla. ¿Es eso desapego (vairagya)?»

Amma: «Si ese apego te llevara a lo que es irreal, está claro que eso es vairagya. Necesitamos reconocer la verdadera naturaleza de cada cosa y darnos cuenta que lo material nunca puede proporcionarnos la verdadera felicidad. Tal vez nos proporcione una satisfacción pasajera, pero al final siempre nos lleva al sufrimiento. Si comprendemos realmente esta verdad, nuestra pasión por las cosas de los sentidos disminuirá automáticamente. Nos será fácil desviar la mente de ellas.

Un hombre al que le encantaba el payasam (postre semejante al arroz con leche), fue invitado un día por un amigo que celebraba su cumpleaños. El payasam era el plato principal del banquete, y nuestro hombre estaba muy contento. Tomó un tazón lleno y lo probó: estaba delicioso, las proporciones de arroz, de leche y de azúcar eran perfectas, y el cocinero le había añadido cárdamo, pasas de uva y anacardos. Cuando estaba a punto de comer otra cucharada, ¡le cayó del techo una pequeña lagartija (gekko), directamente en su tazón! Aunque le encantaba el payasam, tiró todo su contenido. En el instante en que vio que la lagartija caía dentro, haciendo imposible su consumo, perdió todo su interés por el payasam. Del mismo modo, cuando comprendemos que buscar la felicidad en las cosas externas sólo nos traerá sufrimiento, seremos capaces de evitar incluso aquello que normalmente tiene un gran atractivo para nosotros, y controlar la mente. Ese sentimiento de desapego es vairagya. Al ver una cobra, un niño, ignorando que es muy venenosa, tal vez intente atraparla. Pero nosotros nunca actuaríamos así, ¿verdad?

Hija mía, es preferible desarrollar el desapego aprendiendo a conocer las buenas y malas cualidades de las cosas antes que intentar desviar la mente por la fuerza. El dominio de la mente vendrá de un modo natural».

Saumya: «Me parece que la verdadera felicidad viene del desapego, no de la dependencia de los objetos que se acumulan o de los que se disfrutan».

Amma: «¿Crees que la felicidad proviene del desapego? No, no es verdad. La felicidad proviene del amor supremo. Lo que necesitas para realizar el Ser, Dios, es el amor. Sólo el amor te conducirá al desapego absoluto».

Saumya: «¿Entonces no sirve de nada renunciar a las cosas?»

Amma: «No basta la renuncia (tyaga). ¿Conoces la paz interior si estás enfadada con alguien? ¿Y no es verdad que sólo estás verdaderamente en paz cuando amas? Eres feliz cuando aspiras el suave perfume de una flor. ¿Sentirías esa misma alegría si te taparas la nariz? ¿Y no es verdad que saboreas mejor la dulzura del azúcar cuando dejas que se funda en la boca? ¿Proviene esa felicidad del desapego (vairagya) hacia el azúcar? No, proviene del amor.

Cuando ves excrementos, te tapas la nariz. Eso es repulsión. Allí no hay amor, y por lo tanto no hay felicidad. Puedes llamarlo vairagya cuando renuncias a los objetos de este mundo pensando:

'El gozo que me dan las cosas externas es transitorio y más tarde me hará sufrir. La felicidad que me proporcionan los objetos de este mundo no es permanente, es momentánea, y por lo tanto, irreal'. Pero para conocer la verdadera felicidad, no basta renunciar a las cosas ilusorias del mundo con vairagya; también es necesario alcanzar la Realidad por medio del amor. Ésa es la vía que conduce a la eterna felicidad. No necesitas detestar el mundo de la ilusión. A través de él, puedes aprender a llegar al mundo real, eterno. Aspiramos al mundo eterno, y sólo mediante el amor creceremos lo suficiente para alcanzar ese estado. Cuando sale la luna, las aguas de los lagos y de los mares de la tierra suben hacia ella, por amor; la flor se abre para deleitarse en la caricia del viento, y eso también es por amor; ¿qué es lo que nos da felicidad? No el desapego, sino el amor».

Saumya (algo inquieta): «Yo no deseo la felicidad que proporciona el hecho de amar algo».

Amma: «Un sadhak no ama un objeto separado de sí mismo. Ama a su propio Ser, presente en todo lo que le rodea. A medida que crece su amor por el Eterno, su deseo de conocerle también aumenta en intensidad. De este modo, cuando amamos al Eterno, el verdadero desapego (vairagya) se desarrolla en nosotros.

Imagina la siguiente situación: nos llega la noticia de que un amigo que vive lejos viene de camino para hacernos una visita y puede llegar en cualquier momento. En cuanto lo sabemos, lo esperamos sin comer ni dormir. ¿No es nuestro amor por él el que nos hace esperarlo sin preocuparnos de comer ni de dormir?»

Saumya: «¿Qué es más importante, la austeridad o el amor?»

Amma: «La verdadera austeridad nace del amor. Sin amor, no puede haber austeridad. La ascesis sin amor nunca dura demasiado tiempo, porque la mente se cansa y vuelve a su estado original. En cuanto sabemos de la llegada de nuestro amigo, renunciamos al alimento y al sueño, debido a nuestro fuerte deseo de verlo.

Eso nace de nuestro amor por él. Nuestra ascesis aparece naturalmente, y gracias al amor, eso no nos ha parecido un sacrificio o una prueba. Pero sin amor, sentiríamos semejante austeridad como una prueba terrible. Si nos saltamos una comida porque nos hemos impuesto este tapas, sólo pensaremos en la comida. Para desapegarse de una cosa, hace falta amar otra. Hija, si eres capaz de vivir aquí con paciencia y aceptando lo que se presente, es sólo porque tienes amor por la meta, por la realización del Ser. Las personas fomentan en su interior deseos, ira, celos y orgullo. ¿Cómo es posible pues, que unas cuantas personas sean capaces de controlar esas emociones negativas y vivir aquí en un espíritu de perdón y de tolerancia? Lo haces sólo por amor a la realización del Ser. De lo contrario, todos esos rasgos de carácter se manifestarían en ti. Pero gracias a ese amor, no pueden vivir y expandirse en tu mente. Tu amor por el objetivo los mantiene a raya».

Saumya: «Si eso es así, ¿por qué eres tan estricta en lo concerniente a las reglas del ashram? ¿No debería el desapego producirse espontáneamente?»

Amma: «Amma no dice que tú no tengas necesidad de vairagya. Te hace falta practicar vairagya, pero ese desapego sólo será completo con el amor. Al principio, las restricciones son absolutamente esenciales. En estos momentos hay aquí aproximadamente treinta renunciantes. Todos desean realizar el Ser, pero su mente es esclava de su cuerpo. Desean conocer el Ser, pero les resulta difícil renunciar al bienestar físico. Por lo tanto, es necesario imponer algunas reglas.

Si alguien tiene que marcharse muy temprano pero no logra despertarse, tenemos que sacarle de su sueño, ¿verdad? Si un niño desea ver salir el sol, pero no consigue levantarse porque es cautivo de su cuerpo, su madre lo despierta.

Tienes que permanecer de pie y alerta, dispuesta a vivir el amanecer de lo divino. El tiempo no espera. Pero mis hijos no cumplen con su deber. Si no están en alerta, Amma debe despertarlos. De lo contrario, los estaría llevando a un grave engaño. Amma encuentra que su severidad en este aspecto es su mayor acto de amor hacia sus hijos del ashram».

Las reglas son importantes en un ashram

Saumya: «A veces, las reglas del ashram parecen muy severas».

Amma: «Las reglas son indispensables en un ashram en el que viven muchas personas y es frecuentado por una cantidad inmensa de visitantes. Por ejemplo, hombres y mujeres no deben hablarse con demasiada libertad. Los residentes del ashram deben dar ejemplo a los demás. Además, no todos los residentes tienen la misma naturaleza. Los que acaban de llegar aún no tienen mucho control de sí mismos.

Pero los hijos que están aquí desde el principio, han adquirido cierto control de su mente. Los recién llegados pueden confiarles sus dudas, no hay nada malo en ello. Pero debe existir un límite, es lo que dice Amma. Hablad cuando sea necesario, no más».

Saumya: «¡Estamos muy despabilados los días que tú nos despiertas, Amma!»

Amma: «Los hijos que aman a Amma y aspiran a realizar el Ser se levantan sin esperar a que los llamen. Cuando Amma sube a su habitación por la noche, tiene muchas cartas que leer. Después, no puede acostarse sin averiguar si hay suficientes verduras, arroz, dinero, etc. para el día siguiente. Si falta alguna cosa, tiene que dar instrucciones, decir lo que hay que comprar o hacer. También tiene que ocuparse de los visitantes, así como de la disciplina de los hijos que viven aquí y de sus necesidades. Con todo eso, ¿cómo podéis esperar aún que Amma vaya habitación por habitación para despertaros?

Si amáis a Amma, basta con seguir atentamente sus instrucciones. Amar a Amma es obedecerla. Es necesario tener sed. Cuando tienes un gurú, tu amor por él y por su institución, y tu relación con el gurú, te ayudan a olvidarte de todo y a crecer hasta el Infinito. Para transformarse en árbol, la semilla tiene que enterrarse en el suelo».

Saumya: «Amma, en general tú no me riñes. ¿Por qué?»

Amma: «¿De verdad? ¿No te riño en el kalari durante el Devi bhava[44]?»

Saumya: «Sólo un poco».

Amma (riéndose): «Amma sólo encuentra un defecto en ti: no te levantas temprano por la mañana. Te acuestas después de haber trabajado mucho durante la noche. Sin embargo, te pasas toda la noche despierta en el kalari durante el Devi bhava. Además, te empeñas con sinceridad en alcanzar el objetivo de la realización. Deseas seguir regularmente la disciplina del ashram y nunca tratas de escapar a ella ocultándote o evitándola. Por lo tanto, no hay ninguna razón para reñirte».

Cómo eliminar los defectos

Saumya: «Aquí hay hombres y mujeres; ¿no es tu deseo que manifestemos amor hacia todos?»

Amma: «No es necesario plantarte frente a cada uno y mostrarle tu amor; basta con no fomentar ningún sentimiento negativo, sea el que sea. El amor verdadero es la ausencia de sentimientos negativos hacia alguien. Al eliminarlos, permites que brille el amor siempre presente en ti; las distinciones o diferencias

---

[44] Durante el *Devi Bhava*, casi siempre es Swamini Krishnamrita quien sirve a Amma.

no existen. ¿Has observado que los que ayer se amaban hoy se desprecian? Su amor nunca fue real. El apego induce a la ira; nuestro objetivo es no alimentar los apegos ni la ira. Ése es el verdadero amor. Además, servimos a los demás de forma desinteresada, y esa es la forma más noble de amor».

Saumya: «Intento no tener sentimientos negativos hacia nadie».

Amma: «El apego y la aversión no son objetos que podamos tomar o rechazar. Las burbujas en la superficie del agua estallan si tratamos de cogerlas; es imposible atraparlas. De igual manera, no podemos expulsar de nuestra mente pensamientos y emociones. Si intentamos suprimirlos, su fuerza se duplicará y nos crearán problemas. Sólo la contemplación nos ayudará a eliminar nuestras emociones negativas. Examinemos nuestras tendencias negativas y esforcémonos en reemplazarlas por buenos pensamientos. Es imposible eliminarlos por la fuerza.

Si vertemos agua pura en un vaso de agua salada y la seguimos vertiendo aun después de llenarlo, el contenido en sal se debilitará y obtendremos finalmente un vaso de agua pura. De igual manera, si sólo cultivamos los buenos pensamientos, podremos llegar a eliminar los malos.

Es imposible suprimir emociones como la ira y el deseo, pero podemos cuidar de no dejarles espacio alguno en nuestra mente. El reconocimiento de que somos instrumentos de Dios nos ayudará a desarrollar la actitud de un servidor.

En verdad, deberíamos pensar que somos mendigos. Un mendigo llega a una casa para pedir bhiksha (comida de limosna). Tal vez no es bien acogido: 'Aquí no hay bhiksha. ¡Márchate! ¿Por qué has venido?' Aunque le hablen de mala manera, él no abre la boca. Piensa: 'Sólo soy un mendigo. No tengo a nadie en esta tierra a quien confiar mis tormentos. Sólo Dios conoce mi corazón'.

Si intentara explicarle esto a la familia, no lo entenderían y él lo sabe. Si alguien se encolerizara por su causa, simplemente se va sin decir nada y llama a la siguiente puerta. Si tampoco allí es bien acogido, prueba suerte con el vecino, sin quejarse. Esa debería ser nuestra actitud. En cuanto asumimos el papel de un mendigo, el ego desaparece en gran parte. Entonces sentimos que Dios es nuestro único refugio y los vasanas negativos caen por sí solos. Sólo nos volvemos más grandes que el más grande cuando nos hacemos más pequeños que el más pequeño. Al servir a los demás nos convertimos en señores del universo. Sólo el que se inclina incluso ante un cadáver (shava) se convierte en Shiva».

Saumya: «Si poseemos alguna cosa que alguien necesita, ¿es un error dárselo?»

Amma: «No lo hagas, hija mía. Eres una brahmacharini. Has venido aquí para hacer sadhana. Si deseas dar alguna cosa a alguien, entrégala en la oficina o a Amma, y ella la hará llegar a la persona que la necesita. Si tú la entregas directamente, tendrás la sensación: 'Yo doy', y crearás un apego hacia esa persona. Por lo tanto, no la des tú misma. En el nivel del gurú, ya no hay problema porque no surge en la mente ningún pensamiento relacionado con la persona que recibe; pero en la etapa en la que estás, no es necesario manifestar exteriormente tu amor; éste debe desarrollarse en tu interior. Cuando ya no hay aversión ni hostilidad, hay amor. Cuando desaparece de la mente todo rastro de aversión, la mente se convierte en amor. Se vuelve como el azúcar: todo el mundo puede tomar un poco y saborear su dulzura, sin que tengas que dar nada.

Si una mosca cae en el jarabe, muere. En la etapa en la que estás, los que vienen a tu encuentro para pedirte algo, lo hacen impulsados por un motivo impuro que no percibes; son como las moscas. No sacarán ningún beneficio de tu generosidad. Sólo se hacen daño y eso también te perjudica a ti.

El insecto que se acerca a la lámpara busca alimento. La función de la lámpara es iluminarnos, pero los insectos vienen para comérsela. Perecen en su intento y hacen que la lámpara se apague. Por lo tanto, es necesario no dar a los demás la ocasión de destruirse y destruirnos. Estamos llenos de compasión, pero los que están frente a nosotros tal vez sean diferentes. Si en el futuro ocupas un puesto de responsabilidad en un ashram o una gurukula, algunos vendrán a ti tal vez con intenciones impuras. Si has progresado lo suficiente, tu amor destruirá sus pensamientos impuros. Si un elefante cae en el incendio de un bosque, el fuego no está en peligro[45].

Pero en la etapa en la que estás, tu amor sólo alentará la debilidad de los demás».

Saumya: «Entonces tenemos que tener mucho amor dentro de nosotros, pero sin manifestarlo».

Amma: «No es cuestión de no manifestarlo, sino de comportarse de acuerdo con el dharma de un ashram; eso es lo que Amma quiere decir. Debes tener siempre en cuenta las circunstancias. Si los visitantes ven que los brahmacharis y las brahmacharinis hablan entre sí, ellos harán lo mismo. Ignoran hasta qué punto vuestro corazón es puro. Además, no sirve de nada que habléis; el amor no es eso. Amar significa no alimentar absolutamente ningún sentimiento negativo».

Saumya: «Cuando hablamos, lo hacemos sobre temas espirituales, preguntas que nos hacemos respecto a las enseñanzas».

Amma: «Pero la gente no lo sabe, hija mía. Los testigos sólo ven una cosa: un brahmachari y una brahmacharini tienen una conversación, y ellos imitarán ese comportamiento. Cuando la gente ve a un hombre y a una mujer hablando, lo interpretan mal. Así es el mundo de hoy».

---

[45] El fuego simboliza aquí al *sadhak* avanzado, mientras que el elefante representa los pensamientos impuros de los demás.

(Saumya tenía tanta compasión que daba todo que le pedían; algunos visitantes habían empezado a pedirle dinero en cada ocasión para el viaje de vuelta en autobús. Amma le prohibió a Saumya que continuara dando de esa forma, porque algunos habían intentado explotar su compasión. Además, pedir dinero a los residentes iba contra las normas del ashram. Al principio Saumya estaba contrariada, pero ahora se sentía satisfecha de las explicaciones que Amma le había dado.)

Cómo discernir entre el bien y el mal

Saumya hizo otras preguntas: «He realizado acciones creyendo que eran justas, pero se ha demostrado que eran erróneas. En aquella época no tenía ninguna idea. ¿Cómo distinguir entre lo que es justo y lo que no lo es, para actuar correctamente?»

Amma: «Por el momento, sigue las instrucciones de Amma. Escribe tus sentimientos, por ejemplo: 'He tenido este mal pensamiento', o bien: 'Me he enfadado mucho con alguien'. Después pide a Amma que te ayude, y corrígete.

Al principio, los brahmacharis y brahmacharinis no deben hablar entre sí, esas son las órdenes terminantes de Amma a sus hijos que viven aquí. Al cabo de cierto tiempo de sadhana, ya no es un problema. Amma no es tan estricta con sus hijos occidentales porque vienen de un contexto cultural diferente. En su país, no existe la misma diferencia entre hombres y mujeres».

Saumya: «Cuando obtenemos el resultado previsto ¿se debe a una actitud interior correcta, o es sólo el fruto de la acción externa?»

Amma: «Es el fruto de una actitud mental pura. Pero nos hace falta además estar atentos a la acción en sí y observar el resultado;

necesitamos entrenamiento para actuar con una actitud mental pura». Saumya: «¿Nos perdonará Dios todas nuestras faltas?» Amma: «Él perdona hasta cierto punto, pero no más allá. Nos perdona las faltas que cometemos sin saberlo, porque después de todo, éramos ignorantes. Pero si hiciésemos el mal de forma consciente, Él no lo toleraría más allá de cierto límite. Entonces nos castigaría. El bebé llama a su padre 'da, da'. El padre sabe que su pequeño le llama y eso le hace sonreír. Pero si el niño continúa llamándole así más tarde, cuando ya ha crecido lo suficiente para hablar con corrección, su padre ya no sonreirá; se enfadará con él. De igual manera, si cometemos errores sabiendo perfectamente que actuamos mal, Dios nos castigará con toda seguridad. Pero eso en sí es una forma de gracia; tal vez Dios puede castigar a un devoto por una ligera falta, para que no la repita. Este castigo viene de la compasión infinita de Dios hacia el devoto y tiene como objetivo salvarle. Es como una luz en las tinieblas.

Un muchacho tenía la costumbre de saltar por encima de una zanja cubierta de alambre de púas para ir a casa del vecino. Su madre le advirtió: 'Hijo, no saltes sobre la zanja porque si resbalas, te lastimarás. Toma el camino normal, aunque sea un poco más largo'; el chico protestó: 'Pero mamá, ¡hasta ahora no me ha pasado nada!' y siguió tomando el atajo. Pero un día, al saltar la zanja, cayó y se hizo una herida en el pie. Fue a su madre llorando. Ella lo consoló con mucho amor, curó su herida e insistió nuevamente en que tomara el camino normal. Pero el muchacho desobedeció; se resbaló una segunda vez, cayó sobre las púas y se hirió. Acudió de nuevo a su madre llorando, pero esta vez, tras curarle las heridas, ella le impuso un fuerte castigo.

Si el muchacho hubiese sufrido realmente la primera vez, no habría vuelto a hacerlo. La segunda vez, su madre lo castigó, no por enfado, sino por amor. De igual manera, los castigos que

Dios nos envía en su compasión tienen como fin evitarnos seguir actuando mal.

Hay lápices que tienen una goma en uno de los extremos para poder borrar enseguida nuestras faltas. Pero si nos equivocamos siempre en el mismo punto, a fuerza de borrar, el papel terminará por romperse».

Amma terminó de comer. Se lavó las manos y se sentó.

Saumya: «Cuando pienso en alguna cosa, de momento me parece correcta, pero al cabo de un tiempo me digo que, después de todo, tal vez fuera errónea. Me resulta difícil discernir; siempre tengo dudas sobre lo que es correcto y lo que no lo es».

Amma: «Si no somos capaces de distinguir entre el bien y el mal, pidamos la opinión de un gurú o de un sabio. Entonces veremos con claridad el camino recto. Es difícil hacer progresos sin tener fe y abandonarse a una persona que nos guíe hasta el objetivo. Cuando conocemos a un ser así, capaz de guiarnos, necesitamos seguir sus consejos y desarrollar una actitud de abandono total de nosotros mismos. Es imposible avanzar si criticamos al gurú cuando nos señala nuestros errores y nos riñe».

Saumya: «¿De qué modo se convierten los deseos en obstáculos para las prácticas espirituales?»

Amma: «Imagina que la tubería conectada a un grifo está llena de agujeros. Por el grifo saldrá solamente un hilo de agua. Así pues, si la mente alimenta deseos egoístas, no llegaremos a concentrarnos totalmente en Dios ni podremos acercarnos a él. ¿Cómo podría cruzar el mar alguien que es incapaz de cruzar un arroyo? Es imposible alcanzar el estado supremo sin renunciar a todo egoísmo».

Saumya: «Entre el japa, la meditación o la oración, ¿cuál de estas prácticas es la más eficaz para destruir los vasanas?»

Amma: «Todos esos métodos nos ayudan a vencer los vasanas. Si oramos con una concentración total, ello solo basta. Pero algunos oran todo el tiempo, y su concentración no es total. Por eso utilizamos métodos como el japa, la meditación y el canto devocional. De esta forma, podemos mantener constantemente el pensamiento de Dios en el espíritu. Si plantamos semillas, tenemos que abonarlas, regarlas con regularidad, protegerlas de los animales y destruir las plagas que las dañan. Todo eso sirve para mejorar la cosecha. De igual manera, las diferentes prácticas espirituales que realizamos sirven todas para acelerar nuestro avance hacia el objetivo».

Saumya: «Amma me pidió que cantara Om Namah Shivaya de las siete a las ocho de la noche. Entonces no podré participar en los bhajans».

Amma: «No te preocupes, hija. Amma le pedirá a otro que tome el relevo».

Amma miró el reloj de pared. Eran las cinco menos cuarto. Dijo: «Pronto será la hora de los bhajans. Ahora Amma tomará una ducha. Hija, siempre que tengas problemas, ven a hablar de ellos con Amma».

Saumya se postró, con el rostro radiante por la alegría de haber podido hablar tan largamente con Amma, y haber podido aclarar sus dudas.

Poco después, Amma se presentó en el kalari y los bhajans que precedían siempre al Devi bhava, dieron comienzo. La misma madre que, bajo el aspecto de gurú, había dedicado tanto tiempo a responder pacientemente a las preguntas de su discípula, aparecía ahora como una devota que abría su corazón para expresar con el canto su ardiente sed de Dios. Cantaba con todo su ser, olvidándolo todo en el éxtasis de la devoción.

Miércoles, 20 de agosto de 1986

Dominad vuestra ira

Todos habían trabajado sin descanso desde la mañana. Era el final de la tarde. Había que limpiar el terreno del ashram y transportar los materiales de construcción necesarios para hacer cemento para el nuevo edificio. Amma ayudaba a llevar largas vigas de acero. Su sari blanco estaba todo manchado de verde por el moho que recubría las vigas húmedas.

Un devoto que trabajaba en el Rajasthan había llegado la noche anterior. Tenía mal carácter y había rogado a Amma que le ayudara a dominar su ira. Amma, que habita en el corazón de cada ser, lo sabía; se dirigió a él con una sonrisa, y dijo: «Hijo, Amma siente que en tu interior hay demasiada ira. Si te enfadas de nuevo, toma una foto de Amma, ponla delante y enfádate con ella. Dile: '¿Eso es todo lo que obtengo al adorarte, ira? ¡Tienes que quitármela enseguida! Si no, voy a…' Luego tomas un cojín, y lo golpeas con los puños cerrados, imaginando que es Amma. Si lo deseas, puedes incluso arrojarle arena. Pero no te enfades con los demás, hijo».

El hombre se emocionó hasta tal punto que le saltaron las lágrimas por el amor de Amma.

Al atardecer, el trabajo estaba casi terminado. Ahora Amma acarreaba piedras. Sus hijos protestaron al verla levantar la piedra más grande y colocársela en la cabeza. Intentaron disuadirla, insistiendo en que al menos cargara las piedras más pequeñas. Pero ella sufría al ver que sus hijos levantaban las más pesadas. Les dijo: «Ningún dolor físico es tan terrible como el sufrimiento mental».

El duro trabajo se transformaba en adoración. Cada uno intentaba llevar cargas mucho más pesadas de lo que podía soportar. Las gotas de sudor caían como flores de adoración a los pies de la Madre del universo, flores que contenían semillas doradas de una era nueva.

Sábado, 23 de agosto de 1986

Amma se encontraba en el kalari mandapam con algunos devotos. Entre ellos estaba una mujer, Vijayalakshmi, casada desde hacía más o menos un año. Uno de sus amigos la había llevado recientemente a conocer a Amma. Desde el primer momento adoró a Amma y tenía en ella una fe total. Desde entonces venía a visitarla con regularidad, pero su marido no tenía una gran fe en Amma. La espiritualidad no le interesaba en absoluto, no obstante no se oponía a las visitas de su mujer al ashram. Después de su encuentro con Amma, a Vijayalakshmi dejó de interesarle su apariencia externa. Guardó sus joyas y sus saris lujosos para vestir solamente de blanco. Pero su marido no estaba de acuerdo, pues era un ingeniero de prestigio que contaba con un amplio círculo de amistades.

Amma: «Hija mía, si sólo te vistes de blanco, ¿no se disgustará mi hijo?»

Vijayalakshmi: «No importa, Amma. He guardado todos los otros saris y blusas. Quiero darlo todo a la gente que lo necesite. ¡Tengo mucha ropa que no me hace falta!»

Amma: «¡No hagas eso ahora, hija mía! No hagas nada que pueda lastimar a tu marido. Tienes un determinado dharma, no lo descuides. Por otro lado, mi hijo no se opone a tus visitas. ¿No es eso maravilloso en sí?»

Vijayalakshmi: «Amma, él tiene tiempo para hacer un centenar de cosas, pero no tiene tiempo para venir a verte, ni siquiera una sola vez. Durante años me he arreglado y lo he acompañado a todas partes, pero se acabó. Estoy cansada de esos lujos y esa parafernalia. Este sari y esta blusa de algodón me van perfectamente».

Amma: «No hables así, hija. Es verdad que no viene a ver a Amma; sin embargo, tiene mucha devoción».

Vijayalakshmi: «¿Qué quieres decir? Se niega a ir al templo. Cuando le pedí que me acompañara al templo de Gurovayur, respondió: 'Cuando era estudiante, decidí no poner jamás un pie en un templo. Pero por tu culpa he roto esa promesa. Tu familia es tan piadosa que me he visto obligado a romperla'. Amma, tengo que soportar que se queje aún del hecho de habernos casado en el templo».

Amma se rió, y repuso: «Hija mía, tal vez no viene aquí ni va al templo, pero tiene buen corazón. Tiene compasión hacia los que sufren, y eso basta. No hagas nada que le contraríe».

En el rostro de Vijayalakshmi se leía la decepción.

Amma: «No te preocupes. ¿No es Amma la que te da este consejo? Si sólo te vistes de blanco, él se enfadará. ¿Qué le dirá a sus amigos? Usa el color blanco sólo para venir aquí, pero en casa o cuando viajes con él, usa tu ropa y tus joyas, como de costumbre. De lo contrario, la gente culpará a Amma, ¿no es así? Tu marido es también hijo de Amma. No te preocupes, hija mía».

Vijayalakshmi no supo qué responder; la expresión de su rostro indicaba que había aceptado las palabras de Amma.

Actuar

Otro devoto, Ramachandran, hizo una pregunta: «Muchos libros hablan de que en las antiguas gurukulas daban mayor importancia a las acciones que a la sadhana. Los Upanishads afirman que el karma yoga solo no basta para obtener la realización del Ser; no obstante, los gurús confiaban a los nuevos discípulos la tarea de cuidar del ganado o cortar madera durante los diez o doce primeros años. ¿Por qué?»

Amma: «Es imposible purificar la mente sin llevar a cabo acciones desinteresadas. Es la primera cualidad necesaria para un ser espiritual, la generosidad. Ciertas tareas eran confiadas al discípulo para comprobar su ausencia de egoísmo. Si realizaba el trabajo con un espíritu generoso y de sacrificio, con ello demostraba la firmeza de su resolución de alcanzar el objetivo. Si el discípulo observa fielmente las palabras del gurú, se convierte en rey de reyes; esta actitud de entrega hace de él el soberano de tres mundos.

Antes de aceptar a un aspirante como discípulo en el verdadero sentido de la palabra, es preciso ponerlo a prueba, sin omitir nada. Un maestro auténtico sólo aceptará a un nuevo discípulo después de esa prueba.

Después de todo, alguien que se ha pasado la vida vendiendo cacahuetes está a punto de encargarse de una tienda de diamantes. Antes, si perdía un cacahuete no importaba mucho, pero un diamante es infinitamente más valioso. Se supone que un ser espiritual proporciona paz y alegría al mundo. El deber del gurú es ponerle a prueba y ver si posee shraddha y la madurez necesarias; de lo contrario, el discípulo hará más daño que bien.

Un joven llegó un día a un ashram, esperando vivir allí. El gurú trató de disuadirlo, diciéndole que aún no era el momento para ello. Pero el joven se negó a volver a casa. El gurú acabó cediendo. Le confió al discípulo la tarea de cuidar de un huerto, no lejos del ashram.

Cuando el joven volvió por la noche al ashram después de haber cumplido con su misión, el gurú le preguntó: '¿Qué has comido hoy?' El discípulo respondió: 'He comido algunas manzanas que cogí de los árboles'. El maestro le reprendió: '¿Quién te ha dado permiso?' El discípulo no contestó.

Al día siguiente, volvió al trabajo. Esta vez, no tomó ningún fruto, se conformó con recoger lo que había caído de los árboles.

Por la noche, el gurú le reprendió nuevamente. Al día siguiente, no comió fruta. Cuando se sintió muy hambriento, comió los frutos de una planta silvestre; pero resultó que eran venenosas. Se desmayó y estuvo tumbado en el huerto, incapaz de levantarse. Imploró a gritos el perdón de su gurú. Al oír sus gritos, acudieron algunos discípulos. Le dieron un poco de agua, pero él la rechazó, diciendo que no aceptaría nada de beber ni de comer sin la autorización de su maestro. Entonces Dios apareció y le dijo: 'Te devolveré tu fuerza y te llevaré hasta tu gurú'. El discípulo replicó: '¡Señor, no! Sólo deseo recuperar mis fuerzas si mi gurú está de acuerdo'. El discípulo había llegado a tal grado de entrega que el maestro mismo vino a él y lo bendijo. El discípulo recuperó enseguida sus fuerzas. Se postró ante el gurú y se levantó.

Esa es la clase de pruebas a las que los gurús de otros tiempos sometían a los que aspiraban a convertirse en sus discípulos».

La paciencia

Ramachandran: «Amma, al observar la forma de comportarte con tus hijos, da la sensación de que tus reprimendas les ayudan más a crecer que tus elogios».

Amma: «Para desarrollar el sentido de la disciplina y la humildad que necesita el discípulo, éste debe sentir hacia el gurú devoción a la vez que un respeto mezclado de temor. Al principio, los niños pequeños aprenden sus lecciones por temor al maestro. Cuando inician los estudios superiores, estudian por iniciativa propia porque tienen un objetivo claro en la vida.

La paciencia es la única cualidad indispensable desde el principio hasta el final de la vida espiritual. Antes de que el árbol pueda desarrollarse, necesita que se rompa la cáscara que envuelve la semilla. De igual manera, antes de conocer la realidad, os debéis desembarazar de vuestro ego. El gurú somete al discípulo a diversas pruebas para ver si éste actúa movido por un impulso momentáneo de entusiasmo o por verdadero amor al objetivo. Al igual que los exámenes sorpresa en la escuela, el gurú realiza sus pruebas sin avisar. El deber del gurú es comprobar el grado de paciencia, generosidad y compasión del discípulo. Observa si el discípulo se siente desamparado ante ciertas situaciones o si tiene la fortaleza de sobrevivir frente a las diferentes pruebas. El discípulo está destinado a guiar al mundo en el futuro. Millares de personas pondrán en él su confianza, y para no decepcionarles, debe poseer fortaleza, madurez y compasión. Si el discípulo se presenta ante el mundo desprovisto de esas cualidades, cometerá un grave engaño.

El maestro somete al alumno a numerosas pruebas para modelarlo. Un gurú le dio un día a su discípulo una gran piedra y le pidió que hiciera un ídolo con ella. En poco tiempo, renunciando incluso a comer y a dormir, éste esculpió una estatua. La depositó a los pies del maestro, se postró con las manos unidas y se quedó a un lado.

El gurú miró la escultura y la arrojó al suelo, rompiéndola. '¿Es así como se hace una estatua?' preguntó encolerizado. El discípulo miró la escultura rota y pensó: 'He trabajado durante días para esculpir este ídolo, sin parar siquiera un momento para comer ni dormir, y, sin embargo, no ha pronunciado ni una sola palabra de elogio'. Conociendo sus pensamientos, el maestro le dio otra piedra y le pidió que lo intentara de nuevo.

El discípulo trabajó con gran ahínco y esculpió un ídolo más bello aún que el anterior; se lo presentó al gurú, seguro de que esta vez quedaría satisfecho. Pero el rostro del maestro enrojeció de cólera al ver la nueva escultura. '¿Es que te burlas de mí? ¡Ésta es aún peor que la primera!' Arrojó al suelo la estatua, y se rompió. El gurú observó el rostro del discípulo; éste mantenía baja la cabeza, en señal de humildad. No estaba enfadado sino triste. El gurú le confió otra piedra para que empezara de nuevo. El discípulo obedeció y se puso manos a la obra con gran cuidado. El resultado fue espléndido. Una vez más, puso el ídolo a los pies del gurú. Pero en cuanto la vio, el gurú la tomó y la lanzó contra un muro, reprendiendo bruscamente al discípulo. Esta vez, éste no sintió resentimiento, ni tristeza ante la reacción del gurú, porque había desarrollado una actitud de abandono total de sí mismo. Pensó: 'Si esa es la voluntad de mi gurú, que así sea; todo lo que hace mi gurú es por mi bien'. El gurú le dio otra piedra y el discípulo la recibió con alegría. Volvió con una magnífica estatua, y el gurú la hizo pedazos. Pero esta vez, no hubo ninguna emoción en el discípulo. El maestro estaba satisfecho. Abrazó al discípulo, le puso las manos sobre la cabeza y lo bendijo, concediéndole la felicidad eterna.

Una tercera persona, al observar las acciones del gurú, se habría asombrado por su crueldad o habría pensado que estaba loco. Solo el gurú y el discípulo que se entrega a él, podían saber lo que realmente ocurría. Cada vez que rompía una estatua, el gurú esculpía en realidad una imagen auténtica de Dios en el corazón del discípulo. Lo que rompía era su ego. Sólo un Satguru es capaz de ello y sólo un auténtico discípulo puede conocer el gozo que de ello se deriva.

Un alumno debe comprender que el gurú sabe mejor que él lo que le conviene o le perjudica, y lo que está bien o mal en general. Uno no debe acercarse nunca a un maestro por un deseo de gloria, sino con el objeto de abandonar su individualidad. Si sentimos ira hacia el gurú porque no nos elogia, reconozcamos que aún no estamos maduros para ser discípulos y roguemos para que él destruya esta ira. Comprendamos que cada una de sus acciones es para nuestro bien.

Si el discípulo de la historia hubiese abandonado al gurú, con el sentimiento de que no recibía los elogios que merecía, las puertas de la felicidad eterna habrían quedado cerradas para él. Los maestros dan a sus discípulos algunos trabajos para que sean ejecutados porque saben que la meditación sola no les ayudará a desarrollar la paciencia y madurez requeridas. Las cualidades que se consiguen mediante la meditación deben manifestarse a través de nuestras acciones. Si estamos en paz solamente cuando meditamos, y no todo el tiempo, eso no denota un estado realmente espiritual. Deberíamos ser capaces de considerar toda acción como una forma de meditación. De ese modo la acción (karma) se convierte en verdadera meditación (dhyana)».

Vijayalakshmi: «Amma, uno de mis amigos acaba de recibir la iniciación a un mantra (mantra diksha) en el ashram de Sri Ramakrishna. Amma, ¿qué objeto tiene el mantra diksha?»

Amma: «La leche no se convierte espontáneamente en yogur. Para que el proceso empiece, hay que añadir un poco de fermento, de lo contrario nunca obtendremos yogur. De igual manera, el mantra dado por un gurú despierta en el discípulo la fuerza espiritual latente.

De hecho, al igual que el hijo recibe la vida de su padre, el discípulo vive gracias al prana del gurú. El prana que el gurú insufla en el momento de iniciación ayuda al discípulo a alcanzar la perfección. Durante la iniciación, el gurú conecta al discípulo al hilo que está en el interior del gurú».

Vijayalakshmi: «¿Querrías tú darme un mantra, Amma?»

Amma: «En tu próxima visita, ven a pedirlo, hija mía». (En general, durante el Devi Bhava es cuando Amma da los mantras.)

Un grupo de devotos vino a engrosar el auditorio. Uno de ellos mencionó a un sannyasi que acababa de alcanzar mahasamadhi (acababa de abandonar su cuerpo).

Devoto: «Fui a ver cuando lo enterraban; construyeron una celda llena de sal, alcanfor y cenizas sagradas, y en ella depositaron el cadáver».

Ramachandran: «¿Se comerán los gusanos el cadáver, a pesar de la sal y el alcanfor?»

Otro devoto: «He oído decir que Jnanadeva se apareció en sueños a un devoto muchos años después de su muerte. En el sueño, Jnanadeva le pedía que abriera la tumba donde reposaban sus restos. Él obedeció y se descubrió que las raíces de un árbol envolvían el cuerpo, que no mostraba signos de descomposición. Retiraron las raíces y cerraron la tumba de nuevo».

Amma: «Una vez que la vida ha abandonado el cuerpo, ¿qué más da? ¿Nos afecta si los gusanos aparecen en los excrementos que nuestro cuerpo desecha? Es la naturaleza propia del cuerpo, que es perecedero. Sólo el alma es eterna».

Un devoto le habló a continuación a Amma de lo que había leído en los periódicos sobre el ashram. Se trataba del caso de Shakti Prasad, un hombre joven que vino al ashram para convertirse en brahmachari. Su padre, musulmán, intentaba obligarle a volver al hogar paterno y había entablado un juicio para impedir que fuera a vivir al ashram[46].

Amma murmuró «¡Shiva!», luego guardó silencio un momento. Al final, riéndose, manifestó: «Contémoselo al Anciano [refiriéndose a Shiva]. Pero está en profunda meditación y nada de eso le perturba. Tiene un ojo más que todo el mundo, pero no parece mirar lo que ocurre; no baja hasta nosotros, por lo tanto, somos nosotros los que hemos de debatirnos en las dificultades».

Devoto: «Amma, ¿qué quieres decir?»

---

[46] El padre de Shakti Prasad perdió este juicio. El dictamen del tribunal supremo sentó jurisprudencia en la India, concediendo al individuo el derecho de elegir libremente su religión.

Amma: «El tercer ojo de Shiva es el ojo de jnana, el conocimiento supremo. Él está en jnana bhava. Nada le afecta. Sin embargo, Amma es Madre. Considera a todos los seres como a sus propios hijos y le mueve la compasión».

Mientras Amma hablaba, un brahmachari sentado cerca de ella, lloraba. Se sentía desamparado porque se había enterado de que Amma se iría de gira a los Estados Unidos. No se sentía desdichado porque Amma fuese a otro país; simplemente no podía soportar la idea de estar separado de ella durante tres meses. La noticia del viaje de Amma al extranjero había sembrado la tristeza en todo el ashram. Era la primera vez que se ausentaba tanto tiempo. Aún quedaban varios meses antes de la gira, pero muchos residentes se deshacían en lágrimas con sólo pensar en ello.

Amma se volvió a él y secó suavemente sus lágrimas. Le dijo: «Hijo mío, en esos momentos es cuando Amma ve y se da cuenta de quienes de entre vosotros son valerosos. Quiere saber si seréis capaces o no de mantener vuestra consciencia del objetivo (lakshya bodha) y vuestra disciplina, incluso en su ausencia».

En ese instante, el amor maternal de Amma cedía el paso a su deber como gurú que enseña a sus discípulos. Y, sin embargo, la oleada divina de su amor parecía dispuesta a desbordarse, porque su corazón se conmovía siempre al ver llorar a sus hijos. Incluso su papel como gurú quedaba inmensamente suavizado por su afecto maternal.

Lunes, 25 de agosto de 1986

Kuttan Nair, de Cheppad, es un padre de familia devoto de Amma. Al principio, cuando conoció a Amma, creía, como muchos otros, que durante el Devi bhava la Madre divina venía a ocupar el cuerpo de Amma. Pero al observar el comportamiento de Amma después de cada Devi bhava, poco a poco se fue convenciendo de que la presencia de la Madre divina brillaba siempre a través de ella. Cuando su hijo mayor Srikumar vino a quedarse a vivir al ashram, Amma hacía frecuentes visitas a la familia Nair. Era siempre una fiesta para los hijos de la familia. Se reservaba para Amma una habitación en la parte sudeste de la casa, donde ella meditaba a menudo. Cuando venía, cantaba bhajans con los brahmacharis en la sala de puja de la casa. A veces, también celebraba allí rituales (pujas).

Amma había aceptado pasar esa mañana en casa de los Nair al ir a Kodungallur. Era ya cerca del mediodía y aún no llegaban Amma y sus hijos. Nadie había comido, esperando la llegada de Amma. En un momento dado, casi hacia el final de la mañana, llegaron a la conclusión de que Amma había decidido no visitarlos. ¿Qué harían con toda la comida que habían preparado para ella y sus hijos?

Kuttan Nair fue a la sala de puja y cerró la puerta. Oyó vagamente algunas voces afuera, pero ignoró el ruido. Miró la foto de Amma y se quejó mentalmente: «¿Por qué nos has hecho esperar en vano tu venida?»

Fue cuando oyó la voz de Amma, tan clara como el carillón de una campana.

«¿Cómo podíamos haber llegado antes? ¡Mira lo difícil que es para una familia, con sólo dos hijos, salir de viaje! Había tantas cosas que solucionar en el ashram, sobre todo si vamos a estar fuera dos días. Multitud de cosas reclaman atención. Hay obreros, y había que tamizar la arena. También había que consolar a los hijos que no venían. ¡Tantas cosas qué hacer…!»

Un brahmachari explicó: «Amma salió de su habitación a las siete de esta mañana y empezó a dar darshan muy temprano a los devotos. Después vino a ayudarnos a vaciar dos cargas de arena de la barca, y transportarlas al ashram. Para entonces ya eran las once, y deberíamos haber salido para Kodungallur por la mañana temprano. Salimos en un suspiro, sin comer siquiera».

Tampoco en ese momento tenían tiempo. Amma fue directamente a la sala de puja, cantó algunos kirtans e hizo una puja. Cuando salió, los niños la rodearon. Ella sólo les dijo: «Amma volverá en otra ocasión. Ahora no tiene tiempo». Los niños parecían desilusionados. Ya no tendrían oportunidad de jugar con Amma, como antes. Amma los acarició y los consoló; les repartió caramelos. Le prepararon un paquete con el almuerzo. Amma dio darshan a todo el mundo, después subió al vehículo acompañada de sus discípulos; su idea era comer algo por el camino.

El brahmachari Balu esperaba a Amma a la entrada de Ernakulam. Había ido allí la víspera para resolver algunos asuntos del ashram. Le comunicó a Amma que un devoto de Ernakulam la esperaba, deseando que fuese a visitarle a su casa.

Amma: «¿Cómo podríamos ir allí? Los hijos de Kodungallur querían que Amma viniese el viernes y el sábado pasado, hemos tenido que posponer la visita al día de hoy porque uno de mis hijos tenía que volver a Europa el domingo. Mañana tenemos que ir a Ankamali, y por eso la visita de dos días ha quedado reducida a una jornada. Si no llegamos a Kodungallur lo antes posible, estaremos causando un perjuicio a las personas de allí; es imposible acudir a todas partes. Hemos traído provisiones para comer por el camino, en lugar de detenernos».

La furgoneta se puso en marcha; los brahmacharis no perdieron tiempo y empezaron a hacer preguntas.

Brahmachari: «Amma, ¿es posible alcanzar el objetivo con la sadhana y el satsang, sin la ayuda de un gurú?»

Amma: «No aprenderás a reparar una máquina leyendo un libro. Hace falta ir a un taller y aprender bajo la dirección de un mecánico que conozca el trabajo, una persona experimentada. De igual manera, necesitas de un gurú que pueda indicarte los obstáculos que vas a encontrar en el curso de tu sadhana y la manera de superarlos para alcanzar el objetivo».

Brahmachari: «Las Escrituras hablan constantemente de esos obstáculos. ¿No basta con leerlas y practicar sadhana siguiendo sus indicaciones?»

Amma: «La etiqueta de un medicamento tal vez señale las dosis que deben tomarse, pero es necesario tomar la medicina bajo la vigilancia del médico. La etiqueta contiene indicaciones generales, pero un médico elige el medicamento que te conviene, la cantidad que debes tomar y la forma de hacerlo, de acuerdo a tu constitución y estado de salud. Si no tomas la medicina correctamente, te hará más mal que bien. De igual manera, los satsangs y los libros te proporcionan ciertos conocimientos de espiritualidad, pero puede resultar peligroso hacer una sadhana intensa sin la ayuda de un gurú. Es imposible alcanzar el objetivo sin un Satguru».

Brahmachari: «¿No basta con tener un maestro? ¿Es necesario vivir en su presencia?»

Amma: «Hijo, cuando transplantamos un arbusto, llevamos un poco de la tierra donde ha crecido para ayudarle a aclimatarse a sus nuevas condiciones de vida; de lo contrario le costará echar raíces en el nuevo terreno. La presencia del gurú es como la tierra del suelo de origen que ayuda al joven árbol a adaptarse. Al principio, el sadhak tendrá dificultades para practicar su sadhana sin interrupción. La presencia del maestro le da la fuerza para vencer todos los obstáculos y permanecer con firmeza en la vía espiritual.

Los manzanos sólo crecen en determinadas condiciones climáticas. Es necesario regarlos, fertilizar el terreno y destruir las plagas que atacan a los árboles. De igual manera, en una gurukula, un sadhak se encuentra en un medio más propicio para las prácticas espirituales y el gurú le ayuda a eliminar los obstáculos que le estorban en su camino».

Brahmachari: «¿No basta con hacer el tipo de sadhana que prefiramos?»

Amma: «El gurú prescribe el tipo de sadhana que más conviene al discípulo. Es él quien decide si el discípulo debe meditar o servir de manera desinteresada, o si bastarán el japa y la oración. Algunos carecen de la constitución idónea para las prácticas yóguicas, otros no pueden meditar mucho tiempo. Si ciento cincuenta personas suben a un autobús con capacidad para transportar veinticinco, ¿qué ocurrirá? No podemos usar una pequeña batidora del mismo modo que una trituradora industrial. Si la hacemos funcionar sin parar durante mucho tiempo, el motor puede calentarse y averiarse. El gurú indica las prácticas espirituales que van de acuerdo a la constitución física, mental e intelectual de cada uno».

Brahmachari: «Pero ¿meditar no es bueno para todo el mundo?»

Amma: «El gurú conoce mejor que nosotros el estado de nuestro cuerpo y de nuestra mente. Las instrucciones que él da van en línea con la cualificación del aspirante. Si no captáis esta verdad y os ponéis a practicar sadhana partiendo de informaciones sacadas de aquí y de allá, puede ocurrir que perdáis vuestro equilibrio mental. Demasiada meditación calienta la cabeza y también puede provocar insomnio. El maestro instruye al discípulo según su naturaleza, le indica en que parte del cuerpo debe concentrarse durante la meditación y cuanto tiempo debe meditar.

Si viajamos con un compañero que reside en el lugar de nuestro destino y, por lo tanto, conoce el camino, el viaje será fácil. Si no, el trayecto de una hora puede tardar hasta diez horas [¡estamos en la India, no lo olvidéis! N. del T.] Incluso teniendo un mapa podemos extraviarnos, o ser atacados por ladrones. Pero si tenemos un compañero que conoce el camino, no tenemos nada que temer. Es un papel similar al que desempeña el gurú cuando nos guía en nuestra práctica espiritual. En cualquier etapa de la sadhana puede surgir un obstáculo y nos será difícil continuar sin un gurú. La presencia de un Satguru es el verdadero satsang». Al escuchar a Amma hablar de temas espirituales, sus hijos perdían la noción del tiempo. Pero Amma se daba cuenta mejor que ellos del hambre que sentían. «¿Qué hora es, hijos?» preguntó Amma.

«Son las tres, Amma».

«Detén la furgoneta cuando veas un lugar sombreado».

Se detuvieron para comer a la orilla de la carretera, a la sombra de un árbol. Los brahmacharis recitaron el decimoquinto capítulo del Bhagavad Gita. Incluso viajando, Amma insistía en la observancia de la costumbre de recitar el Gita antes de comer. Después les sirvió a cada uno. La comida consistía de arroz y chamandi (salsa de nuez de coco). Fueron a buscar agua a una casa vecina.

Durante la comida, una pareja en moto pasó a gran velocidad. Señalando a la pareja, Amma preguntó: «¿Tenéis deseos de viajar así con una mujer? Esos deseos surgirán tal vez, pero si aparecen, desechadlos de inmediato con la ayuda de la contemplación. Podéis imaginar que lanzáis a la mujer de vuestros sueños a un pozo profundo y continuáis vuestro camino. Así, ¡ella no volverá nunca más a vuestro pensamiento!» Amma se echó a reír a carcajadas.

Darshan a la orilla de la carretera

En vista del mal estado de la calzada, algunos brahmacharis sugirieron tomar otra carretera, pasando por la ciudad de Alwaye. Pero al no estar de acuerdo Amma, siguieron el itinerario que ella había elegido. Un poco más tarde, encontraron un pequeño grupo que esperaba a Amma a la orilla de la carretera. Tal vez por ellos se había negado Amma a cambiar de camino.

«Amma, ¡deténte aquí un poco antes de seguir!» le pidieron. «¡Queridos hijos míos, no tenemos tiempo! ¡Será la próxima vez!» respondió Amma con mucha ternura, y ellos cedieron a sus palabras. Pero en el momento en que el vehículo iba a ponerse en marcha, una mujer llegó corriendo, suplicando que esperaran.

La mujer: «Amma, a las diez de la mañana hice café para los brahmacharis y he esperado aquí desde entonces; tuve que ir a casa un momento. Amma, te lo ruego, ¡entra un instante a mi casa antes de seguir tu viaje!»

Amma respondió que era ya muy tarde y que no podía detenerse.

La mujer: «¡Es necesario, Amma! ¡Te lo ruego! ¡Será sólo un momento!»

Amma: «Prometimos llegar a Kodungallur a las tres, y ya son las cuatro. Otra vez será, hija mía. Amma tiene que volver a Kodungallur».

La mujer: «Entonces te ruego que esperes sólo un minuto. He preparado leche para ti en un termo y mandaré a mi hijo a buscarla. ¡Al menos bebe eso antes de marcharte!»

Amma cedió a esta petición, expresada con tanta devoción, y la mujer envió a su hijo a buscar la leche corriendo. Durante ese rato, una anciana puso una guirnalda en el cuello de Amma, y ella la bendijo tomándola de las manos. A la anciana se le llenaron los ojos de lágrimas.

Mientras tanto, el muchacho había vuelto con la leche. Su madre la vertió en un vaso y se lo tendió a Amma. Fue cuando recordó los plátanos que había preparado para los brahmacharis. De nuevo envió a su hijo a buscarlos de prisa. No dejó que se fuera Amma hasta que los plátanos estuvieran en la furgoneta. ¡Devi es en verdad la esclava de sus devotos!

Llegaron a Kodungallur a las cinco y los bhajans comenzaron a las siete. Como siempre, la dulce voz de Amma levantó poderosas oleadas de devoción.

Martes, 2 de septiembre de 1986

Amma estaba en la cabaña del darshan y recibía a los visitantes; un médico había venido de Kundara, acompañado de su familia. La joven hija del médico estaba sentada junto a Amma y meditaba. Amma hablaba del alboroto que uno de los vecinos había armado la víspera contra los brahmacharis.

Amma: «¡Ayer, los hijos pudieron oír algunos auténticos mantras védicos! Nuestro vecino no se ha mordido la lengua. Como los hijos no querían oír, pusieron un cassette de bhajans a todo volumen. Ellos no podían responder, ¿verdad? Después de todo, tienen que honrar la túnica que visten».

Amma se dirigió después a los brahmacharis: «¡Somos mendigos, hijos! Los mendigos lo soportan todo. Cultivemos esa actitud. Si perdemos nuestro discernimiento al oír las palabras del vecino o al provocar ruido nosotros mismos, perderemos nuestra paz interior. El poder que hemos obtenido al consagrar nuestro tiempo a la sadhana ¿se malgastará por una cosa tan trivial? Si no le concedemos ninguna atención, sus palabras sólo le afectarán a él; sólo nos alcanzarán si las tomamos en serio. A través de sus palabras, Dios nos pone a prueba dándonos una oportunidad de ver hasta qué punto hemos asimilado lo que hemos aprendido: no somos el cuerpo, ni la mente, ni el intelecto. Por lo tanto, ¿qué pueden hacernos las palabras de ese hombre? ¿Dependen de otras personas la paz y la tranquilidad de nuestra mente?

¿Se comportaría de esta manera hacia un bandido? Si ha osado tratar así a estos hijos, es porque ellos son dulces como niños pequeños. ¿Sabéis lo que han dicho? 'Amma, por mucho escándalo que hiciera y nos insultara, no teníamos ganas de responderle. Nos parecía que hablaba una persona trastornada, y ¿quién se toma en serio las palabras de un loco?'»

Un médico dijo: «La familia que vive junto a nuestro hospital no nos da ni una sola gota de agua potable. Ni aunque les prometamos sacar nosotros mismos el agua del pozo, con un cubo y una cuerda, no nos lo permiten. Dicen que al hacerlo, removeremos el fango que hay en el fondo del pozo. No nos dan agua ni siquiera para los enfermos del hospital. ¡Es triste que la mente de ciertas personas sea tan mala!»

Amma: «Recemos para que esos seres se vuelvan bondadosos».

Médico: «Dios transforma para nosotros la lluvia del océano en agua. Es una pena que algunos pretendan apropiarse de esa agua».

Amma (mirando a la hija del médico): «Mi hija medita desde que se sentó. ¿Qué le ocurre?»

Médico: «Amma, la primera vez que te vio, le dijiste: 'Debes meditar; Dios te volverá tan inteligente que triunfarás en tus estudios'. Desde entonces, medita todos los días». Amma sonrió y miró a la joven con amor.

Una mujer se postró y se levantó. Amma le hizo una pregunta: «Hija, ¿has venido porque mi hijo Satish te habló de Amma?»

Sorprendida, la mujer abrió desmesuradamente los ojos. Luego se deshizo en lágrimas. Amma se las secó. Cuando se tranquilizó un poco, explicó: «Sí, Amma. Vengo de Delhi. Fui a Sivagiri y allí encontré a Satish. Fue él quien me habló de Amma y me indicó la manera de venir aquí. Al postrarme ante ti, me preguntaba interiormente si serías capaz de decirme su nombre, y cuando me levantaba, ¡lo hiciste!»

Amma rió con inocencia, y la mujer buscó un sitio cerca del pequeño diván de madera de Amma.

Meditación a la orilla de la laguna

Algunos brahmacharis fueron a Ernakulam a hacer compras. Era muy tarde y aún no habían vuelto. Amma se sentó a esperarlos a la orilla de la laguna, y los brahmacharis se instalaron alrededor de ella. Si un residente del ashram marchaba a algún sitio y no volvía en el momento previsto, Amma solía ir a esperarle al muelle, fuese la hora que fuese, y no se iba a dormir hasta que éste volvía.

Una lancha de motor pasó por la laguna, levantando olas que salpicaron hasta la orilla; el ruido se alejó.

Amma: «Tal vez regresarán muy tarde, por lo tanto, no os quedéis sin hacer nada, hijos. Meditad». Todos se sentaron muy cerca de Amma.

Amma: «Cantemos primero Om varias veces. Cuando cantéis Om, imaginad que el sonido se eleva desde el chakra muladhara hacia el sahasrara, para después expandirse a todo el cuerpo, hasta disolverse finalmente en el silencio».

Amma cantó Om tres veces. Cada vez dejaba una pausa para que todos pudiesen unirse en coro después de ella. La sílaba sagrada resonaba como el sonido de una caracola en la serenidad de la noche; finalmente se fundía en el silencio. Entraron en meditación. Todo estaba tranquilo, salvo el rugido del océano y el ruido del viento en las palmeras.

Pasaron dos horas. Nuevamente cantaron juntos Om. Amma cantó un kirtan, y todos se unieron a coro.

Adbhuta charitre

Oh tú, al que adoran los seres celestiales,
Tú, cuya leyenda está repleta de maravillas,
¡Concédeme la fuerza de experimentar
devoción por tus pies!
Yo te ofrezco todas las acciones que he realizado
en las tinieblas de la ignorancia.

Oh tú, protector de los desamparados,
perdóname todas las faltas cometidas por ignorancia.

Oh emperatriz del universo,
Oh Madre, te ruego que resplandezcas en mi corazón
Como el sol al amanecer.
Ayúdame a considerar a todos los seres de forma igual,
Líbrame del sentido de las diferencias.

Oh gran diosa,
Causa de todas las acciones, virtuosas o defectuosas,
Tú que liberas de todos los vínculos,
Dame tus sandalias
Que protegen las virtudes fundamentales
en el camino de la liberación, en la senda del dharma.

El canto acababa de terminar cuando oyeron un claxon en la otra orilla y vieron los faros de un vehículo.

Amma se levantó enseguida y preguntó: «Hijos, ¿es ésa nuestra furgoneta?» Poco después, el barco que transportaba a los brahmacharis hendía las aguas llegando hasta la ribera del ashram. Se sentían rebosantes de alegría al ver que Amma les estaba esperando. Saltaron a tierra, y vinieron a postrarse ante ella como si no la hubiesen visto en dos semanas.

Mientras descargaban el barco, Amma preguntó: «¿No ha vuelto con vosotros mi hijo Ramakrishna?»

«Llegará enseguida. Ha tenido que llevar a un hombre al hospital. Cuando nos disponíamos a volver, un grupo de personas nos detuvo; llevaban a un hombre al que habían dado un fuerte golpe durante un enfrentamiento. Querían que lo lleváramos al hospital. Lo primero que les dijimos es que teníamos que consultarlo contigo; pero como no había ningún otro vehículo disponible, Ramakrishna lo llevó».

Amma: «En esas circunstancias, no hace falta preguntar a Amma. Si alguien está enfermo o herido, debéis llevarlo al hospital lo antes posible. Ni siquiera hay que preguntarse si es amigo o enemigo. Si no podemos ayudar a la gente en situaciones semejantes, ¿cuándo lo haremos?»

Eran las dos y media de la madrugada cuando Ramakrishna volvió finalmente al ashram. Sólo entonces subió Amma a su habitación.

Domingo, 14 de septiembre de 1986

Debido a la construcción del nuevo edificio, había un gran desorden en las instalaciones del ashram. Ladrillos y piedras diseminados por todas partes. A pesar de que los residentes trataban de poner orden en este caos, al día siguiente todo volvía a estar como antes. A Amma le disgustaba ver el ashram en estas condiciones, así que desde que salía de su habitación, se ponía a ordenar.

Aquel día, Amma bajó muy temprano y pidió a los brahmacharis que trajeran palas y cestas. Empezaron a quitar un enorme montón de arena que estaba en un rincón del patio y lo transportaron bastante lejos de allí. Amma se ató un pañuelo a la cabeza y empezó a llenar las cestas. Trabajaba con vigor y su entusiasmo era contagioso.

Amma observó que un brahmachari no dejaba de hablar mientras trabajaba. Amma manifestó: «Hijos míos, no habléis durante el trabajo. ¡Recitad vuestro mantra! Esto no es un trabajo ordinario, es sadhana. En cualquier trabajo que realicéis, esforzáos en salmodiar mentalmente el mantra. De lo contrario no es karma yoga. No basta con leer libros sobre la vida espiritual, con oír hablar o conversar sobre ella; es necesario practicar las enseñanzas. Ésa es la razón por la que necesitamos hacer este tipo de trabajo. La mente no debe alejarse de Dios un solo instante».

Amma empezó a cantar, y todos se unieron al bhajan en coro:

Nanda Kumara Gopala

Oh hijo de Nanda, protector de las vacas
Hermoso niño de Vrindavan,
Tú que encantas a Radha
Oh Gopala de tez morena
Oh Gopala, tú que levantaste la montaña Govardhana
y que juegas en la mente de las gopis.

El montón de arena desapareció en pocos minutos. Después, aún tenían que lavar la gravilla y tamizar la arena. Eso ocurría en dos lugares distintos.

Un devoto vino con su familia y quería que Amma le diera el primer alimento sólido (anna prasana) a su pequeño.

Cuando Amma terminó de trabajar, fue al kalari con esta familia. Todo estaba dispuesto para la ceremonia. Amma tomó al bebé en sus rodillas. Le puso pasta de sándalo en la frente y algunos pétalos en la cabeza, después pidió que quemaran un poco de alcanfor y ofreció el arati al bebé. Ella sostenía al pequeño, lo acarició y le dio a comer arroz. La escena evocaba a Yashoda alimentando al bebé Krishna y jugando con él. Para Amma no era un bebé corriente; en él veía al amado niño de Ambadi.

Aquella tarde, cuando Amma salió de su habitación durante la meditación, dos brahmacharis estaban enfrascados en un candente debate frente a la sala de meditación. Amma los escuchaba. En el calor de la discusión, no se percataron de la presencia de Amma.

Brahmachari: «La verdad última es la no-dualidad (advaita). No existe nada más que Brahman».

Segundo brahmachari: «Si no hay nada fuera de Brahman, entonces ¿cuál es el fundamento del universo que percibimos?»

Primer brahmachari: «La ignorancia. El universo es un producto de la mente».

Segundo brahmachari: «Si no existen dos entidades, entonces ¿quién es afectado por la ignorancia? ¿Brahman?»

«¡Hijos míos!» Los llamó Amma. Ellos se volvieron bruscamente y callaron al verla.

Amma: «Hijos, está bien hablar del Vedanta, pero para experimentarlo es preciso hacer sadhana. ¿Para qué defender la fortuna de otro? En lugar de perder vuestro tiempo discutiendo, deberíais estar meditando en estos momentos. Es la única riqueza que os pertenece. Haced japa constantemente. Es el único medio de llegar a un resultado, de eliminar al impostor (el ego individual) que ha usurpado vuestra morada interior.

La abeja busca miel dondequiera que va. Ninguna otra cosa la atrae. Pero una mosca prefiere los excrementos, incluso en medio de un jardín de rosas. Hoy en día nuestra mente se parece más a una mosca; eso debe cambiar. Debe desarrollar la facultad de buscar únicamente el bien en todo, como la abeja sólo busca la miel en todas partes. ¡Los debates no nos llevan a ninguna parte, hijos! Intentemos poner en práctica lo que hemos aprendido.

La no-dualidad es la verdad, pero debe convertirse en experiencia. Debemos permanecer anclados en esta realidad, en cualquier circunstancia».

Amma consuela a un joven ciego

Amma fue a la casa reservada a los visitantes, donde se alojaba un joven ciego, y entró en su habitación. En cuanto percibió la presencia de Amma, éste se postró a sus pies. Llevaba varios días en el ashram y en ese momento se sentía muy contrariado.

Desde el día en que llegó, los brahmacharis se habían ocupado de él. Le acompañaban al comedor y le ayudaban a diario en todas sus necesidades personales. Aquel día habían venido muchos devotos a comer, y el arroz preparado se había terminado enseguida. Habían puesto a cocer más pucheros de arroz. En vista de la multitud, el brahmachari que debía ayudar al joven ciego no había podido venir a buscarlo para acompañarle al comedor cuando sonó la campana de la comida. Cuando finalmente fue a buscarlo, vio que el joven bajaba por las escaleras con la ayuda de un devoto. «Le ruego que me perdone», dijo el brahmachari, «con las prisas me he olvidado de venir a buscarlo antes. Hoy ha venido una cantidad inmensa de gente y se nos ha terminado el arroz. Pero están preparando más arroz, que no tardará en estar listo». Sin embargo, el joven no aceptó las explicaciones del brahmachari. «Tengo dinero. ¿Por qué tendría problemas para conseguir arroz si puedo pagar?» Al decir esto, subió de nuevo a su habitación. El brahmachari atribuyó la dureza de sus palabras al hambre. Fue a buscar fruta y se la llevó. «El arroz estará listo enseguida y yo se lo traeré. Mientras espera, le ruego que coma esta fruta». Pero el joven se puso a gritar y rechazó la fruta.

Cuando supo lo que había ocurrido, Amma fue a visitarlo. Dijo en tono severo al brahmachari: «¡Qué descuido el tuyo! ¿Por qué no le has llevado la comida a la hora? ¿No comprendes que no ve y no puede acudir por sí solo al comedor? Si este hijo no fuese ciego, hubiera venido a comer en cuanto sonó la campana. Si estabas tan ocupado y no tenías tiempo para venir a buscarlo, deberías haberle traído la comida a su habitación. Si no muestras compasión hacia la gente como él, ¿quién la recibirá de ti?

Hijos míos, no perdáis ninguna ocasión de servir a los devotos. Tal vez no siempre querrán vuestra ayuda en el momento que les convenga. Servir en esas circunstancias es la verdadera adoración».

Amma acarició suavemente la espalda del joven. «¿Estás muy enfadado, hijo? Si no vino a buscarte cuando sonó la campana, es únicamente porque había demasiado trabajo. Hoy no está el brahmachari que suele llevarte al comedor, y este otro hijo al que había confiado la responsabilidad, fue a ayudar a los que servían la comida porque el número de personas era muy considerable. Estaba tan metido en el trabajo, que se olvidó. Por eso nadie vino a buscarte a la hora; no creas que fue intencionado, hijo. Dondequiera que estés, debes adaptarte a las circunstancias. La paciencia es indispensable para todo. Aquí en el ashram, tenemos la ocasión de aprender a vivir con espíritu de sacrificio. Sólo así recibiremos la gracia de Dios. Hijo, comprende que estás en un ashram. Si alguien comete una falta, perdónale; es una manera de manifestar tu vínculo verdadero con Amma y con el ashram».

El joven se echó a llorar. Con mucha ternura, Amma secó sus lágrimas y le preguntó: «¿Has comido algo, hijo?» Él negó con la cabeza. Amma pidió a un brahmachari que trajera la comida, que ya estaba lista. Después se sentó en el suelo, tomó de la mano al joven e hizo que se sentara a su lado. El brahmachari trajo un plato lleno de arroz y verduras. Amma hizo bolitas de arroz y le alimentó con sus propias manos. Inundado por la dulzura de su amor, él se convirtió en un niño pequeño. Ella le hizo comer todo el contenido del plato, después lo acompañó hasta el grifo y le ayudó a que se lavara las manos. Finalmente, lo condujo a su habitación.

Cada latido de su corazón parecía declarar: «Aunque sea ciego, ¡hoy he visto con los ojos del corazón a la madre divina!»

Lunes, 15 de Septiembre de 1986

La fiesta de Onam en el ashram

La fiesta de Onam es un día de gran alegría para el pueblo de Kerala. Es por tradición una fiesta familiar. De todas las partes de la India, los hijos de Amma vinieron a pasar Onam con ella. Muchos niños pequeños vinieron con sus padres. Amma jugaba con ellos. Los chicos y las chicas formaban un círculo alrededor de Amma, como si la tuvieran prisionera. Normalmente instalaban un columpio varios días antes, en el que Amma se columpiaba con ellos durante Onam. Debido a la construcción del nuevo edificio, este año no había sitio donde instalarlo. Pero ahora, al ver reunidos a todos los niños, Amma quería un columpio para ellos. Entonces, los brahmacharis Nedumudi y Kunjumon sujetaron una viga entre dos columnas de la construcción e instalaron allí el columpio. Los niños hicieron que Amma se sentara y la empujaron, para deleite general.

Amma también participó en la preparación de la fiesta de Onam para sus hijos cortando verduras, ayudando a encender los fuegos en la cocina y supervisando la buena marcha de todos los eventos. Al mediodía, hizo que se sentaran los niños al noroeste en el comedor y, sentada en medio de ellos, Amma les hizo cantar Om. Ella entonaba el Om y ellos repetían. Todo a su alrededor vibraba con la sílaba sagrada. Al brotar de los corazones puros de los niños, el sonido llenaba la atmósfera de una refrescante suavidad.

Después, Amma pidió que delante de los niños se colocaran hojas de plátano que servían como platos. La comida estaba lista pero aún no se habían llenado las fuentes, y los pappadams no estaban fritos. Sin embargo, Amma tenía prisa en servirles a los niños, y por lo tanto puso los diversos alimentos en pequeños recipientes y les sirvió. Pero, a sus ojos, esto no era suficiente. Inclinándose, se puso a formar para cada niño bolitas de arroz y los fue alimentando con sus propias manos.

Cuando Amma terminó de alimentar a los niños, sus hijos adultos (padres de familia y brahmacharis) ya estaban sentados en las dos salas adyacentes. Amma les sirvió a ellos también. En aquel momento, los devotos ya habían dejado a su familia para venir a verla; al servirles con sus propias manos, Annapurneshwari[47] les llenaba de felicidad.

---

[47] La Madre divina en el aspecto de La que alimenta.

Mientras comía, alguien exclamó: «Ayyo (¡Oh no!)» Tal vez había mordido un pimiento picante. Amma comentó: «Pase lo que pase, los niños pequeños nunca dicen 'ayyo'. Siempre gritan '¡Amma!' Este 'ayyo' se introduce cuando crecemos. Sea cual sea la edad que tengáis, en toda circunstancia, vuestra lengua debería pronunciar el nombre del Señor antes que ninguna otra palabra. Para ello, la mente necesita entrenarse, por eso nos enseñan a repetir el mantra constantemente. Hijos, vuestra mente debe adoptar la costumbre de exclamar '¡Krishna!' o '¡Shiva!' cuando os lastiméis el dedo del pie u os ocurra cualquier otra cosa».

Una devota: «Dicen que al gritar 'ayyo' estamos llamando al dios de la muerte».

Amma: «Exactamente, porque en cuanto dejamos de pronunciar el nombre de Dios, nos acercamos a la muerte. Decir otra cosa que no sea el nombre de Dios es invitar a la muerte. Por lo tanto, si no queremos morir, basta con cantar continuamente el nombre del Señor».

Amma se rió.

Después de servir el payasam a sus hijos, les repartió trozos de limón, aprovechando la ocasión para sembrar en ellos las semillas de la espiritualidad. «Hijos, el payasam y el limón son como la devoción y el conocimiento. El limón os ayuda a digerir el payasam. De igual manera, el conocimiento os ayuda a asimilar la devoción al comprender correctamente los principios sobre los que se basa. Para degustar plenamente el sabor de la devoción, es indispensable la sabiduría. Pero el conocimiento sin devoción es amargo, carece de dulzura. Los que dicen 'Yo soy todo', raras veces muestran compasión; la devoción incluye la compasión».

Amma no se olvidó de preguntar a cada persona si había comido. Como si ella fuese la madre de una gran tribu, prestaba atención a todos los detalles relacionados con sus hijos. Una familia que normalmente llegaba a tiempo para la fiesta de Onam, este año llegó tarde. Amma les preguntó la razón de su retraso y se informó sobre los estudios de los niños. Después de la comida, los brahmacharis y los devotos se dedicaron todos a limpiar el ashram. Debido a las obras de construcción que se estaban realizando, el terreno era un confuso montón de cosas, y el trabajo de limpieza se prolongó hasta la noche. Después de los bhajans, Amma se unió al equipo de limpieza. Llenaron con tierra agujeros y zanjas que había delante del nuevo edificio y recubrieron toda la zona con arena blanca y limpia. Todo esto se hacía en preparación para el cumpleaños de Amma, que sería la semana siguiente. Para ese día se esperaba la visita de miles de devotos.

Después de la cena, otras personas llegaron y se reunieron en torno a Amma. Ella les habló un momento, después se tendió sobre la arena, con la cabeza en el regazo de una de las mujeres. Amma miró a Markus, un joven alemán, y se rió: «¡Mirad su cabeza!», dijo ella.

Markus estaba casi calvo. Sólo una delgada corona de cabellos rubios rodeaba el gran espacio desierto de su cráneo. «Trabajo, trabajo, él trabaja todo el tiempo, llueva o haga sol, noche y día», dijo Amma señalando a Markus.

Markus: «Todo el terreno se ha utilizado para la celebración del cumpleaños de Amma. No queda ni un solo hueco libre. Así que aquí es donde vamos a cultivar», dijo, tocándose el cráneo. Todo el mundo rió con la broma.

Un devoto: «¿Es porque hay mucha suciedad allí dentro?» Amma rió de buena gana, y todo el mundo con ella, incluido Markus.

Otro devoto: «¡Es lo que se llama Chertala[48]!»

---

[48] Chertala es una ciudad costera situada al norte del ashram. La palabra en malayalam significa literalmente "cabeza llena de suciedad" *cher*: suciedad y *tala*: cabeza.

Un brahmachari volvía de casa de sus padres. Se postró y se sentó junto a Amma.

Amma: «Hijo, ¿no te prometió Amma que te serviría payasam si volvías hoy?»

Brahmachari: «Pero seguramente ya no queda payasam, Amma. Todo lo que se preparó para este mediodía probablemente se agotó».

Amma: «Dios va a enviarlo. ¿Permitiría él que Amma no cumpliera lo que prometió?»

En el mismo momento, una familia que acababa de llegar de Quilón le ofreció a Amma un recipiente de payasam que habían traído. Amma se lo sirvió al brahmachari y a todos los demás. Ella sólo comió unos anacardos que un niño sacaba del payasam para ella.

Amma: «A Amma no le gustan mucho los anacardos. Hay muchos en su habitación, que le han traído sus hijos. Amma no los suele comer, pero le gustan los que están en el payasam o en ciertos platos de verduras».

Amma tomó del payasam una uva pasa, una semilla de cardamomo, un trozo de anacardo y poniéndolos en la palma de su mano, afirmó: «Esto da sabor al payasam, igual que la espiritualidad le añade dulzura a la vida».

Renunciantes visitando el hogar familiar

Amma dijo al brahmachari que había ido a ver a su familia: «Hijo, tú afirmas que no tienes padres ni bienes, y sin embargo vas a casa. Al mismo tiempo, los que proclaman que te quieren, pocas veces vienen aquí. Examina tus acciones con gran cuidado. Onam es una fiesta espiritual. Si decidimos desempeñar determinado papel en este mundo, hagámoslo bien. Nos volvemos hacia la vida espiritual para liberarnos del sentido del 'yo'. 'Mis padres, mi hermano, mi hermana, mi familia', todo eso queda abarcado en ese 'yo'. Cuando el 'yo' desaparece, ellos también desaparecen. Sólo queda el 'Tú', es decir, Dios. Debemos abandonarlo todo a su voluntad y vivir de acuerdo a este principio. Para que cosechemos los beneficios de la vida espiritual, es necesario que se cumpla esta condición.

Cada vez que sales del ashram, pierdes un poco de tu tiempo de sadhana. Cada instante de tu vida es precioso. Si tu padre y tu madre desean tanto celebrar la comida de Onam con su hijo, pueden venir aquí. Lo tenemos todo preparado para que vengan. Si continúas yendo a tu casa, perderás el samskara que has creado aquí, y persistirán tus ataduras.

Al principio, los sadhaks deben permanecer alejados de su familia, de lo contrario, el apego que sienten por ella les impedirá avanzar en su sadhana. Si permaneces vinculado a tu familia, es como si guardaras un producto ácido en un recipiente de aluminio: se le harán agujeros y ya no podrás meter nada en él. El apego a todo lo que no sea Dios disminuye nuestra fuerza espiritual. El apego es el enemigo de un sadhak. Debe considerar las cosas así y guardarse de tales relaciones. Si remas en un barco amarrado a la orilla, no irás a ninguna parte.

Somos los hijos del Ser. Deberíamos tener con nuestra familia la misma relación que con las demás personas. Si nuestros padres están viejos y enfermos, no hay nada malo en ir a ocuparse de ellos. Pero aún en ese caso, si tenemos el sentimiento de que se trata de 'mi' padre o de 'mi' madre, todo está perdido. Debemos sentir compasión por los que sufren y ver a Dios en ellos; esta actitud es válida hacia los miembros de nuestra familia. Si los que hablan de 'mi' hijo y de 'mi' hija experimentaran hacia vosotros un amor verdadero, ¿no vendrían aquí a veros? Si venís al ashram como buscadores espirituales, llevad la vida de un sadhak. De lo contrario, ni vuestra familia ni el mundo extraerán el más mínimo provecho. ¡Y eso no sirve, hijos!

Regamos las raíces del árbol y no su follaje, ya que de ese modo, el agua llega a todas las partes del árbol. De igual manera, si realmente amamos a Dios, amaremos a todos los seres vivos del universo porque Dios mora en el corazón de todos ellos. Dios es el fundamento de todo. Veamos pues a Dios en todas las formas, amémosle y adorémosle en ellas».

Dios está en el templo

Uno de los devotos habló de Dayananda Sarasvati [fundador de Arya Samaj, el movimiento reformador hindú. Se esforzó por dar nueva vida a las prácticas védicas; se oponía a la adoración de los ídolos.] Describió la lucha de Dayananda contra la adoración de los ídolos y relató cómo había adoptado ese punto de vista.

«Dayananda vio un día que un ratón se llevaba un dulce colocado como ofrenda frente a la imagen de Devi. Pensó: '¿Qué poder puede tener esta imagen si no puede impedir que un ratón robe la comida que le ha sido dada en ofrenda? Entonces ¿cómo podemos esperar que un simple icono resuelva nuestros problemas?' Y a partir de ese día, se opuso firmemente al culto a los ídolos».

Amma, que había escuchado tranquilamente, repuso: «Cuando un hijo mira el retrato de su padre, ¿piensa en el artista que pintó el retrato, o se acuerda de su padre? Los símbolos de Dios nos ayudan a concentrarnos en él. A un niño le enseñamos la imagen de un loro y le decimos que es un loro. Cuando el niño crece, es capaz de reconocer a un loro sin ayuda de la imagen. Si Dios está en todas partes, y si todo es Dios, ¿no está también en el ídolo de piedra? ¿Cómo podemos negar el poder de la imagen? Y si el ratoncito tomó lo que le habían ofrecido a Devi, podemos interpretarlo en este sentido: la pequeña criatura tenía hambre y tomó lo que fue ofrecido a su propia madre. Después de todo, ¿no es Devi la madre de todos los seres?»

Devoto: «Muchos brahmanes han practicado japa y efectuado pujas durante años, sin realizar el Ser».

Amma: «Lo que importa es el desapego y la sed ardiente de realizar la verdad. Es imposible encontrar a Dios únicamente a través de las austeridades (tapas). Para llegar a Dios, es necesario tener el corazón puro y es necesario amar».

Devoto: «El Bhagavad Gita dice que el cuerpo es un templo (kshetra)».

Amma: «Hacemos afirmaciones como: 'Dios está en nosotros y no en el exterior' porque aún diferenciamos entre interior y exterior. Deberíamos considerar todos los cuerpos como templos y todas las cosas como nuestro propio cuerpo».

Las diferencias de casta carecen de sentido

El devoto: «Todavía hoy existen personas que siguen la costumbre del ayitham[49], basada en el sistema de castas. Incluso hay gurús eruditos que la respetan».

Amma: «¿Conoces la historia del barrendero de baja casta que se acercó a Shankaracharya? Shankaracharya le dijo: 'Quítate de mi camino'. El barrendero preguntó: 'Qué debo mover, mi cuerpo o mi alma? Si quieres que mueva mi alma, ¿dónde debo ponerla? La misma alma está presente en todas partes. Si es mi cuerpo el que debo mover, ¿qué diferencia hay entre mi cuerpo y tu cuerpo? Están hechos con los mismos materiales. La única diferencia es el color de la piel'».

---

[49] El término en malayalam *ayitham*, que viene del sánscrito *asuddham* (impuro), designa el respeto de la creencia según la cual una persona de casta elevada se mancha por la cercanía o el contacto de personas que pertenecen a ciertas castas bajas.

Un devoto cantó un verso satírico: «¡Algunos están tan orgullosos de ser brahmanes que ni el mismo Señor Brahma es igual a ellos!» Amma se rió.

Amma: «Un brahmán auténtico es el que tiene el conocimiento de Brahmán, el que ha hecho subir la kundalini hasta la cima de la cabeza, hasta el sahasrara (el loto de mil pétalos). Si a las personas que tienen un samskara extremadamente elevado se les pidiera que evitaran mezclarse con los que tienen un samskara falto de refinamiento, es para que la pureza de su samskara no se vea afectada. Pero ¿dónde encontrar hoy en día a un verdadero brahmán? Las Escrituras dicen que durante el Kali Yuga, los brahmanes se convertirán en sudras[50] y viceversa.

En la época actual, las instrucciones relacionadas con las diferentes castas carecen de sentido.

En los tiempos védicos, a la gente se le daba el trabajo que mejor correspondía a su samskara. Pero ese no es el caso en la actualidad. Antes, a los brahmanes eminentes se les confiaba el culto en los templos. Hoy en día es imposible poner la etiqueta de 'brahmán' al hijo de un brahmán, o 'kshatriya' al hijo de kshatriya. Mucha gente nacida en la casta de los pescadores de la región han recibido una educación y tienen buenos empleos. Desconocen por completo el trabajo tradicional de su comunidad».

Un joven hizo una pregunta: «¿No dijo el Señor en el Bhagavad Gita: 'Yo mismo he establecido las cuatro castas (varnas)'? En ese caso, ¿no es él el responsable de todas las injusticias cometidas actualmente en nombre de las castas y de la religión?»

Otro devoto repuso: «¿Por qué no citar también el versículo que viene a continuación? Él dijo: 'Según los gunas'. Eso significa

---

[50] Los *sudras* son la casta más baja entre las cuatro castas del antiguo sistema hindú, mientras que los brahmanes son la casta superior.

que uno es brahmán o descastado (chandala)[51] por sus acciones
y su conducta, no por su nacimiento».

Amma: «Nadie es brahmán antes de la ceremonia del cordón
sagrado (upanayana), al igual que nadie es cristiano antes del
bautismo. Los musulmanes tienen otros rituales que juegan el
mismo papel. Hasta que el niño sea iniciado en esta ceremonia,
¿qué es, realmente? Podéis ver que son los hombres los que han
instaurado las castas, no Dios. Es inútil culpar a Dios de las
injusticias cometidas en nombre de las castas y de la religión».
Las palabras de Amma pusieron fin al debate. Era muy tarde, pero hasta los niños estaban despiertos. Un grupo se había
reunido no lejos de allí, alrededor del columpio. Algunos adultos
trataban de convencer a una pequeña para que cantara un himno
en honor a Onam. Tímida, se hizo un poco de rogar, y al final
cantó con su inocente voz:

Maveli nadu vanidum kalam

Cuando Maveli[52] gobernaba el país
todos los hombres eran iguales
no había ladrones ni pillos,
ni una sola palabra falsa.

Felices aquellos que rodeaban a Amma y contemplaban el rápido
paso por el cielo de las nubes otoñales, jugando con el claro de
luna; pensaban que si Onam conmemoraba la época antigua en
la que el mundo era hermoso porque en él reinaba la igualdad,
aquí, en presencia de Amma, cada día era Onam, porque gentes

---

[51] Un *chandala* pertenece a la clase más baja, más baja aún que los *sudras*.
[52] Maveli o Mahabali era un demonio rey, cuyo gobierno tenía fama de ser recto
y justo. La tradición de Kerala cuenta que en la fiesta de Onam, éste visita la
tierra para ver como les va a sus antiguos súbditos.

de todas las razas, de todas las castas, de todos los credos vivían unidas, hijos de la misma madre amorosa.

Miércoles, 17 de septiembre de 1986

Los brahmacharis se hallaban en clase. Amma bajó de su habitación y se dirigió al establo. El tanque que se había construido para recoger los excrementos de las vacas estaba lleno. Amma tomó un cubo, lo llenó en el tanque y fue a vaciarlo bajo los cocoteros. Poco después, llegaron los brahmacharis, una vez terminada la clase. Cogieron el cubo y continuaron con el trabajo que ella había empezado. Insistieron con tanta fuerza que ella lo dejó y se fue.

Sus pies, sus manos y su ropa estaban manchados con las salpicaduras del excremento de las vacas. Una devota abrió el grifo y quiso lavarle los pies y las manos, pero ella no se lo permitió. «No, hija mía, Amma misma lo hará. No hace falta que te ensucies las manos tú también».

La devota: «¿Por qué haces esa clase de trabajo? ¿No están ahí tus hijos para hacerlo?»

Amma: «Hija, si Amma sólo mira sin participar en el trabajo, ellos la imitarán y se volverán perezosos; serán una carga para el mundo. Eso no debe ocurrir. Amma es feliz trabajando. Lo único por lo que lo lamenta es por Gayatri. Cuando Amma hace este tipo de trabajos, sus ropas se ensucian mucho y es Gayatri quien las lava. Incluso si Amma trata de lavarlas, Gayatri no se lo permite; ¡pero a veces Amma actúa con astucia y lo consigue!» Amma rió de buena gana.

Otra mujer se adelantó para postrarse ante Amma.

Amma: «¡No lo hagas ahora, hija! La ropa de Amma está manchada de excrementos de vaca. Primero, Amma irá a darse una ducha y volverá enseguida».

Amma subió a su habitación y unos minutos después volvió. Los devotos, que esperaban junto al kalari, la rodearon. Los brahmacharis también estaban presentes.

El satsang es importante, la sadhana indispensable

Un brahmachari preguntó: «Amma, ¿por qué das tanta importancia al satsang?»

Amma: «El satsang nos enseña a vivir con rectitud. Si viajamos a un destino lejano, un mapa nos sirve para no perdernos y llegar en el momento previsto. Del mismo modo, el satsang nos ayuda a orientar nuestra vida por el buen camino, evitando todos los peligros. Si aprendes a cocinar, enseguida podrás preparar fácilmente una comida. Si estudias agricultura, llegarás con facilidad a ser granjero. Si comprendes el verdadero objetivo de la vida y actúas de forma adecuada para alcanzarlo, tu vida se llenará de gozo. Para eso nos sirve el satsang.

Podemos utilizar el fuego para incendiar nuestra casa o para preparar nuestra comida. Con una aguja podemos perforarnos un ojo o coser nuestra ropa. Por lo tanto, es fundamental determinar el uso correcto de cada cosa. El satsang nos ayuda a captar el verdadero sentido de la vida y a vivirla de acuerdo con esta comprensión. Lo que obtenemos con la ayuda del satsang es un tesoro que nos acompaña en todas nuestras vidas».

Brahmachari: «¿El satsang en sí basta para realizar a Dios?»

Amma: «No basta con escuchar un discurso teórico sobre el arte culinario para sentirse saciado. Después es necesario cocinar y comer. Para que la fruta crezca, no podemos conformarnos con estudiar arboricultura, es indispensable plantar los árboles frutales y cultivarlos.

Por mucho que sepáis que hay agua en determinado lugar, si no caváis un pozo, no tendréis agua. Es imposible calmar la sed contemplando la imagen de un pozo. Es necesario extraer el agua de un pozo de verdad y beberla. ¿Es suficiente mirar un mapa dentro de un coche parado? Para llegar al punto de destino es necesario recorrer la carretera que aparece en el mapa. De la misma forma, no basta participar en los satsangs o leer las Escrituras. Para conocer la verdad, es necesario vivir la propia vida de acuerdo a los principios expuestos; liberémonos pues de todo deseo y adoremos a Dios, sin esperar nada ni desear nada a cambio.

Sólo la sadhana nos ayuda a evitar la esclavitud de las circunstancias y a integrar en nuestra vida lo que hemos aprendido. Aprendamos primero los principios espirituales escuchando los satsangs, y luego vivamos de acuerdo a esos principios.

Aunque las Escrituras nos revelen: 'Yo soy Brahman', 'Tú eres Eso', etc., antes de que brille en nosotros el conocimiento de la realidad, hace falta que primero desaparezca la ignorancia que hay en nosotros. Si repetimos 'Yo soy Brahman' sin hacer ninguna sadhana, es como ponerle el nombre de 'Prakash' (Luz) a un niño ciego.

Un hombre dio un día un discurso en el que hacía el siguiente razonamiento: 'Somos Brahman, ¿no es verdad? Entonces, ¿para qué hacer sadhana?' Después de su exposición, le sirvieron la cena. El camarero puso frente a él un plato con trozos de papel en los que estaban escritas las palabras 'arroz', 'sambar', y 'payasam'. En el plato no había alimento alguno. El orador se enfadó. '¿Qué es esto? ¿Tratas de insultarme?'

El camarero respondió: 'He escuchado vuestro discurso hace un momento. He oído que declarabais ser Brahman y que este pensamiento bastaba, que la sadhana no era necesario. Por lo tanto, he pensado que seguramente estaríais de acuerdo en que el solo pensamiento de la comida bastará para saciar vuestro apetito; es obvio que comer es superfluo'.

¡Las palabras no bastan, hijos! Hay que actuar. Sólo la sadhana nos ayudará a realizar la verdad. Si una persona no hace ningún esfuerzo, el satsang tiene para él el mismo valor que una nuez de coco para un chacal: seguirá hambriento. Un tónico mejora nuestra salud, siempre y cuando sigamos las instrucciones que aparecen en el frasco y que tomemos la dosis correcta. El satsang equivale a leer las instrucciones, la sadhana, a tomar el tónico. El satsang nos enseña a distinguir entre lo eterno y lo efímero, pero sólo la sadhana nos ayudará a experimentar y realizar aquello de lo que nos habla.

Si ensamblamos correctamente las diferentes piezas de una radio y la conectamos a la corriente, podemos escuchar el programa emitido por una emisora de radio lejana, sin abandonar nuestro hogar. Entrenemos correctamente nuestra mente con la sadhana, vivamos de acuerdo con las enseñanzas de los Mahatmas y podremos gozar de la felicidad eterna mientras aún estamos en este cuerpo. Dediquémonos a la sadhana y al servicio desinteresado, con eso basta.

Por mucho que estudiemos el Vedanta durante toda una vida, sin sadhana nunca experimentaremos la realidad. Lo que buscamos está en nosotros, pero para encontrarlo necesitamos las prácticas espirituales. Para que la semilla se convierta en árbol, hay que plantarla, regarla y fertilizarla. No basta con tenerla en la mano».

Todos estaban cautivados por las dulces palabras de Amma, sin darse cuenta del tiempo que pasaba. Ella manifestó finalmente: «Es muy tarde, hijos, ir a dormir. ¿No hay que levantarse muy temprano mañana para el archana?»

Con escaso entusiasmo se levantaron y se fueron. Un poco más lejos, se volvieron para ver la forma encantadora de Amma, iluminada por la claridad de la luna. ¿No era la luz de su rostro la que se reflejaba en la luna, el sol y las estrellas?

Tameva bhantam anubhati sarvam
Tasya bhasa sarvamidam vibhati.

Cuando él brilla, todo brilla en su estela.
A su luz, todo resplandece.

Kathopanishad

Glosario

Achiyuta: «El Imperecedero», «El Eterno». Uno de los nombres de Vishnu.

Adharma: Lo carente de rectitud, pecado, opuesto a la Divina Armonía.

Advaita: No-dualismo. La filosofía que enseña que la Realidad Suprema es «Una e indivisible».

Ahimsa: No-violencia, no causar daño. Abstenerse de herir a cualquier criatura viva mediante pensamiento, palabra o acción.

Ambika: «Madre», la Divina Madre.

Ammachi: Madre.

Anna Prasana: El primer alimento sólido que se le da a un bebé.

Annapurna: La Diosa de la Abundancia. Una forma de Durga.

Arati: Ritual en el que se ofrece la luz por medio de alcanfor encendido, y se hace sonar una campana ante la deidad de un templo o ante una persona santa, como una consumación de puja (adoración o culto). El alcanfor no deja ningún residuo y simboliza la total aniquilación del ego.

Archana: «Ofrenda para el culto». Una forma de adoración en el que se recitan los nombres de una deidad, normalmente 108, 300 ó 1000 veces, permaneciendo en un mismo sitio.

Asana: Una pequeña alfombra en la que el aspirante se sienta durante la meditación. Postura de yoga.

Ashram: «Lugar de esfuerzo». Un lugar en el que el buscador espiritual y los aspirantes viven o visitan a fin de llevar una vida espiritual y practicar sadhana. Normalmente es el hogar de un maestro espiritual, santo o asceta, que guía a los aspirantes.

Atman: El verdadero Ser. La naturaleza esencial de nuestra auténtica existencia. Uno de los principios fundamentales del Santana Dharma es que no somos el cuerpo físico, los sentimientos, la mente, el intelecto o la personalidad. Somos el eterno, puro e inmaculado Ser.

Avadhut: Un alma Auto Realizada que, al ver únicamente la unidad en todo, ha trascendido todas las convenciones sociales.

Avatar: «Descenso». Una encarnación de la Divinidad. El propósito de una encarnación divina es el de proteger la bondad, destruir la maldad, restaurar la rectitud en el mundo, y llevar a la humanidad hacia la Meta espiritual. Es muy raro que una encarnación descienda con todos sus atributos(Purnavatar).

Ayitham: La palabra ayitham en lengua malayalam, procedente del sánscrito asuddham, se refiere a la creencia de que una persona de casta superior puede ser manchada por la proximidad o toque de una persona de ciertas castas inferiores.

Ayurveda: «La ciencia de la vida». El sistema de salud y medicinal, de carácter holístico, de la antigua India. Los remedios ayurvédicos se preparan normalmente con plantas medicinales.

Bhagavad Gita: «La Canción de Dios». Bhagavad: del Señor; Gita: canción, con el sentido particular de consejo. Las enseñanzas que Krishna da a Arjuna en la batalla de Kurukshetra, al principio de la guerra Mahabharata. Es una guía práctica para la vida diaria y contiene la esencia de la sabiduría védica.

Bhagavan: El Señor, Dios. Según el Vedanga, una rama de la literatura védica, Bhagavan es el que destruye la existencia transmigratoria y otorga la unión con el Espíritu Supremo.

Bhagavata: Veáse Srimad Bhagavatam.

Bhajan: Canto devocional.

Bhakti: Devoción.

Bhakti Yoga: «Unión a través de bhakti». El Sendero de la Devoción. La vía para alcanzar la Autorrealización a través de la devoción y la entrega completa a Dios.

Bhasma: (en malayalam) Ceniza sagrada.

Bhava: Apariencia Divina.

Bhava Darshan: La audiencia en el que la Madre recibe a los devotos en el elevado estado de la Divina Madre. Años atrás Ella también adoptaba la apariencia de Krishna.

Bhiksha: Limosna

Bijakshara: La palabra semilla de un mantra.

Brahmachari(ni): Un discípulo célibe, que sigue una disciplina y suele ser instruido por un Gurú.

Brahmacharya: «Morar en Brahman». Celibato y disciplina de la mente y de los sentidos.

Brahman: La Realidad Absoluta, la Totalidad, el Ser Supremo, que abarca e impregna todas las cosas, y es Uno e indivisible.

Brahma Sutras: Aforismos escritos por el Sabio Badarayana (Veda Vyasa) que sintetizan la filosofía vedántica.

Chammandi: Condimento de coco.

Chandala: Marginado social.

Chechi: En malayalam, «hermana mayor», apelativo familiar afectivo.

Darkshayani: Un nombre de la Divina Madre Parvati.

Darshan: Audiencia o visión de la Divinidad o de una persona santa.

Devi: «La Unidad que Resplandece», la Diosa.

Devi Bhava: «La Divina Apariencia de Devi». El estado en el que la Madre revela su unidad e identidad con la Divina Madre.

Dhara: Corriente líquida. El término se usa a menudo para referirse a una forma de tratamiento médico en el que se administra un líquido medicinal continuo sobre el paciente. Es también una forma de baño ceremonial sobre el icono de una deidad.

Dharma: «Lo que sostiene el universo». Dharma tiene muchos significados, incluyendo, la Ley Divina, la ley de la existencia, en concordancia con la divina armonía, la rectitud, religión, deber, responsabilidad, conducta correcta, justicia, bondad y verdad. Dharma significa también los principios básicos de la religión.

Dhyana: Meditación, contemplación.

Diksha: Iniciación.

Dosha: Pasta o torta de harina de arroz.

Durga: Un nombre de Shakti, la Divina Madre. Suele representarse portando diversas armas y cabalgando sobre un león. Ella es la destructora del mal y la protectora de la bondad. Ella destruye los deseos y las tendencias negativas (vasanas) de sus hijos y elimina los velos que cubren al Ser Supremo.

Dwaraka: La ciudad isleña en la que vivió Krishna y descansó de las responsabilidades de su reino. Cuando Krishna abandonó su cuerpo, Dwaraka quedó sumergida en el mar. Los arqueólogos han descubierto recientemente los restos de una ciudad en el mar cerca de Gujarat, que podría ser Dwaraka.

Ekagrata: Concentración en la unidad.

Gayatri: El mantra más importante en los Vedas, asociado con la Diosa Savita. Cuando se da upanayana (iniciación) uno debe recitar este mantra. También, la Diosa Gayatri.

Gita: Canción. Ver Bhagavad Gita.

Gopala: «Muchacho cuidador de vacas, vaquero» Uno de los nombres de Krishna.

Gopi: Las gopis se dedicaban en Brindaban a cuidar vacas y a vender productos lácteos. Fueron las devotas más cercanas a Krishna y fueron conocidas por su devoción suprema al Señor. Ellas ejemplifican el amor más intenso hacia Dios.

Grihasthashrami: Un grihasthashrami es alguien que está dedicado a la vida espiritual y, al mismo tiempo, sigue una vida como padre o madre de familia.

Guna: La Naturaleza Original (Prakriti) está formada por tres gunas; es decir, cualidades fundamentales, tendencias o fuerzas, que subyacen en toda manifestación: sattva (bondad, pureza, serenidad), rajas (actividad, pasión) y tamas (oscuridad, inercia, ignorancia). Estas tres gunas actúan continuamente y reaccionan entre sí. El mundo fenomenal está compuesto de diferentes combinaciones de estas tres gunas.

Gurú: «El que elimina la oscuridad de la ignorancia» Maestro o guía espiritual.

Gurukula: Un ashram habitado por un maestro vivo, en donde los discípulos viven y estudian bajo la supervisión del gurú.

Guruvayur: Lugar de peregrinaje de Kerala, cerca de Trissur, donde se encuentra un templo famoso de Krishna.

Haimavati: Un nombre de la Divina Madre Parvati.

Hatha Yoga: Un sistema de ejercicios físicos y mentales que se desarrollaron en la antigüedad. Tienen como finalidad hacer que el cuerpo y sus funciones vitales se conviertan en un instrumento perfecto para, así, lograr la Auto Realización.

Homa: El fuego del sacrificio.

Hridayasunya: Sin corazón.

Hridayesha: El Señor que reside en el corazón.

Japa: Repetición de un mantra, una plegaria o uno de los Nombres de la Divinidad.

Jarasandha: El poderoso rey de Magadha, que se enfrentó en 18 batallas contra el Señor Krishna, y fue muerto por Bhima.

Jivatman: El alma individual.

Jnana: Sabiduría espiritual o divina. El Conocimiento Verdadero es una experiencia directa, más allá de cualquier posible percepción de la mente limitada, del intelecto y de los sentidos. Se alcanza por medio de prácticas espirituales y por la gracia de Dios o del Gurú.

Kali: «La de tez Oscura». Un aspecto de la Divina Madre. Desde el punto de vista del ego, Ella puede parecer aterradora porque destruye el ego. Pero destruye el ego y nos transforma, movida únicamente por su inconmensurable compasión. Kali posee muchas formas, en su forma benevolente se la conoce como Barda Kali. Sus devotos saben que detrás de su apariencia feroz, se halla la Madre amorosa que protege a sus hijos y les otorga la gracia de la Liberación.

Kamandalu: un pequeño recipiente con asa y hendidura utilizado por los monjes para recoger agua y comida.

Kamsa: El demoníaco tío de Lord Krishna a quien dio muerte.

Kanji: Gachas de arroz.

Kanna: «El que tiene bonitos ojos». Uno de los nombres de Krishna niño. Existen muchos relatos en torno a la infancia de Krishna y suele ser adorado en la forma de Divino Niño.

Kapha: Ver: «Vata, pitta, kapha.»

Karma: Acción, acto.

Karma Yoga: «Unidad a través de la acción». El sendero espiritual del desapego, del servicio desinteresado y del ofrecimiento a Dios de todos los frutos obtenidos por la acción.

Karma Yogui: Un karma yogui sigue el camino de la acción desinteresada.

Kartyayani: Uno de los nombres de la Divina Madre Parvati.

Kauravas: Los cien hijos de Dhritharasthra y Dandhari. Los Kauravas fueron los enemigos de los Pandavas, que lucharon en la guerra de Mahabharata.

Kindi: Un recipiente de bronce o latón con caño que se utiliza en el culto religioso.

Kirtan: Himno.

Krishna: «El que nos atrae hacia él», «El de Tez Oscura». La encarnación principal de Vishnu. Nació en el seno de una familia real, pero creció en el bosque con unos padres adoptivos y vivió como un joven pastor de vacas en Brindaban. Allí fue amado y reverenciado por sus devotos compañeros, los gopis y gopas. Krishna fue más tarde gobernador de Dwaraka. Fue amigo y consejero de sus primos, los Pandavas, especialmente de Arjuna, a quien le reveló sus enseñanzas en la Bhagavad Gita.

Krishna Bhava: El estado en el que la Madre revela su unidad e identidad con Krishna.

Kumkum: Azafrán.

Kshatriya: La casta de los guerreros.

Kshetra: Templo, campo, cuerpo.

Kundalini: «El Poder de la Serpiente». La energía espiritual, que yace como una serpiente enroscada en la base de la espina. A través de las prácticas espirituales se consigue que despierte y ascienda a través del canal sushumma, un nervio sutil que existe dentro de la espina dorsal, atravesando los chakras (centros de energía). A medida que la kundalini asciende de un chakra a otro, el aspirante espiritual empieza a experimentar niveles más sutiles de conciencia. Al final, la kundalini alcanza el más alto chakra, situado en la parte superior de la cabeza (el Sahasrara Lotus), que nos conduce a la Liberación.

Lakshya Bodha: Conciencia y deseo constante de alcanzar la Meta Suprema.

Lalita Sahasranama: Los mil nombres de la Divina Madre en la forma de Lalitambika.

Lila: «Juego». Los movimientos y las actividades de la Divinidad, que por su naturaleza son libres y no sometidos necesariamente a las leyes de la naturaleza.

Mahatma: «Alma grande». Cuando la Madre usa la palabra «mahatma», se refiere a un alma que ha alcanzado la Auto Realización.

Mahasamadhi: Cuando un alma realizada deja el cuerpo mortal. Mahasamadhi significa «el gran samadhi».

Mala: Rosario, cuyas cuentas están hechas con semillas de rudraksha, con madera de tulasi o de sándalo.

Mantra: Fórmula sagrada o plegaria que se repite constantemente. Despierta la energía espiritual y ayuda a alcanzar la meta. Es más efectivo si se recibe de un maestro espiritual durante una iniciación.

Mantra Diksha: Iniciación en un Mantra.

Mataji: «Madre». El sufijo «ji» denota respeto.

Maya: «Ilusión». El Poder Divino o velo con el que Dios, en su Divino Juego de Creación, se oculta y da la impresión de diversidad, creando por tanto la ilusión de la disociación o separación. Como Maya oculta la Realidad, ésta nos resulta esquiva y nos hace creer que la Perfección se encuentra fuera de nosotros mismos.

Mukambika: La Divina Madre, según es adorada en el famoso templo de Devi situado en Kalur, al Sur de la India.

Mukti: Liberación.

Muladhara: El más bajo de los seis chakras, situado en la base de la espina dorsal.

Mudra: Signo o gesto sagrado que se hace con las manos y que representa las verdades espirituales.

Nanda: El padre adoptivo de Krishna.

Narayana: Nara = Conocimiento, agua. «El que está establecido en el Supremo Conocimiento.» «El que mora en las aguas causales». Nombre de Vishnu.

Nasyam: Un tratamiento ayurvédico de limpieza corporal que consiste en una infusión nasal de aceite medicinal.

Ojas: Energía sexual que se transmuta en energía vital sutil a través de la práctica espiritual.

Om: Sílaba sagrada. El sonido Primordial o Vibración, que representa a Brahman y a toda la creación. Om es el mantra primordial y se encuentra normalmente al principio de otros mantras.

Om Namah Shivaya: El Mantra de Panchaskhara (mantra de cinco letras), que significa «Alabado sea Shiva, el Auspicioso».

Pada Puja: La adoración a los pies de Dios, del Gurú o de un santo. Así como los pies sostienen al cuerpo, los Principios del Gurú sostienen la Suprema Verdad. Los pies del Gurú representan, por tanto, la Suprema Verdad.

Pandavas: Los cinco hijos del Rey Pandu y los héroes de la épica batalla Mahabharata.

Paramatman: El Supremo Espíritu; Brahman.

Parvati: «Hija de la montaña». La consorte divina de Shiva. Un nombre de la Madre Divina.

Payasam: Arroz con leche dulce y especias indias.

Pitham: Asiento sagrado.

Pitta: Ver «Vata, pitta, kapha».

Pradakshina: Una forma de adoración en la que se circunvala en el sentido de las agujas de reloj un lugar santo, un templo o una persona santa.

Prarabdha: «Responsabilidades, cargas». Los frutos de las pasadas acciones de esta vida o de vidas pasadas, que se manifiestan en ésta.

Prasad: Las ofrendas consagradas distribuidas después de la puja. Cualquier cosa que entrega un mahatma, como signo de su bendición, está considerado como prasad.

Prema: Amor supremo.

Prema Bhakti: Amor y devoción supremas.

Puja: Ritual o culto de adoración.

Purnam: Completo, perfecto.

Radha: Una de las gopis de Krishna. Era la más próxima a Krishna y personifica el amor más puro y elevado hacia Dios. En Goloka, la celestial morada de Krishna, Radha es la Divina Consorte de Krishna.

Rajas: Actividad, pasión. Uno de los tres gunas o cualidades fundamentales de la Naturaleza.

Rama: «El Dador de Gozo». El héroe divino de la epopeya Ramayana. Fue una encarnación de Vishnu, y está considerado como ideal de virtud.

Ramayana: «La vida de Rama». Uno de los poemas épicos más grandes de la India. Describe la vida de Rama, escrita por Valmiki. Rama fue una encarnación de Vishnu. Una buena parte del poema describe cómo Sita, la esposa de Rama, fue raptada y llevada a Sri Lanka por Ravana, el rey demonio, y cómo fue rescatada por Rama y sus devotos.

Rasam: Una sopa hecha con tamarindo, sal, chiles, cebolla y especias.

Ravana: El rey demonio de Sri Lanka, que aparece como el malvado en el Ramayana.

Rudraksha: Las semillas del árbol de rudraksha. Poseen poder espiritual y medicinal, y se relacionan con el Señor Shiva.

Sadhak: Un aspirante espiritual que practica sadhana con el fin de obtener la Auto Realización.

Sadhana: Práctica y austeridad espiritual, como meditación, plegarias, japa, lectura de las Escrituras sagradas y ayunos.

Sahasrara: «Mil rayos de luz» (loto). El chakra más elevado, situado en la parte superior de la cabeza, en el que la Kundalini (Shakti) se une a Shiva. Se parece a una flor de loto de mil pétalos.

Samadhi: Sam = con; adhi = el Señor. La Unidad con Dios. Un estado de profunda concentración en el que los pensamientos se alejan, la mente entra en un estado de completa calma, y solo permanece la Pura Conciencia, mientras se mora en el Atman (el Ser).

Sambar: Una sopa hecha de verduras y especias.

Samsara: El mundo de la pluralidad, el ciclo de nacimientos y muertes.

Samskaras: Posee dos significados: La tradición y la totalidad de las impresiones que quedan en la mente a través de las experiencias (de esta u otras vidas), incidiendo en la vida de los seres humanos, en su naturaleza, acciones, pensamientos, etc.

Sanatana Dharma: «La Religión Eterna». El nombre tradicional del hinduismo.

Sandhya: Amanecer, mediodía o atardecer, aunque por lo general se utiliza para referirse al atardecer.

Sankalpa: Una resolución o decisión creativa e integral que se manifiesta. El sankalpa de una persona corriente no siempre produce el correspondiente fruto, pero si el sankalpa es de un Ser Realizado, se manifiesta inevitablemente el resultado señalado.

Sannyasi: «Un monje o monja que ha hecho votos de renunciación. Un sannyasi viste tradicionalmente ropas de color ocre que representan la combustión de todos sus apegos.

Satgurú: Un ser Auto Realizado, un maestro espiritual.

Satsang: Sat = verdad, estar; sanga = asociado a. Estar en la compañía de un ser sabio y virtuoso. También un discurso espiritual dado por un sabio o erudito.

Shakti: Energía. Shakti es también el nombre de la Madre Universal, el aspecto dinámico de Brahman.

Shastri: Estudiante religioso.

Shiva: El Auspicioso, el Clemente, el Bondadoso» Una forma del Ser Supremo. El principio masculino, el aspecto estático de Brahman. También el aspecto de la Trinidad asociado con la destrucción del universo, la destrucción de lo que no es Real.

Shraddha: En sánscrito, Shraddha significa fe enraizada en la sabiduría y la experiencia, mientras que la misma palabra en lengua malayalam significa dedicación al trabajo y realizar cada acción con atención y discernimiento. La Madre suele emplear esta palabra en este último sentido.

Sri o Shree: «Luminoso, sagrado». Un prefijo para indicar honorabilidad.

Shridara: «El que sostiene a Lakshmi». Un nombre de Vishnu.

Srimad Bhagavata: Una de las 18 Escrituras conocida como Puranas. Trata sobre las encarnaciones de Vishnu, especialmente, y con gran detalle, la vida de Krishna. Pone énfasis en el sendero de la devoción.

Tamas: Oscuridad, inercia, apatía, ignorancia. Tamas es uno de los tres gunas o cualidades fundamentales de la Naturaleza.

Tandava: La danza gozosa de Shiva, especialmente al anochecer.

Tapas: «Calor». Autodisciplina, austeridades, penitencia y autosacrificio. Prácticas espirituales en las que se consumen las impurezas de la mente.

Tapasvi: El que realiza tapas o austeridades espirituales.

Tenga: Coco en lengua malayalam.

Tirtham: Agua sagrada.

Tyaga: Renunciación.

Upanayana: La ceremonia tradicional en la que un niño de casta superior se le entregan las prendas sagradas y se le inicia en los estudios sagrados.

Upanishads: «Sentarse a los pies del Maestro». «Aquello que destruye la ignorancia». La cuarta parte final de los Vedas que trata de la filosofía del Vedanta.

Vada: Empanadilla frita y sabrosa hecha de lentejas.

Vairagya: Desapego.

Vanaprastha: La etapa recluida de la vida. En la antigua tradición india, existen cuatro etapas de vida. En la primera el niño es enviado a un gurukula donde vive la vida de un brahmachari. Más tarde se casa y lleva la vida propia de un cabeza de familia, además de dedicarse a la vida espiritual (grihasthashrami).

Cuando los hijos de la pareja son suficientemente grandes para poder vivir por su cuenta, los padres se retiran a una ermita o a un ashram, donde llevan una vida espiritual pura. Durante la cuarta etapa renuncian completamente al mundo y viven como sannyasis.

Varna: Una casta mayor. Las cuatro castas mayores son Brahmin, Kshatriya, Vaishya y Sudra.

Vasana: De «vas» = viviendo, permaneciendo. Los vasanas son las tendencias latentes o deseos sutiles en el interior de la mente que tienden a manifestarse como acciones y a convertirse en hábitos. Los vasanas proceden de las impresiones de nuestras experiencias (samskaras) que existen en el subconsciente.

Vata, Pitta, Kapha: Según la antigua ciencia del ayurveda, existen tres fuerzas primarias de vida u humores biológicos, llamados vata, pitta y kapha, correspondiendo a los elementos del aire, fuego y agua. Estos tres elementos determinan el proceso de crecimiento y decadencia vitales, y son las fuerzas que causan los procesos de las enfermedades. El predominio de uno o más de estos elementos en el ser individual determina su naturaleza psicofísica.

Veda: «Conocimiento, Sabiduría». Las antiguas y sagradas Escrituras hinduistas. Una colección de textos sagrados en Sánscrito, que están divididos en cuatro partes: Rig, Yajur, Sama y Atharva. Son unas de las más antiguas Escrituras del mundo y están consideradas como revelación directa de la Suprema Verdad, otorgada por Dios a los Rishis.

Vedanta: «Veda-final». La filosofía de los Upanishads, la parte final de los Vedas, que sostiene que la Verdad Última es el «Único sin un Segundo».

Vina: Un instrumento hindú de cuerda que se asocia con la Madre Divina.

Vridavan: El lugar en el que Krishna vivió como joven pastor.

Vyasa: El Sabio que dividió el Veda en cuatro partes. También compuso 18 *Puranas* (epopeyas), el *Mahabharata* y los *Brahma Sutras.*

Yaga: Elaborado rito Védico de sacrificio.

Yajna: Ofrenda

Yama y **Niyama:** El hacer y el no hacer en el camino del yoga.

Yashoda: La madre adoptiva de Krishna.

Yoga: «Unir» Una serie de métodos a través de los cuales llegamos a la unidad con la Divinidad. Un camino por el que se llega a la Auto Realización.

Yogui: Alguien que sigue la práctica del yoga o está establecido en la unidad con el Supremo Espíritu.